www.ingramcontent.com/pod-product-compliance
Lightning Source LLC
Chambersburg PA
CBHW070047080526
44586CB00013B/952
* 9 7 8 1 5 9 5 8 4 5 2 4 5 *

زندگی سیاسی سپهبد فضل‌الله زاهدی

برگرفته از

کتاب سه رویداد و سه دولتمرد نوشته دکتر هوشنگ نهاوندی

با ملحقات و تصاویر جدید

شرکت کتاب

The Political life of General Fazlollah Zahedi
Subject: Iranian Contemporary History
Author: Dr. Hooshang Nahavandi
Published by: Ketab Corporation
Copyright© 2025 Ketab Corporation
All right reserved.
2nd Edition by: Ketab Corporation

زندگی سیاسی سپهبد فضل الله زاهدی
نویسنده: دکتر هوشنگ نهاوندی
عکس روی جلد اثر مهدی سجادی می باشد
که اصل این تابلو متعلق به آقای اردشیر زاهدی است
موضوع: زندگینامه و تاریخ معاصر ایران
ناشر: شرکت کتاب
چاپ دوم شرکت کتاب: ۲۰۲۵ میلادی - ۱۴۰۴ خورشیدی - ۲۵۸۴ ایرانی خورشیدی

No part of this book may be reproduced in any manner without the express written
consent of the publisher,
except in the case of brief excerpts in critical reviews or articles.
For information about permission to reproduce selections from this book, write to
Permissions@Ketab.com

The Library of Congress Cataloging-in-publishing Data is available upon request.

ISBN:978-1- 59584-524- 5
Ketab Corporation:
12701 Van Nuys Blvd., Suite H,
Pacoima, CA, 91331, USA

2 2 3 4 5 6 7 8 25

فهرست

فصل اول - نظامی و سیاستمدار ۷

فصل دوم - «خطرناک‌ترین دشمن امپراتوری بریتانیا» ۴۹

فصل سوّم - غائله‌ی فارس ۶۵

فصل چهارم - در ماجرای ملی شدن نفت ۸۱

فصل پنجم - ۲۵ مرداد ۱۰۱

فصل ششم - کشتی بدون ناخدا ۱۲۷

فصل هفتم - ۲۸ مرداد ۱۶۷

فصل هشتم - دولتمرد و سپاهی ۱۹۷

فصل نهم - امنیت، اقتصاد و سیاست ۲۴۵

فصل دهم - برکناری و تلخ‌کامی ۲۷۱

کلام آخر ۲۹۹

تصاویر ۳۰۵

به مناسبت تقارن با ۱۲ شهریور (۱۳٤۲) تنی چند از دوستان و نزدیکان مرحوم سپهبد فضل‌الله زاهدی، از جمله فرزند ایشان جناب اردشیر زاهدی، به من توصیه کردند که قسمت سوم کتاب سه رویداد و سه دولتمرد که به ایشان اختصاص داشت به طور جداگانه تجدید چاپ و منتشر شود. این نظر با حُسن استقبال شرکت کتاب که ناشر آن بود مواجه شد. در ضمن لازم آمد که پس از گذشت سال‌ها چند نکته‌ای در پایان کتاب به آن افزوده شود.

امیدوارم دسترسی مجدد به این متن که با توجه به اسناد و مدارک غیرقابل انکار تهیه و تدوین شده بود، برای خوانندگان و علاقمندان چه در داخل و چه در خارج کشور مفید باشد.

فروردین ۱۳۹٤

فصل اول

نظامی و سیاستمدار

سپهبد فضل‌الله زاهدی[1] در سال ۱۲۷۲ خورشیدی (۱۸۹۳

---

۱ - در باره‌ی زندگی سپهبد فضل‌الله زاهدی نگاه کنید به:
ابراهیم صفایی، زندگی‌نامه‌ی سپهبد زاهدی، تهران، انتشارات علمی، ۱۳۷۳.
مصطفی‌الموتی، بازیگران سیاسی از مشروطیت تا سال ۱۳۵۷، روزشمار زندگی نخست‌وزیران ایران، جلد دوم از علی سهیلی تا دکتر علی امینی، لندن، پکا، ۱۳۷٤، ۱۹۹۵، صفحات ۲٦۱ تا ۳۲۵.
نورمحمد عسکری، شاه مصدق، سپهبد زاهدی، استکهلم، آرش، ۱۳۷۹.
دکتر عزت‌الله همایونفر، از سپاهی‌گری تا سیاستمداری، زندگی‌نامه‌ی سپهبد فضل‌الله زاهدی، ژنو، ۱۹۹۷.
اردشیر زاهدی در جلد اول خاطرات خود، خاطرات اردشیر زاهدی، شامل اسناد و عکس‌ها، از کودکی تا استعفای پدر، واشنگتن ۲۰۰٦، نکات فراوانی از زندگی پدرش را نقل کرده.
و نیز: منصوره پیرنیا و داریوش پیرنیا، اردشیر زاهدی، فرزند توفان، انتشارات مهر ایران پوتوماک (ایالات متحده) ۱۳۸٤، ۲۰۰۵، قسمت اعظم کتاب به اردشیر زاهدی اختصاص دارد ولی قسمتی مهم از آن به خانواده‌ی او و بنابراین سپهبد زاهدی و ماجراهای پایان حکومت دکتر مصدق و ۲۵ و ۲۸ مرداد.
پری اباصلتی و هوشنگ میرهاشم، اردشیر زاهدی و اشاراتی به رازهای ناگفته انتشارات راه زندگی، لس‌آنجلس، ۱۳۸۰، ۲۰۰۲ این کتاب مشتمل است بر مجموعه‌ای

میلادی) در همدان متولد شد[1]. پدرش میرزانصرالله خان ملقب به «بصیردیـوان» از ملاکین مهم منطقه بود و با خاندان قره‌گزلو که در آن هنگام عملاً پرنفوذترین بزرگ مالکان آنجا و منتسب به دربار قاجاریه بودند حسن رابطه داشت و از حمایت آنان برخوردار بود. مادرش «زهرا خانم» نیز همدانی بود.

از ازدواج میرزانصرالله خان بصیردیوان و زهرا خانم، یک پسـر، فضل‌الله و سـه دختر بجای ماندند. فضل‌الله از شـش سـالگی به تحصیل در مدارس سنتی و به خصوص نزد معلم سرخانه پرداخت و در حـد متداول و میسـر آن دوران درس خوانـد. از نوجوانی اسب‌سواری و تیراندازی را با فرزندان امیرافخم قره‌گزلو فرا گرفت و گویا با وجود خردسالی، در این قسمت استعداد فراوان از خود نشان داد.

فضل‌الله ده سـال[2] یا اندکی بیش‌تر داشت که پدرش، هنگامی که با چند سـوار برای میانجی‌گری در برخورد دو طایفه‌ی منطقه که کارشان به جنگ و جدال کشیده بود، رفته و پس از انجام مقصود مشـغول استراحت و کشیدن قلیان بود، شاید اتفاقاً، تیر خورد و در دم جان سپرد.

از مصاحبه‌ها و سخنرانی‌های اردشـیر زاهدی و مقالات و توضیحات مفصلی در باره‌ی خانواده‌ی او، از جمله سپهبد زاهدی.

جلال‌الدیـن اندرمانی‌زاده، زاهدی‌هـا در تکاپـوی قــدرت، مجموعه‌ی تاریخ معاصر ایران، تهران ۱۳۷۷، نسـخه‌ای که از تهران برای من فرستاده شــده به صورت فتوکپی اسـت و نام ناشر معلوم نیست. مانند بسـیاری از کتاب‌ها و مقالاتی که در ایران انتشار می‌یابند، اسناد و مطالب منتشر شده را باید با احتیاط تلقی کرد. اظهار نظرهای این کتاب از قصد اضرار به سپهبد زاهدی دور نیست. اما اسناد و مدارک آن شـایان توجه اسـت و با احتیاط لازم در صحت آن‌ها، می‌توانند مورد استناد قرار گیرند.

۱ - ابراهیم صفایی تاریخ تولدش را ۱۲۷۵ نوشـته، منبع ذکر شــده صفحه‌ی ۱۴، اندرمانی زاده به استناد پرونده‌ی استخدامی سپهبد زاهدی در وزارت جنگ، تاریخ ۱۲۸۲ را تأیید کرده، منبع ذکر شده صفحه‌ی ۱۲۲.

۲ - خاطرات اردشیر زاهدی، منبع ذکر شده، صفحه‌ی ۱۳.

بصیردیوان، طبق شجره‌نامه‌هایی که در خانواده‌ی وی موجود است[1]. خود را از تبار تاج‌الدین ابراهیم معروف به شیخ زاهد گیلانی عارف بزرگ قرن هشتم هجری می‌دانست[2] و به همین سبب هنگامی که قانون ثبت احوال به تصویب رسید و داشتن شناسنامه الزامی گردید، خانواده‌اش نام زاهدی را برای خود برگزیدند.

پس از مرگ بصیردیوان، چند قریه به نام‌های دمق، خوربنده، چایان، قره‌بلاب و وی‌یر، از او به ارث ماند،[3] که ابتدا زیر نظر همسرش و سپس به تدبیر فضل‌الله جوان (که لقب پدرش یعنی بصیر دیوان به او داده شد) تحت نظر مباشرین بهره‌برداری می‌شد که «تا پایان زندگی سپهبد زاهدی قسمت عمده‌ی مصارف زندگی وی و پسرش از این طریق و نیز فروش املاکش تامین می‌شد».[4] در سن چهارده یا پانزده سالگی، که فضل‌الله خان وارد

---

۱ – برای ملاحظه‌ی شجره‌نامه‌های مربوط به خانواده‌ی زاهدی نگاه کنید، منصوره پیرنیا، داریوش پیرنیا، اردشیر زاهدی، فرزند توفان، منبع ذکر شده.

۲ – شیخ زاهد گیلانی به سال ۱۲۹۶ میلادی (بنابر این در سال‌های آخر قرن سیزدهم) در لاهیجان درگذشت. آرامگاهش در نزدیکی آن شهر، یکی از زیباترین بناهای تاریخی گیلان است که گویا به دست مریدان کره‌ای یا چینی وی طراحی و ساخته شد. شیخ زاهد مریدان بسیار داشت که از نقاط مختلف ایران و کشورهای دیگر برای درک محضرش به گیلان می‌آمدند. یکی از این مریدان شیخ صفی‌الدین اردبیلی بود (متوفی به سال ۱۳۳٤ میلادی) که دختر شیخ زاهد را به همسری اختیار کرد. صفویه، لااقل شاه‌عباس بزرگ که در این امر اصرار داشت و مرتباً به زیارت مقبره‌ی شیخ می‌رفت، خود را از احفاد این ازدواج می‌دانستند.

نگاه کنید به :

نصرالله فلسفی، زندگانی شاه عباس اول، پنج جلد، چاپ دوم، انتشارات علمی، تهران، ۱۳٦٤، جلد اول

و نیز:

Houchanug Nahavandi et yves Bomati, Shah Abaas, empereur de Perse, perrim, Paris, 1998 (ouvrage couronné par l' Academie Française en 1999)

۳ – جلال اندرمانی‌زاده، زاهدی‌ها ...، صفحه‌ی ۱۲٤.

٤ – همان منبع، همان صفحه.

زندگی و فعالیت شد، نه تنها جوانی دلیر، در تیراندازی و سواری و شکار ماهر، بلکه از مبادی معلوماتی که آن روز آموخته می‌شد، بهره‌مند بود. خط و انشای دبیرانه‌ای نداشت اما فارسی را خوب می‌نوشت و خطی خوانا و پاکیزه داشت. از همان زمان به شعر فارسی و شاعران ایرانی علاقه بسیار نشان می‌داد، چنان‌که غالباً در نوشته‌ها یا گفتارهایش از ذکر ابیاتی از شعرای بزرگ خودداری نمی‌کرد.

در این زمان بود که خانواده‌اش او را به ورود در کسوت سپاهی‌گری تشویق کردند. اتفاقاً رضاخان میرپنج (سردارسپه بعدی) که در رأس قسمتی از لشکر قزاق عازم کرمانشاه بود، هنگام عبور از همدان، چون مهمان‌سرایی در شهر نبود به رسم آن زمان، به‌اتفاق همسر اولش در منزل بصیردیوان فرود آمد. همسرش را به بانوی خانه (یعنی بیوه‌ی بصیردیوان و مادر فضل‌الله خان) سپرد و خود عازم ماموریت شد. در این رفت و آمد بود که مرد نیرومند بعدی ایران، فضل‌الله جوان و بی‌باک را دید و او را برای خدمت در ارتش مناسب دانست. فضل‌الله خان در یک درگیری با دزدان مسلح سخت زخمی شده و مدتی طولانی بستری بود، که آثار این حادثه تا پایان زندگی‌اش باقی ماند. ولی پس از طی دوران نقاهت به تهران رفت، وارد مدرسه‌ی قزاقخانه شد، نزد مربیان روسی این زبان را نیز آموخت و با موفقیت از عهده‌ی امتحانات مربوطه برآمد و با درجه نایب اولی به خدمت لشکر قزاق درآمد.

بعد از انقلاب بلشویکی و سقوط تزارها بیشتر افسران روسی که در لشکر قزاق خدمت می‌کردند و ضدکمونیست بودند به همکاری خود با این واحد نظامی که دیگر وابستگی با مسکو و پطرزبورگ نداشت، ادامه دادند.

تنی چند از صاحب منصبان «ارتش سفید»، واحدهایی که با کمونیست‌ها می‌جنگیدند، نیز بعداً به آنان پیوستند. نایب اول

فضل‌الله خان بصیردیوان با آنان محشور بود و چند تن از آنها به تکمیل اطلاعات و فنون نظامی او کمک بسیار کردند.

در آستانه‌ی کودتای سوم اسفند ۱۲۹۹، فصل‌الله خان بصیردیوان که در این میان «یاور» شده بود، در حلقه‌ی اول یاران و نزدیکان رضاخان میرپنج، که او هم دیگر فرمانده لشکر قزاق بود، درآمده و به عنوان افسری تحصیل‌کرده، بی‌باک و در عین حال مدبّر تلقی می‌شد. در فاصله‌ی میان پیروزی کودتا و پایان سلطنت قاجاریه، که همواره بر نفوذ و قدرت و محبوبیت سردارسپه افزوده می‌شد، چند ماموریت حساس و مهم به فضل‌الله خان بصیردیوان، که لقبش را کنار گذاشته و چنان‌که دیدیم نام زاهدی را برگزیده بود، محول شد و او را، پیش از آن که به سی سالگی برسد، به صورت یکی از برجسته‌ترین افسران ارتش نوین ایران درآورد.

نخستین این مأموریت‌ها، پایان دادن به فتنه‌ی سمیتقو رییس ایل شکاک در آذربایجان غربی و بخشی از کردستان بود. او مردی شریر، اما دلیر و بی‌باک بود. اسمعیل آقا سمیتقو با افراد خود به روستاهای منطقه می‌تاخت و از تجاوز به مال و جان و ناموس اهالی امتناع نداشت. مرکز فرماندهی و قدرتش قله‌ی چهریق بود و طی سال‌ها هر بار که نیروهای ضعیف دولتی بر وی می‌تاختند به خاک عثمانی می‌گریخت و بعد از چندی به ایران بازمی‌گشت و شرارت را از سر می‌گرفت. سرانجام چون ثروت و قدرتی به هم زد، پرچم نافرمانی سیاسی برافراشت و دم از خودمختاری و استقلال کردستان زد. شرارت و راهزنی وی تبدیل به خطر سیاسی شد. حتی یک‌بار در اطراف مهاباد سی‌صد تن از قوای دولتی را که در مصاف با وی کشته شده بودند، سر برید و دستور داد سرهای آنها را در کنار جاده‌ها به معرض تماشا بگذارند تا به اصطلاح زهر چشمی از مردم و دولت بگیرد.

بعد از کودتای سوم اسفند، نخستین هدف سردارسپه برقراری نظم و امنیت در سرتاسر کشور و پایان دادن به این قبیل سرکشی‌ها و شرارت‌ها بود. در تیرماه ۱۳۰۱ تصمیم به پایان دادن به غائله‌ی سمتیقو گرفت سرتیپ امان‌الله میرزا (سپهبد جهانبانی بعدی) به فرماندهی کل قوای منطقه منصوب شد و فضل‌الله خان بصیردیوان به معاونت او. برای ارتش نوپای آن روز ایران، کاری بزرگ در پیش بود که می‌بایست قدرت حکومت مرکزی را در منطقه‌ای بین دریاچه رضائیه و مرز ترکیه و شهرهایی چون ارومیه (رضائیه) و سلماس (شاپور) و آبادی‌های اطراف آن مستقر کند و به کشتار و غارت مردم بی‌پناه پایان بخشد.

سرتیپ امان‌الله میرزا صاحب منصبی کاردان و فارغ‌التحصیل یکی از بهترین مدارس نظام روسیه (تزاری) بود. این بار مصاف با شورشیان بر اساس یک آرایش نظامی درست و استفاده از واحدهای مسلح به توپ و مسلسل سنگین، انجام شد. شش ستون از شش نقطه به طرف قله‌ی چهریق حرکت کردند و سرانجام در تاریخ بیستم مرداد ماه ۱۳۰۱ آن محل به دست نیروهای ارتش فتح و ویران شد. اسماعیل آقا بار دیگر به آن سوی مرز گریخت و چندی بعد به قتل رسید. حمله به چهریق و فتح آن به وسیله‌ی ستون تحت فرماندهی فضل‌الله خان بصیردیوان صورت گرفت. جراید آن دوران شجاعت و تهور او را ستودند. این پیروزی آغاز شهرت او بود.

در همین روز بیستم مرداد ماه ۱۳۰۱ (۱۱ اوت ۱۹۲۲)، سردارسپه نشان ذوالفقار را به عنوان «عالی‌ترین نشان قشونی» ایجاد کرد. و اعلام شد که این نشان دارای چهار درجه خواهد بود و «کسانی استحقاق دریافت آنرا دارند که در میدان‌های جنگ رشادت فوق‌العاده‌ای از خود نشان داده باشند».

دو ماه و نیم بعد، در پنجم آبان ماه ۱۳۰۲، پنج تن از افسران ارتش نوین ایران برای اول بار به دریافت نشـــان ذوالفقار مفتخر شدند. نخستین آنها سرتیپ امان‌الله میرزا (سپهبد جهانبانی بعدی) بود. فضل الله خان بصیردیوان و افســر جوان و تا آن زمان ناشناس به نام نایـــب دوم غلامعلی خان (بایندر) که فرماندهی یک «واحد آتشـــبار» را به عهده داشـــت، هر دو به مناسبت شجاعت در فتح قلعه‌ی چهریق، در شمار آنان بودند.[1]

فضل‌الله خان هم‌چنین به دســـتور سردارســـپه مأمور پایان دادن به ناامنی منطقه‌ی ترکمن صحرا شـــد. در این مهم نیز به سرعت توفیق یافت و در همین مأموریت بود که بنیان مسابقات اسب‌دوانی ترکمن‌صحرا را نهاد که مرکزی برای، هنرنمایی ســـواران چابک ترکمن و اســـب‌های ترکمنی شد. این مسابقات طی سال‌ها ادامه داشت. رضاشاه پهلوی هر سال به آنجا می‌رفت و از این فرصت برای بازدید از مناطق شـــمال کشـــور و مخصوصاً دشت گرگان اســـتفاده می‌کرد. ترتیب مســـابقات اســـب‌دوانی ترکمن‌صحرا موجبی برای نزدیکی فرمانده ســـتون اعزامی با رؤسای طوایف ترکمـــن و دلجویی از آنان شـــد. علاقه‌ی فضل‌الله خان به اســـب، برای ترکمن‌ها جالب بود و ترتیب این مسابقات در حضور شاه و مقامات عالی‌رتبه‌ی مملکتی را نشانی از توجه به خود دانستند و التیامی میان آنان و حکومت پدید آمد.

*****

فضل‌الله خان بصیردیوان، بر اثر این کامیابی‌ها در سی سالگی به

---

۱ - غلامعلـــی بایندر، بعداً جزو جوانانی بود که برای تحصیل در نیروی دریایی به ایتالیا اعزام شـــدند. وی نخســـتین فرمانده نیروی دریایی ایران گردید در روز سوم شهریور ۱۳۲۰ در حین انجام وظیفه در دفاع از کشور خود به شهادت رسید.

درجه‌ی سرتیپی رسید. او به این ترتیب جوان‌ترین سرتیپ ارتش شاهنشاهی بود، اما بر اثر نشیب و فرازهای حوادث، بیست سال در این درجه باقی ماند و از ترفیع دیگری برخوردار نشد.

سال‌های بعدی زندگی سرتیپ فضل‌الله خان، که دیگر سرتیپ فضل‌الله زاهدی نامیده می‌شد و برای خوش‌آیند سردارسپه (و بعداً رضاشاه) اصرار داشت که لقب دوران قاجارش به‌کار گرفته نشود، مملو از حوادثی بود که در تاریخ معاصر ایران ضبط شده و همچنین رویدادهای خوش یا ناخوشی که در زندگی و جریان خدمت وی اثرات خوب و بد بسیار گذاشت.

زاهدی دوبار مامور خدمت در منطقه‌ی گیلان شد. بار نخست چند ماه پس از کودتای سوم اسفند و در زمان حکومت قوام‌السلطنه بود. رییس دولت و سردارسپه وزیر جنگ، با سرکشی‌های متعدد در سرتاسر کشور و حرکت‌های مختلف گریز از مرکز و سوداهای خودمختاری یا استقلال در بسیاری از نقاط روبرو بودند. نهضت جنگل در گیلان یکی از آنها بود. هم نخست‌وزیر و هم وزیر جنگ، میرزا کوچک‌خان رهبر این نهضت را مردی میهن‌دوست و مؤمن می‌دانستند و حق داشتند. با او به مذاکره پرداختند، حتی مقدمات ورود محترمانه‌ی او به تهران و استقبالی شایان فراهم شد. اما در دقیقه‌ی آخر، میرزا زیر بار نرفت و دولت ناچار از اعمال قدرت و توسل به نیروی نظامی شد.

در خرداد ماه ۱۳۰۰ (ژوئن ۱۹۲۱) زاهدی به فرماندهی یک ستون از قوای ارتش، عازم گیلان و سرکوبی شورشیان شد و به دستور سردارسپه، یک ستون کمکی نیز به فرماندهی سرهنگ شاه‌بختی (سپهبد بعدی) از مناطق غرب به یاری او شتافت.

قوای دولتی دوبار با افراد میرزا کوچک و یک بار با نیروی هزار

نفری تحت فرمان احسان‌الله خان، از نخستین رهبران کمونیست‌های ایران، مواجه شـدند و هر سه بار پیروزی یافتند. نیروهای ارتش به فرماندهی زاهدی در رشت استقرار یافتند و امنیت و آرامش به قسمت اعظم این استان بازگشت.

در ایـن ماجـرا بـود کـه دو خصلت برجسـته‌ی زاهدی در نحوه‌ی فرماندهی و عملش دانسته و شناخته شد. نخست شجاعت شخصی و از جان گذشتگی، در نخستین مصاف با افراد میرزا، هنگامی که با تیراندازی شـدید یک واحد آتش‌بـار جنگلی‌ها در منطقه‌ی منجیل مواجه شد، شخصاً با چند تن از افرادش به توپ‌های آنان حمله کرد، زخمی شد و اگر دلاوری یکی از سربازانش موسوم به سبزعلی که تا آخر عمر در خدمتش باقی ماند، نمی‌بود، به احتمال قریب به یقین کشـته می‌شد. ولی بر افراد طرف مقابل پیروز شد، توپ‌ها را تصرف کرد. از این برخورد گلوله‌ای تا پایان عمر در بدن زاهدی باقی ماند که گویا با شوخی به نزدیکانش، آن‌را «یادگار» آن زمان می‌نامید[۱]. ولی این شـجاعت برای او شهرتی فراوان در میان همکاران نظامی‌اش به وجود آورد.

خصلت دیگر زاهدی در این ماجرا، مراقبت شـدید وی در حُسـن رفتـار افراد ارتش با مردم محل بـود. به آنان تفهیم کرده بود که به یک سرزمین خارجی وارد نشده، بلکه به کمک هم‌میهنان خود آمده‌انـد. هر کج‌رفتاری، ولو اندک، شـدیداً مـورد مواخذه قرار می‌گرفت و مسـئول آن تنبیه می‌شـد. در نتیجه برخلاف بعضی دیگر از لشکرکشی‌های آن زمان، از جملـه در صفحات غرب و لرستان یا در جنوب خراسان، کوچک‌ترین بدرفتاری از سربازان اعزامی نسـبت به مردم گیلان ذکر نشـده، هیچ یک از افسران و سربازان، و طبیعتاً خود زاهدی، پیشکش و هدیه‌ای نپذیرفتند. به جان و مال و ناموس کسی تعدی نشد و تشنجی پدید نیامد.

---

۱ - دکتر عزت‌الله همایونفر، از سپاهیگری ... متن ذکر شده صفحه‌ی ۴۰.

پس از دست‌یابی به رشت و بازگشت نظام و آرامش، به پیشنهاد فرمانده ستون اعزامی و تصویب دولت، مقرر شد برای التیام خسارات قسمت اعظم عوارض و مالیات‌هایی که طی هفت سال پیش از آن پرداخت نشده بود، بخشیده شود. مالکان از مطالبه‌ی حق مالکانه‌ی هفت سال گذشته منع شدند و خاصه عفو عمومی کلیه‌ی «یاغیان و متمردان» اعلام شد و زاهدی شخصاً در حُسن اجرای این تصمیم مراقبت کرد. به میرزا کوچک نیز اخطاری شد که دست از شورش بردارد و تسلیم شود. متأسفانه او باز هم در مقام جمع‌آوری افراد برآمد و به مقاومت پرداخت. این بار سردارسپه شخصاً به تعقیب آن‌ها رفت و شورشیان را سرکوب کرد. میرزا به کوه‌های طالش گریخت و چنان‌که دیدیم در آن‌جا کشته شد.

در تاریخ دهم آبان ماه ۱۳۰۰، اول نوامبر ۱۹۲۲، سردارسپه طی پیام، پایان «غائله» را به قوام‌السلطنه، رییس دولت، اعلام و گزارش کرد و از او خواست که مراتب را به «شرف‌عرض اعلیحضرت اقدس شهریاری» برساند که اندکی بعد مراتب «رضامندی» احمدشاه به او و ارتشیان ابلاغ شد.

مأموریت دیگر زاهدی در گیلان، در آغاز سلطنت رضاشاه در سال‌های ۱۳۰۶ تا ۱۳۰۸ بود، که به فرماندهی لشکر شمال و در عمل نمایندگی تام‌الاختیار دولت در گیلان برگزیده شد و بار دیگر در رشت مستقر گردید.

طی این دو سال، سرتیپ زاهدی بانی برنامه‌های عمرانی و فرهنگی متعدد در رشت و شهرهای دیگر گیلان شد. از آن جمله بود تهیه طرح و آغاز اجرای ساختمان «بلدیه» و عمارات اطراف آن و میدان مرکزی شهر و همچنین طرح نخستین نقشه شهرسازی

این شهر، پشتیبانی از فعالیت‌های «جمعیت معارف گیلان» به منظور نشر فرهنگ در منطقه و از جمله اختصاص یک قطعه زمین در مجاورت ساختمان «بلدیه»، شهرداری، برای ساختمان یک کتابخانه‌ی عمومی که به سرعت جامه‌ی عمل پوشید (موسوم به کتابخانه و قرائت‌خانه‌ی ملی رشت که بعداً توسعه یافت و هنوز دایر است). ایجاد یک مدرسه‌ی موسیقی به مدیریت ابوالحسن صبا (موسیقی‌دان معروف) و دعوت از کلنکل وزیری استاد سرشناس موسیقی ایرانی برای نظارت بر برنامه‌های آن، ترتیب کنسرت و برنامه‌های موسیقی و تاتر در شهر، طراحی نقشه شهری برای بندرپهلوی و ...

اجرای این برنامه‌های فرهنگی و هنری و نیز تخریب بقعه‌ای به نام «آقا سیدابوجعفر» در مجاورت محل شهرداری، نارضایتی بعضی از روحانیون و متشرعین محل را برانگیخت که رضاشاه برای آرام ساختن آنان، سرتیپ زاهدی را از گیلان فراخواند و به مأموریتی دیگر گماشت. اما همین اقدامات برای شناساندن زاهدی به عنوان فرمانده و افسری سازنده، نوآور و فرهنگ‌پرور کافی بود. شهرت یافت که هم اهل رزم است و هم اهل تدبیر و سیاست. و همین سبب بروز دشواری‌های فراوان در سال‌های بعدی خدمتش شد. چرا که به آسانی زیر بار دستورات نمی‌رفت، عقیده‌ی خود را بیان می‌کرد و مخصوصاً به گفت و شنود با مخالفان و مسالمت در امور سیاسی پای‌بند بود.

در فاصله‌ی دو ماموریتش در منطقه‌ی شمال و استان گیلان، سرتیپ فضل‌الله زاهدی در فیصله دادن به بحرانی به مراتب بزرگ‌تر و خطرناک‌تر که بازتاب‌های بین‌المللی نیز داشت، یعنی فتنه و سرکشی و در نهایت امر استقلال‌طلبی شیخ خزعل در

خوزستان، سهم و نقش عمده‌ای ایفا کرد[۱].

*****

شیخ خزعل، فرزند شیخ جابر، از سال ۱۲۷٦ خورشیدی عملاً بر قسمت اعظم مناطق جنوبی خوزستان حکومت داشت.
پس از درگذشت شیخ جابر که ناصرالدین شاه به وی لقب نصرت‌الملک داده بود پسر ارشدش شیخ مزعل جانشین او شد و قدرت و نفوذ پدر را با کمک دولت بریتانیا و با استفاده از ضعف و بی‌اعتنایی دربار قاجاریه توسعه داد. خزعل از ناصرالدین شاه عنوان «خان» و لقب معزالسلطنه گرفت. وصول مالیات خوزستان به چهل هزارتومان در سال به صورت مقاطعه به وی تفویض

---

۱ - در این باره نگاه کنید به:
مصطفی‌الموتی، بازیگران سیاسی ... صفحات ۲۸۱ تا ۲۸۳.
دکتر عزت‌الله همایونفر، از سپاهیگری تا ... صفحات ۵۵ تا ۸۸.
نورمحمد عسکری، شاه، مصدق، سپهبد زاهدی، صفحات ۲۱۷ تا ۲۲۸.
ابراهیم صفایی زندگینامه ... صفحات ۳۹ تا ٤۳.
اردشیر زاهدی در خاطرات خود (منبع ذکر شده) اشارات کوتاهی از قول پدرش در این باره دارد، صفحات ٢٤ تا ۲۸.
و نیز سفرنامه‌ی خوزستان، از سردارسپه.
حسین مکی، تاریخ بیست ساله ایران، انقراض قاجاریه و تشکیل سلسله دیکتاتوری پهلوی جلد سوم، چاپ جدید، انتشارات امیرکبیر، تهران، ۱۳۵۷ صفحات ۱۵۳ الی ۳۰۳، مولف در این «چاپ جدید» که بعد از انقلاب منتشر شده است تا حدی به دفاع از شیخ خزعل و خاصه سیدحسن مدرس که با وی همداستان بود، پرداخته و حرکت معروف به «کمیته قیام سعادت» را ستوده است. در ضمن قسمت اعظم خاطرات سفر خوزستان سردارسپه نیز با چند مدرک جالب دیگر در این کتاب انتشار یافته است.
حسین مکی نوشته: «آزادیخواهان در ملحق نشدن به قیام خزعل پانزده سال تازیانه و مرگ را استقبال کردند ولی مختصر خدشه‌ای هم در خاطر آنها نگذشت که کاش با کمک فاسد رفع فسادی را کرده بودند» منبع ذکر شده، صفحه‌ی ۲۹٦ و سپس می‌افزاید «مسئولیت این امر زیاد بود و شاید به قیمت خوزستان تمام می‌شد و ملّیون و شاه هر دو بر صلاح مملکت و به ضرر خود اقدام کردند» همان منبع، همان صفحه.

شد که گاه می‌پرداخت و غالباً نمی‌پرداخت. اما با ارسال هدایای گران‌قیمت و قبول بعضی «حواله‌جات» دربار رابطه‌ی خود را با ناصرالدین شاه حفظ کرد و مورد عنایت او بود.

مقر قدرت و حکومت شیخ جابر و شیخ مزعل در محمره (خرمشهر بعدی) بود. آنان در کاخی مجلل موسوم به «قصر فیلیه» می‌زیستند. قدرت مزعل به آنجا رسید که قنسول انگلیس در محمره با کسب موافقت قبلی وی (و نه دولت مرکزی) تعیین می‌شد و کشتی‌های هندی یا انگلیسی وقتی در برابر اقامتگاهش می‌رسیدند، به احترام وی چند تیر توپ شلیک می‌کردند و توپخانه‌ی کنار دروازه‌ی قصرش به آنان پاسخ می‌داد. حکمرانان خوزستان مقیم شوشتر بودند، در مقابل نفوذ شیخ جابر و شیخ مزعل و حسن رابطه‌ی آنان با دربار ناتوان قاجار، قدرتی در منطقه نداشتند و حتی ناصری (اهواز بعدی) در تحت تسلط جابر و مزعل، و پس از آن دو خزعل بود.

در خرداد ۱۲۷٦، مزعل، هنگامی که قصد داشت بر یکی از کشتی‌هایش سوار و عازم گردش شود، به تحریک برادر کوچک‌ترش شیخ خزعل به قتل رسید. سپس خزعل به کشتار اقوام دیگر خود پرداخت. چهارده نفر از آنان را شخصاً به قتل رساند. دو برادرزاده‌ی خردسالش را با فرو کردن آهن گداخته در چشمان‌شان کور کرد که سال‌ها با وضعی فجیع می‌زیستند. به دستور او تنی چند از نزدیکانش نیز مسموم شدند. خزعل تمام ثروت برادرش را نیز تصاحب کرد و در ۲٤ سالگی، جانشین بلامنازع او شد. مظفرالدین شاه این «تحویل و تحول» را به رسمیت شناخت، به شیخ خزعل لقب سردار اقدس داد و امتیازاتش را تأیید کرد. حتی خزعل یکی از دختران حسینقلی خان نظام‌السلطنه را موسوم به بتول خانم به همسری اختیار کرد و وی را به زنان

متعدد حرمسرایش افزود.
در آغاز بهره‌برداری از نفت مناطق جنوب، حمایت سیاست استعماری بریتانیا از شیخ خزعل افزایش یافت. اراضی مناطق نفتی و پالایشگاه آبادان، از او خریداری شد و حتی به دستور انگلیس‌ها، معاملات عمده‌ی اراضی در تمام منطقه و شهر ناصری (اهواز) می‌بایست با اجازه‌ی قبلی وی صورت گیرد[1] که این، هم امتیاز و منبع درآمدی برای شیخ بود و هم وسیله‌ای برای مراقبت در فعل و انفعالات منطقه.

شیخ خزعل در سال‌های جنگ جهانی اول در حوزه‌ی «حکم‌رانی» خود، حافظ منافع انگلیس بود و به سبب همین خوش‌خدمتی به دریافت دو نشان مهم سنت میشل و سنت جرج از دربار بریتانیا نائل آمد. لندن قبلاً در قراردادی او را رسماً «تحت‌الحمایه»ی خود اعلام کرده بود[2]. به اتفاق نظر همه‌ی مورخان، خزعل مردی بود خون‌خوار، غارت‌گر، بی‌رحم و عیاش. به ثروت فراوانش، به حمایت «دولت فخیمه»، به یاران و هم‌دستانش در پایتخت ایران و به روابطی که با ایلات مناطق مختلف جنوب کشور ایجاد کرده بود، اتکا داشت و بسیار مغرور بود.
پس از پایان جنگ اول جهانی و تجزیه‌ی امپراتوری عثمانی، هنگامی که با حمایت انگلیس ملک‌فیصل فرزند شریف‌حسین، امیر حجاز به سلطنت عراق و ملک‌عبدالله برادرش به امارت کشور ماوراء اردن (هاشمی اردن امروز) رسیدند، شیخ خزعل که خود را کم‌تر از آنان نمی‌دانست و ثروت و درآمد و نیروی نظامی کافی در اختیار داشت، به فکر استقلال کامل خوزستان افتاد. در لندن که از خطر تسلط بلشویک‌ها بر ایران بیمناک بود، این «راه حل» که ضامن حفظ منافع و منابع نفتی امپراتوری بریتانیا در جنوب

۱ - ابراهیم صفایی، زندگینامه ... منبع ذکر شده، صفحه‌ی ۳۲.
۲ - قرارداد ۱۵ اکتبر ۱۹۱۰، میان نماینده‌ی دولت بریتانیای کبیر و شیخ خزعل.

ایران به نظر می‌رسید، مورد توجه قرار گرفت و حمایت «دولت فخیمه» از شیخ علنی‌تر گشت.

کودتای سوم اسفند ۱۲۹۹ و مخصوصاً پی‌آمدهای آن یعنی برکناری سیدضیاءالدین و آغاز اعتلای رضاخان سردارسپه، همه‌ی این معادلات را به هم زد. سید ضیاء دست نشانده‌ی انگلیس‌ها بود و مواظب تأمین هدف‌های سیاسی آنان در ایران، رضاخان سوداهای دیگری در سر داشت و به راه کمال‌آتاتورک می‌رفت. بدین ترتیب لندن دریافت که ممکن است سر نخ سیاست ایران را که بیش از یک قرن در اختیارش بود از دست بدهد و شیخ نیز متوجه شد که دیگر در تهران با قدرتی ملی و در مقام تمرکز امور مملکتی مواجه است و نگران شد. نامه‌ای که به تاریخ اول مرداد ماه ۱۳۰۱ (۱۷ شهر ذیحجه ۱۳۴۰ چنان که در اصل مراسله آمده است) به «جناب جلالت‌مآب اجل دوست محترم کپیتان والیس کنسول دولت فخیمه‌ی انگلیس دام اقباله» نوشته[1] مبین این معنی است که در پاسخ آن انگلیس‌ها به او قول مساعدت و اطمینان خاطر دادند. با این حال شیخ کوشید که نظر محبت سردارسپه را که دیگر مرد نیرومند کشور شده بود جلب کند.
در مهرماه ۱۳۰۲ نامه‌ای برای او نوشت و دو زره‌پوش انگلیسی را که به تازگی به قیمت ده‌هزار پوند خریده بود، به ارتش نوبنیاد ایران تقدیم کرد.
بروز اختلافات علنی میان سردارسپه و احمدشاه، نغمه‌ی جمهوری در پایتخت و شهرهای کشور و سرانجام حرکت شاه به اروپا، شیخ خزعل را بر آن داشت که از فرصت استفاده کند و پرچم استقلال خوزستان را برافرازد. سلطان احمدشاه در راه سفر سومش به فرنگ چند روزی میهمان شیخ بود. شرح مخالفت

---

۱ – تصویر و متن نامه در ابراهیم صفایی، زندگینامه ... منبع ذکر شده صفحات ۳۵ تا ۳۷.

و دشمنی‌اش را با سردارسپه شنید. تشویقش نکرد اما مخالفتی هم ابراز ننمود. شیخ این سکوت را علامت رضا دانست. خاصه آنکه در تهران نیز محمدحسن میرزا ولیعهد در رأس مخالفان سردار قرار داشت و کسانی چون سیدحسن مدرس با وی همکاری می‌کردند. برای خزعل همه‌ی اینها علائم مساعدت اوضاع با دعوی او به سرکشی و استقلال داشت. در خوزستان «کمیته‌ی قیام سعادت» و اتحادیه‌ی عشایر جنوب اعلام وجود کرد. شیخ خزعل در رأس کمیته بود و گروهی از سران عشایر بختیاری، بخصوص یوسف خان امیرمجاهد در کنارش بودند.

لندن به این حرکت با نظر مساعدت و موافقت می‌نگریست و آن را وسیله‌ای برای تضعیف سردارسپه می‌دانست. محاسبه‌ی انگلیس‌ها روشن بود. یا خزعل توفیق کامل می‌یافت و در آن صورت اگر نه استقلال، لااقل خودمختاری خوزستان مسجل، و سردارسپه در تهران از قدرت ساقط می‌شد که این «راه حل» ضامن تأمین حداکثر منافع آنان بود. یا میان شیخ و سردار نوعی مصالحه ایجاد می‌شد و این ضربه‌ای به قدرت فزاینده‌ی رضاخان و در نتیجه بازگشت احمدشاه به صحنه‌ی سیاست ایران بود که آن هم به‌زیان انگلستان نبود. در هر صورت لندن خود را بازنده‌ی این بازی نمی‌دانست و شیخ خزعل را تشویق کرد.

کمیته‌ی قیام سعادت تشکیل شد. گروه کثیری از رؤسای عشایر جنوب، بختیاری‌ها، بویراحمدی‌ها و ممسنی‌ها به آن پیوستند، حتی زمزمه‌ی الحاق قشقایی‌ها برخاست گرچه آنان هرگز عامل چشم بسته لندن نبودند. سرهنگ رضاقلی‌خان ارغنون که از سوی سردار، از یک سال پیش در ناصری (اهواز) مأمور تشکیل یک واحد از ارتش نوین ایران شده بود، نیز به کمیته پیوست و با دریافت وجوه و پاداش کافی مأمور نظم دادن به سپاهیان کمیته‌ی

قیام سعادت شد. میان شیخ با محمدحسن میرزا ولیعهد و نایب‌السلطنه و سیدحسن مدرس و بعضی از مخالفان سردارسپه ارتباط دائمی برقرار بود. شیخ نماینده‌ای به فرانسه نزد سلطان احمدشاه فرستاد و از او خواست که به خوزستان بیاید و اطمینان داد که با نیرویی که فراهم شده راه بازگشت مظفرانه‌اش به تهران و پایان دادن به قدرت سردارسپه برایش باز خواهد بود. حساب شیخ نیز روشن بود یا با کمک احمدشاه موفق می‌شد و پاداش خود را که خودمختاری خوزستان و تجدید قدرتش بود، می‌گرفت و یا بدون کمک احمدشاه توفیق می‌یافت و خود امیر یا سلطان عربستان (خوزستان) مستقلی تحت حمایت امپراتوری بریتانیا می‌گردید. عجب آن‌که، چنان به قدرتش مغرور بود که هرگز حساب شکست را نکرد و همین غرور و کم انگاشتن اراده‌ی سردارسپه، پایان کار و فروپاشی قدرتش را محتوم ساخت.

سلطان احمدشاه پاسخی به شیخ نداد چرا که اتخاذ تصمیم قاطع در خلقیاتش نبود و منتظر حوادث ماند. بعداً موافقانش این رویه را نشانی از وطن‌پرستی او دانستند[1] و منتقدانش آن را تعبیر به هم‌دستی باطنی با شیخ خزعل کردند. بخصوص که شیخ از حمایت محمدحسن میرزا نیز برخوردار بود[2].

سردارسپه می‌دانست که سرنوشت سیاسی‌اش در گرو این ماجرا است و تصمیم به مقابله با شیخ خزعل گرفت. سرتیپ فضل‌الله زاهدی را به «حکومت کل» خوزستان و فرماندهی قوای نظامی مقیم و مستقر در منطقه برگزید. برخورد میان دو حریف دیگر اجتناب‌ناپذیر شده بود.
شیخ در پاسخ تلگرام محبت‌آمیز سردار که راهی برای مصالحه باز

---

۱ - چون حسین مکی.
۲ - سردارسپه در سفرنامه‌ی خوزستان.

می‌گذاشت از طریق سفارت ترکیه در تهران پیامی به او مخابره کرد که «من اصلاً شما را به ریاست دولت نمی‌شناسم شما مردی غاصب هستید. شاه قانونی و مشروطه‌ی مملکت را بی‌گناه بیرون کرده و پایتخت را اشغال نموده‌اید و غاصبانه بر قوای دولت دست انداخته‌اید»[۱].

به موازات این پیام‌ها، به تلقین شیخ، سرکردگان عشایری که به دور او گرد آمده بودند از یک طرف و گروهی از روحانیون خوزستان از طرف دیگر پیام‌هایی به مجلس شورای ملی مخابره کردند. پیام رؤسای عشایر به عربی بود! آنها اظهار داشتند:

> «ما رؤسای طوایف عربستان قرن‌ها است پدر بر پدر در این سرزمین سکونت داریم. از روزی که این بیابان بی‌آب و علف بوده تا امروز که معمور شده، ما همگی اتباع رییس معظم خود شیخ خزعل و همه رعیت دولت ایرانیم...، از حسن نیت حکومت نسبت به خودمان مشکوک شده و همگی در اطراف رییس محبوب‌مان شیخ خزعل جمع شده... با کمال صراحت منظور بزرگ و غایی خود را از مجلس می‌طلبیم، یعنی مصراً تقاضا داریم شاهنشاه معظم مشروطه‌ی ایران احمدشاه به مملکت خود برگردد و به وسیله‌ی جنابعالی از مجلس ملی جواب می‌خواهیم. اگر خدای نخواسته مفسدین نگذاشتند مجلس به عرض ما توجه کند و اگر حاجت مشروع ما برآورده نشود، ما اهالی عربستان با اتکاء به حول و قوه‌ی خداوند و با کمک ایلات وطن‌پرست و هم قسم خود تصمیم قطعی داریم که به وسیله شمشیر مقصود مقدس خود را به چنگ آوریم. بذل جان و شرف و مال برای ما در این راه ارزان و آسان

۱ - متن این پیام در همه کتب و تواریخ مربوط به این دوران ذکر شده.

است»[۱].

رییس مجلس مؤتمن‌الملک که دولتمردی به حد افراط مقید به رعایت اصول بود، پیام‌ها را قاب کرد، در سرسرای مجلس آویخت و به اطلاع نمایندگان رساند[۲]... موتمن‌الملک در پاسخ مفصل خود به سران عشایر خوزستان نوشت:

«فداکاری و مساعی جمیله که در ایام گذشته در حفظ حقوق مملکت به عمل آمده است، جای تقدیر و تمجید است و به همین لحاظ است که انتظار می‌رفت و می‌رود که آقایان تأسی به خدمات سابقه نموده و این شیوه‌ی مرضیه را از دست ندهند و به شرایط مملکت‌خواهی عمل نمایند... شرط اعظم وطن‌خواهی حفظ حقوق حکومت مرکزی و اطاعت دولتی است که طرف اعتماد مجلس شورای ملی است... اما در موضوع مسافرت و معاودت بندگان اعلیحضرت اقدس همایونی خلدالله ملکه و سلطانه باید این قضیه را خاطرنشان نمایم که اعلیحضرت همایونی به میل خود راهی معالجه به اروپا تشریف برده‌اند و هر زمانی که اراده فرمایند به مقر سلطنت خود مراجعت می‌فرمایند...»[۳]

مؤتمن‌الملک در پیام دیگر خود قاطعیت بیان بیشتری نشان داد:

«... با منش تحریک‌آمیزی که از خود بروز داده اختلال امور خوزستان را فراهم نموده‌اید. چون تظاهر به این اعمال از شرط ملت‌خواهی دور و موجب مسئولیت است... تذکر می‌دهم که از رفتار فعلی صرفنظر و نگذارید دامنه‌ی اختلال توسعه پیدا نماید... بدیهی است از

۱ - ترجمه‌ی فارسی پیام به قراری که به اطلاع مجلس رسید، حسین مکی، تاریخ بیست ساله‌ی ایران، جلد سوم، صفحات ۱۶۶-۱۶۷.

۲ - این عمل موجب گله سردارسپه شد که در سفرنامه‌ی خوزستان ابراز داشته.

۳ - تاریخ بیست ساله‌ی ایران، جلد سوم، ۱۶۷-۱۶۸.

هرگونه مخالفت و اقداماتی که ناشـــی از تمرد و تجاوز از امر مرکزی است خودداری خواهید نمود»[1].

تکلیف شیخ خزعل روشـــن بود. او رو در روی «دولت قانونی که طرف اعتماد مجلس شورای ملی است» و قوه‌ی مقننه قرار داشت و حرکتـــش فاقد هر نوع وجهه‌ی ملی بود. شـــیخ نه میزراکوچک میهن‌دوســـت و ســـاده ولی پاک‌دل بود، نه کلنل محمد تقی‌خان. او عامل و بازیچه‌ی سیاســـت بریتانیا برای تضعیف ایران بود و موتلف با ولیعهد و سیدحســـن مـــدرس که در همان جهت اقدام و عمل می‌کردند و پیاپی پیام‌های تشویق‌آمیزی برای او می‌فرستادند که امروزه منتشر شده و در دسترس است[2].

در پانزده مهر ۱۳۰۳، ۷ اکتبر ۱۹۲٤، سردارسپه به سرتیپ زاهدی «حاکم کل خوزســـتان» و فرمانده قوای اعزامی دســـتور شـــروع عملیات را داد. نخستین برخورد میان دو طرف در نزدیکی بهبهان روی داد. با وجود برتری تعداد شورشیان، ستون تحت فرماندهی ســـرتیپ زاهدی که از شـــش‌صد نفر بیش‌تر نبود، با برخورداری از حمایت دو هواپیمای نیروی نوبنیاد هوایی ایران، موفق شـــد و شورشـــیان را به عقب راند. برخورد دوم در زیدون صورت گرفت و بار دیگر پیروزی نصیب سرتیپ زاهدی شد.

با این احوال، شیخ خزعل اردویی معادل شصت‌هزار نفر که قسمت اعظم آن از عشـــایر خوزستان و افراد ایل بختیاری به سرکردگی امیرمجاهد بودند در اطراف ناصـــری گرد آورده بود که در بادی امر قوه‌ای شکست‌ناپذیر به نظر می‌رسید.

در بیســـتم آبان ماه ۱۳۰۳، ۱۱ نوامبر ۱۹۲٤، سردارســـپه که خود را در دوراهی سرنوشـــت می‌دید، برای یک‌ســـره کـــردن کار، از

---

۱ - همان منبع، صفحات ۱٦۹ تا ۱۷٤.

۲ - متن این یادداشت در اسناد دیپلماتیک هر دو کشور موجود است و انتشار یافته.

طریق اصفهان به سوی جنوب حرکت کرد. «می‌روم که یا آخرین نغمه‌های ملوک‌الطوایفی را از میان بردارم یا در زیر خرابه‌های شوش مدفون شوم». رضاخان می‌دانست که اگر پیروز شود، راه رسیدن به پادشاهی برایش گشوده خواهد شد و نیز می‌دانست که شکستش، نقطه‌ی پایان همه‌ی بلندپروازی‌هایش خواهد بود.

در ۲۳ آبان ماه وزیر مختار انگلیس در تهران، یادداشت اعتراض‌آمیز شدیداللحنی به وزارت امور خارجه تسلیم نمود و طی آن متذکر شد که:

> «حمله قشون ایران به قوای شیخ خزعل مغایر منافع انگلستان است... و با توجه به این‌که دولت اعلیحضرت پادشاه... تعهد کرده است که از جان و مال شیخ خزعل و اتباع او حمایت کند، از این رو در صورت ادامه عملیات نظامی، دولت بریتانیا ناگزیر خواهد بود که برای دفاع از جان و مال شیخ و اتباع او هر اقدامی که لازم است به عمل آورد»[1].

ذکاءالملک فروغی وزیر مالیه و کفیل امور دولت در غیاب سردارسپه، مفاد پیام فرستاده‌ی بریتانیای کبیر را به وی مخابره کرد. رییس دولت در پاسخ مقرر داشت که یادداشت عیناً به وزیر مختار لندن پس داده شود، چرا که موضوع مربوط به امور داخلی کشور است و یک دولت خارجی حق مداخله در آن را ندارد. مشارالملک وزیر امور خارجه نیز به دستور ذکاءالملک به همین ترتیب عمل کرد.

سه روز بعد از عزیمتش از پایتخت، سردارسپه در اصفهان بود. کنسول انگلیس به دیدارش آمد و نگرانی دولت متبوعش را از خطر بروز برخوردی در مناطق نفت‌خیز تکرار کرد.

---

۱ – متن این یادداشت در اسناد دیپلماتیک هر دو کشور موجود است و انتشار یافته.

در روز بیستم آبان، سردار راهی شیراز شد. در شیراز هم سرکنسول بریتانیا با وی ملاقات داشت و از او خواست که از ادامه‌ی مسافرتش خودداری کند. رییس دولت به وی گفت که:

«بدون آن که جنگی در بگیرد خزعل را روانه‌ی تهران خواهد کرد و اگر خزعل به شیراز بیاید و از رفتارش عذرخواهی کند ممکن است از سفر به خوزستان صرفنظر نماید»[۱].

گویا این پیشنهاد به وسیله‌ی کنسول انگیس در محمره به اطلاع خزعل رسید[۲]. اما غرور شیخ و اتکای او به قوایی که در اطراف ناصری گردآورده و امکانات مالی که داشت و حمایت‌هایی که از تهران به او می‌رسید، به حدی بود که آن را نپذیرفت. همچنین او خود را برای حفظ منافع انگلستان آن قدر ضروری می‌دید که تصور نمی‌کرد لندن، از وی حمایت نکند. همان‌قدر به امکانات خود متکی بود که بر قدرت امپراتوری بریتانیا.

در روز بیست و ششم آبان سردارسپه وارد بوشهر شد که از آنجا با کشتی عازم خوزستان شود و باز در بوشهر سرکنسول انگلیس در این شهر به دیدارش آمد و همان درخواست‌ها را تکرار کرد و چون مأیوس گردید، متن تلگرافی از سرپرسی لورن وزیر مختار انگلیسی را که آن روزها در بغداد بود ارائه داد که از سردار تقاضای وقت ملاقات کرده بود. رییس دولت به وی گفت: «در ناصری یا در محمره» رضاخان دیگر قصد داشت کار را یک‌سره کند.

پیشروی قوای تحت فرمان سرتیپ زاهدی به سوی ناصری (اهواز)

---

۱ – سفرنامه خوزستان.

۲ – نور محمد عسکری، شاه مصدق، سپهبد زاهدی ... منبع ذکر شده، صفحه‌ی ۲۲۳.

همچنان ادامه داشت. هواداران انبوه خزعل تا آن روز جنگ واقعی ندیده بودند. تیراندازی و بمباران چند هواپیمای نیروی هوایی ایران آنها را سخت مرعوب کرده بود و دسته‌دسته به سپاهیان دولتی تسلیم می‌شدند. انگلیس‌ها از بروز ناامنی در مناطق نفتی نگران شده بودند. حساب آنان هم در باره‌ی قدرت شیخ نادرست بود و هم در باره‌ی اراده‌ی سردارسپه. همان وضعی که یک ربع قرن بعد در آذربایجان با تجزیه‌طلبان پیشه‌وری پیش آمد که آنان متزلزل و ناتوان و تنها متکی به حمایت روس‌ها بودند و قوام‌السلطنه مصمم به نجات منطقه و بازگرداندن وحدت و تمامیت ایران.

سرپرسی لورن خود را به محمره رساند و به دیدار شیخ رفت. او را نگران و وحشت‌زده و به خصوص بیمناک از ملاقاتی با سردارسپه دید. شیخ تقاضا کرد که در هر ملاقاتی با سردارسپه او (وزیر مختار انگلیسی) نیز حضور داشته باشد که البته برای رییس دولت ایران قابل قبول نبود[1]. سرانجام، گویا به توصیه‌ی فرستاده‌ی لندن، خزعل، پیامی دوستانه برای سردارسپه فرستاد. پاسخ سردار فوری و روشن بود:

> «آقای سردار اقدس. تلگراف شما را دریافت کردم. معذرت و ندامت و اظهار تأسف شما را می‌پذیرم. البته در صورت تسلیم قطعی. فرماندهی کل قوا و رییس‌الوزرا»

شیخ، پسر ارشدش سرداراجل را به دیدار رضاخان سردارسپه فرستاد. برای «فرمانده کل قوا و رییس‌الوزرا» این قدم کافی نبود. با وجود آن‌که بسیاری از تفنگچیان شیخ و افراد مسلح امیرمجاهد بختیاری، ناصری (نام سابق اهواز) را در تصرف داشتند، او با عده‌ی کمی از قوای نظامی روز سیزدهم آذرماه ۱۳۰۳ وارد

---

۱ – گزارش سر پرسی لورن به وزارت امور خارجه بریتانیا، منقول از نورمحمد عسکری... صفحه ۲۲٤.

اهواز شد، مستقیماً به قصر مجلل خزعل رفت و در آنجا استقرار یافت. به این ترتیب مرکز حکومت خزعل که تا چند روز پیش سودای استقلال خوزستان را داشت، تحت تصرف و تسلط فرمانده کل قوا و رییس‌الوزرای دولت مرکزی قرار گرفت و سردار عملاً و بدون خون‌ریزی در آنجا مستقر شد.

شیخ خزعل به خانه‌ی محقری در شهر فرود آمده و در انتظار رخصت «شرفیابی» بود. روز چهاردهم آذر به او اجازه داده شد که به حضور سردارسپه بار یابد. با خضوع و خشوع بسیار آمد و در حضور جمع به پای مرد توانای ایران افتاد و «استدعای عفو» کرد که پذیرفته شد. سردارسپه به او اجازه داد به اتفاق مرتضی‌قلی‌خان بختیار به کشتی‌اش برود و آنجا را محل اقامت خود قرار دهد.

سرکشی شیخ خزعل و دعوی استقلال «عربستان» و ماجرای «کمیته‌ی قیام سعادت» رسماً به پایان رسید. امیر پرنخوتی که تا اندکی پیش از آن می‌خواست با حمایت لندن، سلطان قسمتی از خاک ایران شود، سرشکسته و منفعل به کشتی خود بازگشت، اما نه تحریکات وی پایان پذیرفت و نه دلگرمی‌هایی که از سوی محمدحسن میرزا و سیدحسن مدرس و گروه مخالفان سردارسپه از تهران به او داده می‌شد.

با تأیید دولت، سرتیپ زاهدی حاکم کل خوزستان، دستور داد که نام شهرهای منطقه که از یک قرن پیش به تدریج عربی شده بود به فارسی برگردد. ناصری اهواز شد، محمّره، خرمشهر... تدریس زبان فارسی در مدارس اجباری گردید و جوان‌ها تشویق شدند که لباس‌های عربی را ترک کنند.

سرتیپ زاهدی همان روش راهبری امور را به کار برد که پیش‌تر طی مدتی کوتاه در گیلان به آن عمل کرده بود. خشونتی نسبت به اهالی به عمل نیامد. ارتش تحت فرمان او نسبت به محترمین و

معتمدین محل و کلیه‌ی اهالی با احترام و نزاکت رفتار کرد. به مال و امنیت کسی تجاوز نشد. هیچ یک از افراد دولتی و نظامی جرأت اخاذی از مردم را نداشتند. زاهدی حتی با خزعل با احترام کامل رفتار کرد و شیخ که در صدد «خریـداری» او بود، با او تظاهر به حداکثر دوستی را می‌کرد.

در بهمن ماه ۱۳۰۳، سردارسپه در تلگرامی از شیخ دعوت کرد که به تهران بیاید و در پایتخت کشور سکونت نماید. شیخ این دعوت را نپذیرفت و به اقدامات «محرمانه»اش (که در نهایت امر محرمانـه نمی‌ماند) بر ضد دولت مرکـزی ادامه داد. نتیجه آن‌که سردارسپه با پیام رمز به سرتیپ زاهدی دستور داد تا خزعل را جلب، بازداشت و به تهران اعزام دارد.

حاکم کل خوزستان در انتظار فرصت مناسب بود. در شب سی‌ام فروردین ۱۳۰۴ شیخ خزعل، وی و چند تن از نزدیکانش را به یک ضیافت شام و شب‌نشینی و گردش روی آب در کشتی شخصی‌اش دعوت کرد و چون مردی محتاط و طبیعتاً بدگمان بود، دستور داد تعداد تفنگداران و محافظانش را دو برابر کنند و نیز یک دسته نوازنده‌ی لبنانی و چند رقاصه، که آنان را همه‌ی راویان «زیبا» توصیف کرده‌اند، به این مجلس بزم دعوت کرد. سرتیپ زاهدی فرصت را برای اجرای دستور فرمانده کل قوا مناسب دید. در خرمشهر شهرت داده شد که قسمت اعظم نظامیان به اهواز برخواهند گشت. زاهدی به یکی از همکارانش، سرهنگ شوکت، دستور داد که هفتاد نفر از افراد ارتش را به عرشه‌ی ناوچه‌ی جنگی خوزستان سوار کند و نزدیک غروب به سوی اهواز حرکت دهد. هنگامی که شوکت برای کسب اجازه‌ی مرخصی به نزد فرمانده خود رفت، سرتیپ زاهدی برای تودیع با او دست داد و نامه‌ی سر به مُهری را به او سپرد و گفت که چون سه میل دریایی از خرمشهر دور شد، نامه را باز کند.

«سربازان هوراکشان لنگر می‌کشند و مردم که در ساحل ایستاده بودند با همدیگر صحبت می‌کردند که عاقبت لیره‌های خزعل کار خودش را کرد. زاهدی را هم با خود همراه نمود که نظامی‌ها به تدریج محمره را ترک می‌کنند»[۱].

سرهنگ شوکت طبق دستور فرمانده‌ی خود عمل کرد. دستور چنین بود که وقتی سه میلی از ساحل دور شدید، کشتی را نگاه داشته چراغ‌های آن را به کلی خاموش کنید و به نفرات هم دستور دهید که سکوت مطلق را رعایت نمایند و با نهایت سکوت، با دو قایق و بیست نفر سرباز و درجه‌دار کار کشته خود را به کشتی شیخ برسانید و فوراً همه نگهبانان و خدمه‌ی کشتی را توقیف کنید.

به این ترتیب به ابتکار سرتیپ زاهدی یک طرح ضربتی یا «عملیات کوماندویی» چنان‌که بعداً گفته شد، به مرحله‌ی اجرا درآمد. سربازان و گروهبانان سرهنگ شوکت در تاریکی وارد کشتی شیخ شدند. کارکنان کشتی سرگرم پذیرایی و نگهبانان که احساس خطر نمی‌کردند از دور به تماشای رقاصان نیمه‌لخت مشغول بودند. همه در کم‌تر از سه دقیقه، بدون سروصدا غافلگیر و خلع‌سلاح شدند. سرهنگ شوکت وارد تالار کشتی شد. شیخ و پسرش سردار اجل هر دو مست و بدون اسلحه بودند و سرتیپ زاهدی هوشیار و مسلح. خزعل و پسرش دستگیر شدند. زاهدی به آنان ابلاغ کرد که طبق دستور فرمانده کل قوا، بازداشت هستند و باید شبانه عازم تهران شوند. آنان را به ناوچه‌ی جنگی خوزستان منتقل کردند: «خوزستان» به حرکت درآمد و بعد از طی مسافت کوتاهی در نقطه‌ای که مقرر شده بود در کنار شط‌العرب پهلو گرفت. چند وسیله‌ی نقلیه آماده و منتظر بودند. پدر و پسر

۱ - همان منبع، صفحه‌ی ۲۲۶.

را هر یک در اتومبیلی نشـــاندند و به همراه دو افسر مسلح راهی اهواز کردند. افراد مسلح زیادی اطراف آنان را گرفته بودند که از هر پیش آمد غیرمترقبه‌ای جلوگیری شود. ولی هیچ اتفاقی نیفتاد. در این گیرودار، شـــیخ به زاهدی گفت: «مبلغ پانصدهزار تومان، یک گردن‌بنـــد مروارید و یک تفنگ دولول مرصع تقدیم می‌کنم که بگذاری فرار کنم». زاهدی نپذیرفت. چون به تهران رسیدند، خزعل تفنگ و گردن‌بند را به زاهـــدی هدیه کرد که جانش را حفظ کرده و به ســـلامت او را به پایتخت رســـانده. زاهدی تفنگ را پذیرفت و گردن‌بند را برای سردارســـپه فرستاد که او به همسرش (ملکه پهلوی آینده) عرضه داشـــت. گویا خزعل یک صندوق جواهر هم همراه داشـــته که به توصیه‌ی زاهدی آن را به نشانه‌ی حُسن نیت به سردارسپه پیشکش داد[۱].

نحوه‌ی دســـتگیری و بازداشـــت شـــیخ خزعل، کـــه پایان قطعی «مســـاله‌ی خوزستان» و بازگشـــت آرامش و امنیت به آن منطقه بود، شـــهرتی فراوان برای سرتیپ زاهدی بوجود آورد. تا آنجا که بعضی از جراید هندوســـتان از او به عنوان «فاتح خوزستان» نام بردند.

شیخ خزعل روز ۱۸ اردیبهشت ۱۳۰۴ وارد تهران شد و مورد استقبال نمایندگان سفارت انگلیس قرار گرفت که بعد از کشمکش بسیار با وزارت امور خارجه، اجازه گرفتند مرتباً به دیدارش بروند. خانه‌ی بزرگی در خیابان ژاله و باغی در جعفرآباد شمیران در اختیارش گذاشته شـــد[۲]. چندبار به دیدار رضاشاه رفت. حتی یک‌بار برای معالجه چشـــمش، متخصصی از اروپا برای وی فراخوانده شد و

---

۱ – دکتر عزت‌الله همایونفر، از سپاهیگری تا ... منبع ذکر شده صفحات ۸۵ و ۸۶.
۲– ابراهیم صفایی، زندگی‌نامه ، منبع ذکر شده، صفحات ٦۷ و ٦۸.

به تهران آمد. او در سال ۱۳۱۵ در تهران درگذشت[۱] و جنازه‌اش در امامزاده عبدالله مدفون است.

پایان کار خزعل و کمیته قیام سعادت، پیروزی بزرگی برای سردارسپه به شمار آمد و آخرین مانع را در راه سلطنت او از میان برداشت. این ماجرا شکستی برای سیاست انگلیس در ایران بود و موجبی دیگر برای عداوت آنان با پهلوی اول. برای سرتیپ زاهدی نیز اشتهاری فراوان به وجود آورد. شاید این هم یکی از علل «دشمنی» انگلیس‌ها با او شد. «عملیات خوزستان و بازداشت شیخ خزعل را انگلیسی‌ها فراموش نکردند و نسبت به پدرم نیز اولین بذر بدگمانی در دلشان کاشته شد»[۲].

*****

پس از این جریان، حکومت سرتیپ زاهدی بر خوزستان چهار ماه دیگر به طول انجامید. سردارسپه با پیامی محبت‌آمیز او را به تهران فراخواند و چنان‌که دیدیم، به حکومت گیلان و فرماندهی نیروهای شمال کشور منصوب کرد که دو سال در آنجا مستقر و در سال‌های نخست سلطنت پهلوی در آنجا بود. در طی این

۱ - اسلحه و مهمات، توپخانه و سه ناوچه‌ی جنگی متعلق به شیخ از طرف دولت ایران ضبط و تحویل نیروهای مسلح شاهنشاهی شد. اما دولت در اموال و املاک او مداخله‌ای نکرد. دفتری در بصره داشت که یک انگلیسی به نام ویلسن اموالش را از آنجا اداره می‌کرد. در خرمشهر و اهواز هم دفاتری برای اداره‌ی امور املاکش داشت. او تا سال ۱۳۰۷ لباس عربی می‌پوشید. در مراسم سلام نوروز ۱۳۰۷، رضاشاه به او گفت: «من از این لباس خوشم نمی‌آید» پس از آن تغییر لباس داد و کت و شلوار به تن می‌کرد و همیشه با لباس متحدالشکل» به دربار می‌رفت. نگاه کنید به ابراهیم صفایی، زندگینامه ... صفحات ۷۵ و ۷۶. بعد از پایان کار خزعل، سرهنگ ارغنون که از خشم رضاخان سردارسپه سخت بیمناک بود به عراق و سپس سوریه و از آنجا به اروپا رفت. تا پایان جنگ جهانی دوم در آن منطقه گویا به ساعت‌سازی اشتغال داشت. سرانجام به ایران برگشت و اندکی بعد در تهران درگذشت.

۲ - اردشیر زاهدی، خاطرات... جلد اول صفحه‌ی ۲۸.

مأموریت بود که سرتیپ زاهدی با خدیجه پیرنیا، دختر حسین پیرنیا موتمن‌الملک، ازدواج کرد. فضل‌الله زاهدی از خانواده‌ای محترم و متمکن و در طی چند سال خدمتش نام و شهرتی یافته بود و به خصوص پس از پایان ماجرای خزعل، یک شخصیت مملکتی تلقی می‌شد. ازدواج با دختر یکی از برجسته‌ترین رجال سیاسی و ملی ایران به تحکیم موقعیت اجتماعی او کمک کرد. با این حال فراموش نباید کرد که موتمن‌الملک در زمان این ازدواج دیگر عملاً خانه‌نشین بود. رضاشاه به او احترام می‌گذاشت ولی دیگر رابطه‌ای با او نداشت و می‌گویند هرگز احوالش را هم نپرسید. ازدواج با دختر چنین شخصیتی در شرایط آن روز ایران، برازنده و افتخارآمیز بود. اما می‌توانست برای رضاشاه خوشایند نباشد. ولی رضاشاه «هرگز از ازدواج زاهدی با دختر موتمن‌الملک ابراز عدم رضایت نکرد، که از خصوصیات او یکی هم این بود که به زندگی خصوصی اشخاص کاری نداشت»[۱].

*****

در پایان مأموریت گیلان، سرتیپ زاهدی با اجازه‌ی شاه و برای نخستین بار به اتفاق یک مترجم و یک همراه، به مدت سه ماه عازم اروپا شد که قسمت اعظم آن را در پاریس گذراند. در مراجعت به عضویت شورای عالی نظام و چند ماه بعد در ۱۷ اردیبهشت ۱۳۰۸، ۷ مه ۱۹۲۹ به ریاست امنیه‌ی کل مملکتی (ژاندارمری) برگزیده شد.

در نخستین ماه‌های سال ۱۳۰۸، منطقه‌ی فارس که پس از پایان غائله‌ی خزعل، از آرامشی نسبی برخوردار شده بود، دچار ناامنی گردید و بار دیگر تیره‌هایی از عشایر قشقایی و کشکولی و دره‌شوری به سرکردگی صولت‌الدوله (امیر عشایر) به سرکشی و یاغی‌گری پرداختند. ظاهراً چندهزار قبضه تفنگ نیز از راه بنادر

۱ - دکتر عزت‌الله همایونفر، از سپاهیگری تا ...، صفحه‌ی ۱۰۲.

جنوب به منطقه وارد و میان آنان توزیع شده بود. مطابق معمول، همه دست انگلیس‌ها را پشت سر این ناامنی دیدند و شاید حق داشتند. سرتیپ زاهدی، فرمانده امنیه‌ی کل مملکتی به اتفاق سرتیپ محمدحسین میرزافیروز، سرتیپ محمد نخجوان فرمانده نیروی هوایی، سرتیپ پورزند، به عنوان کمیسیون فوق‌العاده‌ی نظامی عازم شیراز شدند که زیر نظر اکبرمیرزا مسعود (صارم‌الدوله) والی فارس به غائله خاتمه دهند. انتخاب زاهدی به سبب حسن رابطه‌ای بود که وی به هنگام فتنه‌ی شیخ خزعل، با سران ایل قشقایی برقرار کرده بود. «کمیسیون فوق‌العاده‌ی نظامی» کاری از پیش نبرد. قشقایی‌ها پاسگاه‌های کوچک امنیه‌ی اطراف شیراز را خلع سلاح کردند و شهر را در محاصره گرفتند. کمبود خواربار در شهر پدیدار شد و صدای شلیک گلوله‌ها حتی در مرکز شیراز شنیده می‌شد و مردم در التهاب و نگرانی بودند.

رضاشاه سخت خشمگین بود. به سرتیپ حبیب‌الله شیبانی وزیر فواید عامه، درجه‌ی سرلشکری داد و او را با عنوان فرمانده‌ی کل نیروهای جنوب، مأمور برقراری نظم در فارس کرد. سرلشکر شیبانی با سواران فوج پهلوی، یک واحد زره‌پوش و با استفاده از پوشش هوایی، رهسپار شیراز شد. از افراد پادگان‌های اصفهان و کرمان نیز مدد گرفت و سرانجام پس از چند مصاف با قشقایی‌ها و دره‌شوری‌ها، بدون اینکه توفیق نظامی چشمگیری به دست آورده باشد، وارد شیراز شد. «کمیسیون فوق‌العاده‌ی نظامی» به رضاشاه پیشنهاد کرده بود که به نحوی با قشقایی‌ها مصالحه شود. رضاشاه نپذیرفته و همه‌ی اعضای آن، از جمله سرتیپ زاهدی را به تهران احضار و حکم به بازداشت آنان داده بود. سرلشکر شیبانی قوای بیشتری در اختیار داشت و از موضع قدرت با قشقایی‌ها روبرو شد. اما در نهایت امر همان راه حل مصالحه را ارائه کرد. صولت‌الدوله راهی تهران شد. پسرش

ملک‌منصور خان به مقام ایلخانی قشقایی رسید و آرامش به فارس بازگشت.

ظاهراً رضاشاه متوجه شد که خشم وی بر اعضای «کمیسیون فوق‌العاده‌ی نظامی» و صارم‌الدوله درست نبوده. حکم به آزادی همه‌ی آنان داد و این بار سرلشکر حبیب‌الله شیبانی که پس از اعاده‌ی نظم و آرامش به شورشیان پیشین و نادم، بی‌علت خاص حمله برده و با این حال شکست هم خورده بود، مغضوب، به تهران احضار و روانه‌ی زندان شد!

خشم رضاشاه به این علت بود که در فرماندهی نیروها اشتباهاتی شده، خاصه آن که تعداد کثیری افسر و سرباز به قتل رسیده بودند. تصمیم گرفته شده بود که سرلشکر شیبانی تحویل دادگاه نظامی شود. اما مستوفی‌الممالک، گرچه دیگر سمتی نداشت ولی رضاشاه هرگز به وی «نه» نمی‌گفت، از او شفاعت کرد. شیبانی عازم اروپا شد و دیگر برنگشت[1].

پس از آزادی از زندان، سرتیپ زاهدی مجدداً به عضویت شورای عالی نظام برگزیده شد و اندکی بعد، در ۲۷ آذرماه ۱۳۰۹، ۱۸ دسامبر ۱۹۳۰، به ریاست نظمیه‌ی کل مملکتی (شهربانی کل کشور) منصوب گردید. او بیش از یک سال ریاست کل شهربانی را به عهده داشت. بر شمار پاسبانان افزود. لباس آنان را به رنگ طوسی درآورد که نوار زردرنگ داشت. این لباس یک کت یقه بسته و شلوار بود و شلوار را از ساق پا تا زیر زانو با مچ پیچ می‌پوشاندند و کلاه کاسکت با نشان پهن و زرد شیر و خورشید بر سر می‌گذاشتند. دکمه‌های کت‌ها از برنج شفاف و دارای نقش برجسته‌ی شیر و خورشید بود. پاسبانان به روش «فرنگ»

---

۱ - سرلشکر حبیب‌الله شیبانی، که به نوشته‌ی راویان و مورخان آن دوران صاحب منصبی تحصیل‌کرده و خوش‌نام بود، در بمباران برلن (جنگ جهانی دوم) کشته شد.

یک باتــون به کمربند خود در سمت چــپ می‌آویختند. این لباس متحدالشکل شهربانی تا سال‌ها بعد از شهریور ۲۰ مرسوم بود و سپس دوبار به مناسبت‌های مختلف تغییر یافت.

زاهدی در روش ارسال گزارش‌های شهربانی به شاه و نخست‌وزیر تغییراتی داد. حاج مخبرالسلطنه هدایت رییس‌الوزرای وقت نوشته: «تــا محمدخان درگاهی رییس نظمیه بــود راپرت یومیه برای من می‌فرستاد و جواب می‌دادم. وی وقتی به من گفت دستورات شما غالباً موافق دســتور دربار بود. پس از او کوپال هم راپرت یومیه برای من می‌فرستاد. بعد از او موقوف شد»[1].

ســرتیپ زاهدی نه تنها ارســال این گزارش‌ها را به رییس دولت موقوف داشــت، تعداد گزارش‌های ارســالی به دربــار را نیز به طور محســوس کاهش داد که سبب رنجش و شاید سوء ظن شاه شد، چرا که در آن موقع شهربانی و «تأمینات» منبع اصلی اطلاع مسئولان از مسائل محرمانه و جریان‌های «پشت پرده» محسوب می‌شدند.

> «یک روز که (ســرتیپ زاهدی) بــرای عرض گزارش‌های جاری بــه حضور اعلیحضرت می‌رســد. رضاشــاه با لحن گوشــه‌داری می‌پرسد چه شــده که از وقتی که شما به شــهربانی آمده‌اید دیگر راپرتی از توطئه‌های داخلی و خارجی به ما نمی‌رسد، مثل این‌که همه سر براه شده‌اند. (سرتیپ زاهدی) می‌گوید: خیر قربان اغلب این گزارش‌ها دروغ و ســاختگی اســت. مثلاً یکی از همین خبرچین‌ها گزارش داده بود که من در پشت در اتاق سفیر انگلیس به مذاکرات سفیر با همکارش گوش می‌کردم و شنیدم که آنها چنین و چنان گفتند. کسی را که راپرت داده بود، خواستم.

---

۱ - حاج مخبرالسلطنه هدایت، خاطرات و خطرات...، صفحه‌ی ۴۰۲.

گفتم تو چه کاره هستی؟ گفت: دربان سفارت. پرسیدم تو زبان خارجی می‌دانی؟ گفت: خیر. فقط در حدود سلام و علیک و چند کلمه معمولی، گفتم این حرف‌ها را چگونه از پشت در اتاق سفیر شنیدی و فهمیدی؟ به دست و پا افتاد و گفت قربان به ما پول می‌دهند و می‌گویند هر چه شنیدید بنویسید. ما هم اینها را از خودمان می‌سازیم!... من (زاهدی) نمی‌خواستم خاطر مبارک را با گزارش‌های دروغ و ساختگی مشوش کنم»[1].

به هنگام ریاست شهربانی سرتیپ زاهدی شخصی به نام سیدفرهاد که قبلاً درجه‌دار امنیه بود و بعداً یاغی و راهزن شده و در زندان قصر محبوس شده بود، از زندان فرار کرد. رضاشاه از این جریان سخت خشمگین شد. رییس شهربانی را خواست و به وی بیست و چهار ساعت وقت داد که یاغی فراری را بگیرد و بیاورد و به زندان تحویل دهد. سرتیپ زاهدی پاسخ داد که سیدفرهاد به منطقه‌ی استحفاظی امنیه گریخته و تعقیب او از وظایف شهربانی نیست. این پاسخ به رضاشاه گران آمد. خشمگین شد و پاگون رییس شهربانی را کند. هنوز از کاخ بیرون نیامده بود که دستور رسید او را بازداشت و یکسره روانه زندانش کنند. یک ماه در زندان بود، سپس آزادش کردند و بازنشسته شد.

در بعضی کتب فارسی نوشته شده که در جریان فرار سیدفرهاد، شخصی به نام پروفسور جان جاسوس انگلستان که در لباس کشیش در آذربایجان دستگیر شده بود و برای قسمت نقشه‌برداری ستاد کل ارتش بریتانیا کار می‌کرد، نیز از زندان گریخت و علت اصلی خشم شاه بر رییس شهربانی همین بود[2]، چرا که این

۱- اردشیر زاهدی، خاطرات، جلد اول. صفحات ۳۰ و ۳۱.
۲- ابراهیم صفایی، زندگی‌نامه ...، صفحه‌ی ۷۳، دکتر عزت‌الله همایونفر. از سپاهیگری تا ... صفحه‌ی ۱۱۶، هر دو نویسنده به کتابی تحت عنوان پلیس خفیه

پروفسور جان کشیش، در حقیقت کسی جز لاورنس معروف نبوده و فقط شاه و سرتیپ زاهدی از هویت واقعی او اطلاع داشته‌اند.
این جریان در هیچ یک از کتاب‌ها و تحقیقات متعددی که در باره‌ی لاورنس انتشار یافته و هنوز هم هر سال منتشر می‌شود، نقل نشده، در سال‌های ۱۹۳۰، ۱۹۳۱ لاورنس که دوران واپسین عمرش را می‌گذراند، بیمار و مقیم انگلیس بود و دیگر فعالیتی نداشت تا چه رسد به این‌که با لباس مبدل و نام مستعار یک کشیش امریکایی در آذربایجان به نقشه‌برداری مشغول باشد![1]

*****

بعد از رهایی از زندان فضل‌الله زاهدی که دیگر کاری نداشت، با چند تن از دوستانش از جمله کازرونی و عیسایان بازرگانان معروف و فاضل‌الملک همراز و ابراهیم خواجه‌نوری که هر دو از وکلای سرشناس عدلیه بودند، شرکتی به نام «کازدما» تأسیس کرد که نمایندگی اتومبیل‌های فورد را در ایران داشت و دفترش در چهارراه مخبرالدوله بود.
یک سال بعد از این حوادث، شاه فضل‌الله زاهدی را به دربار احضار کرد، پاگون و درجه‌اش را شخصاً به وی پس داد و او را به ژنرال آجودانی خود منصوب کرد. بعداً به اداره کل بازرسی ارتش منتقل شد.

در این دوره سرتیپ زاهدی به چند مأموریت مهم سیاسی، اقتصادی به خارج از کشور رفت. نخست با هیاتی به ریاست

در ایران به قلم شخصی موسوم به سیفی قمی نصرتی استناد کرده‌اند که محل انتشار، ناشر و تاریخ طبع و منابع آن ذکر نشده. چه بسا از محصولات صنعت پررونق تاریخ سازی و جعل حوادث و اسناد باشد که بسیار رایج است.

۱ - در پاسخ به پرسش من در این باره، اردشیر زاهدی اظهار داشت که هرگز چنین ماجرایی را از تیمسار سپهبد زاهدی نشنیده.

مظفر اعلم رییس کل تجارت، و عضویت صمصام‌الملک بیات، رییس کل فلاحت، برای بررسی در امور تجاری و کشاورزی به روسیه‌ی شوروی. دیگر برای خرید اسلحه به اروپای غربی و سوم برای تهیه و خرید اسب به مجارستان که او در راس هیات بود و پانصد اسب برای ارتش از این کشور خرید که با کشتی به ایران فرستاده شد. رضاشاه از این اسب‌ها دیدن کرد و بر یکی از آنها سوار شد که قدرت و سرعت دویدن آنها را بیازماید. سپس آن اسب‌ها را میان پادگان‌های ارتشی پایتخت تقسیم کردند.

به موازات این مأموریت‌ها و وظایف ناشی از سمتش در بازرسی کل ارتش، سرتیپ زاهدی به دستور رضاشاه مأمور نظارت بر ساختمان و تهیه‌ی تجهیزات باشگاه افسران در تهران شد. به هنگام گشایش باشگاه، رضاشاه که از ساختمان و از تجهیزات و تزیینات آن (که باید گفت این عمارت از شاهکارهای معماری دوران سلطنت اوست) فوق‌العاده خشنود بود، مقرر داشت که سرتیپ زاهدی به ریاست هیات مدیره‌ی باشگاه برگزیده شود، مسئولیتی که بیش‌تر تشریفاتی و در هر حال دور از تشنجات سیاسی بود. در پایان مراسم افتتاح، رضاشاه در حضور جمع گفت: «معلوم می‌شود زاهدی هم اهل رزم است و هم اهل بزم» که بعدها غالباً این عبارت را در باره او تکرار کردند.

در چهارچوب فعالیت و اداره‌ی امور باشگاه، سرتیپ زاهدی به تأسیس کتابخانه‌ی مجهزی پرداخت و ادیب فاضل و سرشناس ذبیح بهروز را که بعداً از دوستان نزدیکش شد، به ریاست آن برگزید. با حمایت او ذبیح بهروز بسیاری از اهل دانش و ادب زمانه را در آنجا به دور خود جمع کرد، جلسات سخنرانی و بحث و تحقیق در زمینه‌ی فرهنگ و تاریخ و ادب فارسی تشکیل داد که آن محل به زودی به صورت کانونی پر رونق در این زمینه‌ها درآمد.

در همین زمان بود که رضا شاه زاهدی را احضار کرد و به وی دستور داد که زبان فرانسه را بیاموزد. قطعاً در اندیشه‌ی آن بود که یک مسئولیت سیاسی یا دیپلماسی به وی تفویض نماید که در آن سال‌ها، آشنایی به این زبان لازمه‌ی آن بود، زاهدی با جد و جهدی که در همه کار داشت، نزد معلمی به آموختن این زبان پرداخت. کسانی که در سال‌های بعد و از جمله به هنگام ریاست دولت او را دیده و می‌شناختند. روایت کرده‌اند که فرانسه را به قدر رفع حاجت در مذاکرات می‌دانست و حتی با چند روزنامه‌نویس خارجی به این زبان مصاحبه کرد.

*****

آغاز جنگ جهانی دوم در اول سپتامبر ۱۹۳۹، نهم شهریور ۱۳۱۸، موقع و موضع سیاسی و بین‌المللی ایران را دگرگون کرد. با وجود اعلام فوری بی‌طرفی کشور در مخاصمات، واضح بود که ایران از بازتاب‌های آن برکنار نخواهد ماند. رضاشاه مطلقاً تمایلی به مشرب و عقیده‌ی نازی نداشت. اما شک نیست که مانند اکثر قریب به اتفاق ایرانیان که مخالف سیاست‌های استعماری انگلیس و روس بودند، به هر حرکتی که به تضعیف این دو سیاست بیانجامد، لااقل با نظر مساعد می‌نگریست. در مورد هیتلر از او قضاوتی روایت نشده، ولی می‌دانیم که:

«از موسولینی و تبلیغاتی که در اواخر راجع به تسلط به شرق می‌نمود، نفرت بسیار داشت و او را مردی هوچی می‌خواند. با اتحادی که آن دو پیشوا (هیتلر و موسولینی) با هم داشتند بر رضاشاه معلوم بود که اگر هیتلر پیروز آید و خود او هم طمعی به شرق نداشته باشد، لااقل موسولینی قسمتی از آرزوهایی را که در تسخیر خاورمیانه دارد برآورده خواهد ساخت. همین مساله بر بدبینی او

نسبت به هیتلر می‌افزود»[۱].

با این حال باید اذعان کرد که آلمان در اقتصاد ایران مهم‌ترین نقش را داشت و ایتالیایی‌ها نیز در بسیاری از شئون از جمله تجهیز نیروی دریایی شاهنشاهی و تربیت افسران آن، با توفیق کامل بزرگ‌ترین سهم را ایفا کرده بودند.

با آغاز جنگ و اعلام بی‌طرفی و تدابیری که برای اثبات آن آغاز شد، از جمله تغییر دولت متین‌دفتری که مشتهر به نزدیکی به آلمان‌ها بود و جایگزینی او به وسیله‌ی علی منصور که معروف به دوستی با انگلیس‌ها بود، رضاشاه کوشید که در ضمن یک رشته تدابیر احتیاطی برای مقابله‌ی ایران با خطری که احتمال آن وجود داشت، به مرحله‌ی اجرا درآورد. یکی از آنها که محرمانه به شمار می‌رفت، ولی مهم و اساسی، آماده‌سازی کشور برای مقابله با مداخله‌ی نظامی خارجیان در ایران بود. سرتیپ زاهدی در راس یک هیات نظامی که سرهنگ احمد امینی فارغ‌التحصیل مدرسه‌ی عالی سوارنظام فرانسه نفر دوم آن بود، مأمور شد که در سرتاسر مناطق شمالی کشور به بررسی امکانات دفاع کشور در مقابل یک هجوم خارجی بپردازند. در حین بازرسی معلوم نشد که به اتومبیل زاهدی و امینی سوءقصد و تیراندازی شده، یا شبانگاه تصادفی روی داده، اتومبیل واژگون و زاهدی زخمی و ناچار به مراجعت به تهران شد. ولی دستور رسید که حادثه محرمانه بماند و تا سوم شهریور کسی از آن سخن نگفت.

*****

قیام مردم فلسطین به رهبری حاج امین‌الحسینی مفتی اعظم آن کشور بر ضد انگلیس‌ها و کودتای نافرجام رشیدعالی گیلانی نخست‌وزیر عراق برای پایان دادن به تحت‌الحمایگی آن کشور، با وجود حمایت آلمان‌ها و ایتالیایی‌ها، هر دو با شکست روبرو شدند.

---

۱ - نصرالله انتظام، خاطرات، منبع ذکر شده، صفحه‌ی ۹.

حاج امین‌الحسینی و رشیدعالی ناچار به ایران پناه آوردند که لندن خواستار بازداشت و تحویل آنان شد. اما رضاشاه و دولت ایران این عمل را خلاف اصول اخلاق و مودت و میهمان‌نوازی دانستند. شاه، سرتیپ زاهدی را مأمور حفاظت و پذیرایی آنان کرد و مقرر داشت که کسی از محل اختفای پناهندگان مطلع نگردد. زاهدی این کار را با توفیق کامل انجام داد. از پناهندگان به نحوی شایسته پذیرایی شد؛ حتی بعداً شهرت یافت که رشیدعالی با رضاشاه نیز دیداری داشته که ظاهراً درست نیست. سرتیپ زاهدی ترتیب مسافرت آنان را به ترکیه داد و این سفر بی‌سر و صدا انجام شد. آنها به ترکیه رفتند و از آنجا عازم برلن گردیدند.

این جریان، هم به کینه و مخالفت انگلیس‌ها با رضاشاه افزود و هم به سوءظن آنان نسبت به سرتیپ زاهدی که از آن پس در گزارش‌های سفارت انگلیس، جزو مخالفین سیاست بریتانیا در ایران به حساب آمد.

****

با همه‌ی احتیاطاتی که شده بود، جنگ جهانی دوم به ایران سرایت کرد. در روز سوم شهریور ۱۳۲۰، ۲۵ اوت ۱۹۴۱، قوای شوروی از شمال و قوای بریتانیا از جنوب و غرب به کشور حمله آوردند. مقاومت شجاعانه‌ی ارتش کوچک ایران در اینجا و آنجا، در برابر تهاجم نیروهای دو ابرقدرت جهانی نمی‌توانست نتیجه‌ای داشته باشد. سه روز بعد، ایران تقاضای ترک مخاصمه کرد. سیاستمدار کهن‌سال، بیمار، اما دنیادیده و سرد و گرم روزگار چشیده، ذکاءالملک فروغی سرنوشت کشور را بدست گرفت. رضاشاه می‌دانست که دوران سلطنتش به پایان رسیده، ولی ایران و فرزندش را به کسی سپرد که مرد این بحران بزرگ تاریخ بود. در این گیرو دار حادثه‌ای غیرمنتظره رخ داد.

«شورای عالی ارتش»، به ابتکار سرتیپ احمد نخجوان وزیر جنگ تصمیم به مرخص کردن سربازان گرفت. ارتشی که رضاشاه با آن همه کوشـــش طی بیست ســـال به وجود آورده بود و با همه‌ی نقـــاط ضعفش، ضامن وحدت و امنیت کشـــور بـــود، ظرف چند ســـاعت با یک تصمیم غلط، یا خیانت که توجیهی منطقی برای آن وجود ندارد، از هم فروپاشید. حتی شاه، فرمانده کل قوا و بانی این ارتش از تصمیم این شورا که وجود قانونی هم نداشت، مطلع نبود. گویا طـــرح از احمد نخجـــوان کفیل وزارت جنگ و ســـرتیپ علی ریاضی بود. به سپهبد امیراحمدی، ارشد صاحب‌منصبان ارتش، سرلشـــکر ضرغامی رییس ستاد، سرلشـــکر یزدان‌پناه فرمانده سپاه مرکز و سرلشکر بوذرجمهری گفته می‌شود که این تصمیم «امر اعلیحضرت» است و آنها تمکین می‌کنند.
سرتیپ علی رزم‌آرا رییس رکن یکم ستاد و معاون دانشگاه جنگ، ســـرتیپ عبدالله هدایت رییس رکن ســـوم و سرتیپ زاهدی نیز در این نشست شرکت داشتند ولی از امضای صورت جلسه به علت مخالفت با آن خودداری کردند.

رضا شاه، چون از این تصمیم آگاه شد، امضاکنندگان را به کاخ ســـعدآباد فراخواند، با شمشـــیر به احمد نخجوان و علی ریاضی حمله‌ور شـــد و آنان را خلع درجه و ســـپس زخمی کرد، هفت‌تیر خود را خواست که همان‌جا شخصاً آنان را سیاست کند. آرامش کردند. قرار شـــد یک دادگاه صحرایی به رفتار آنان رسیدگی کند که البته هرگز چنین دادگاهی تشکیل نشد[۱].
شاه سرلشـــکر محمد نخجوان (امیرموثق) را احضار و به وزارت جنـــگ منصوب کرد و به او دســـتور داد که نزد ذکاءالملک برود و

۱ - شرح این ماجرا با جزیی اختلافی در همه‌ی روایات و کتب مربوط به این روزها آمده اســـت. از جمله نگاه کنید به نصرالله انتظام، خاطرات ... صفحات ۴۲ الی ۴۷. نصرالله انتظام رییس کل تشریفات شاهنشاهی و شاهد عینی این جریان‌ها بود.

خود را به او معرفی کند.
به این ترتیب ارتش ایران از هم فرو پاشید. اما فروغی و دولتش با وجود همه‌ی ناتوانی‌ها ایران را حفظ کردند.

*****

رضا شاه در روز بیست و پنجم شهریور استعفا داد و با تنی چند از اعضای خانواده و اطرافیانش رهسپار اصفهان و جنوب ایران شد. او از اسارت به دست روس‌ها بیم فراوان داشت. شاه، محمدرضا پهلوی ولیعهدش را به فروغی سپرد که با کمک چند شخصیت میهن‌دوست دیگر توانست سرانجام او را به تخت سلطنت و جانشینی پدر بنشاند.
سرتیپ زاهدی و سرلشکر مرتضی یزدان‌پناه کوشیدند از روی وفاداری، خود را به شاه مستعفی برسانند. در کهریزک به او ملحق شدند. رضا شاه به چند تنی که به بدرقه‌اش آمده بودند گفت: «من پسرم را به شما می‌سپارم»[۱] و آنان را به تهران عودت داد.

چند روز بعد، در کابینه‌ی دوم فروغی که بعد از استعفای رضاشاه تشکیل شده بود، علی سهیلی وزیر امور خارجه بود، سرلشکر امیرموثق نخجوان هم‌چنان وزیر جنگ و سرلشکر امان‌اللهمیرزا جهانبانی یار دیرین سرتیپ زاهدی وزیر کشور. سرلشکر مرتضی یزدان‌پناه نیز به ریاست ستاد ارتش برگزیده شد.
جهانبانی و یزدان‌پناه، هر دو سرتیپ فضل‌الله زاهدی را می‌شناختند به قدرت فرماندهی و تدبیرش آشنایی و اعتقاد داشتند.
دولت جدید پس از بیست سال که او در درجه‌ی سرتیپی باقی مانده بود، وی را به سرلشکری ارتقاء داد و به پیشنهاد وزیر کشور، نخست‌وزیر او را به ریاست ژاندارمری کل کشور برگزید. سمتی امنیتی-سیاسی و در عین حال حساس. قوای امنیه قدرت آتش و تحرک زیادی نداشتند، اما در سرتاسر کشور که اندک‌اندک به «اشغال دوستانه» متفقین در می‌آمد، تنها نمایندگان مسلح

۱- اردشیر زاهدی، خاطرات ... صفحه‌ی ۳۶.

حکومت مرکزی بودند.

سرلشکر زاهدی از دوم مهرماه تا بیست و هشتم آذرماه ۱۳۲۰ در این سمت باقی ماند. سپس به فرماندهی لشکر اصفهان برگزیده شد. سمتی که سرنوشت وی را دگرگون کرد.

فصل دوم

«خطرناک‌ترین دشمن امپراتوری بریتانیا»[1]

مأموریت زاهدی در راس ژاندارمری کل کشور کوتاه بود و دشوار. بر اثر ورود قوای متفقین به ایران بسیاری از ژاندارم‌ها محل کار خود را ترک کرده بودند. به پاسگاه‌های تهی از افراد و بی‌دفاع صدمات زیادی وارد شده بود. دولت هم در آن شرایط اعتبارات

---

۱ - توصیفی است که در چند گزارش رسمی و محرمانه به سفارت بریتانیا از تیمسار فضل‌الله زاهدی شده. نگاه کنید به گزارش سفیر کبیر بریتانیا در تهران مورخ ۳۱ مه ۱۹۵۱ شماره ۲۴۸/۱۵۱۸ که در بحبوحه‌ی بحران نفت نوشت: «زاهدی مطلقاً قابل اعتماد نیست». در مورد رویه‌ی انگلیس‌ها در برابر سرلشکر زاهدی.
همچنین نگاه کنید به مقاله‌ی دکتر همایون کاتوزیان در مورد تدارک موجبات سقوط مصدق. آینده، جلد هجدهم، شماره ۱ تا ۶، ۱۹۹۲.
و نیز، فواد روحانی، زندگی سیاسی مصدق ...، فصل ششم صفحات ۷۸ تا ۸۵ گزارش ۳۱ مه ۱۹۵۱ سفیر انگلیس در اسناد دیپلماتیک آن کشور انتشار یافته است.
در متون دیگر همه جا به اسناد رسمی مختلف دولت بریتانیا استناد شده است.
همچنین نورمحمد عسکری شاه، مصدق، سپهبد زاهدی... بخش دوم فصل بیست و یکم صفحات ۲۳۲ - ۲۳۹ و مدارک ذکر شده در آن.

کافی برای ترمیم خسارت‌ها و تقویت نیروی ژاندارمری نداشت. می‌بایست با دست خالی معجزه کرد. طی مدت سه ماه، از دوم مهر تا بیست و هشتم آذرماه ۱۳۲۰، در یکی از دشوارترین و بحرانی‌ترین دوران‌های تاریخ معاصر ایران، فرمانده‌ی منصوبِ ذکاءالملک فروغی و سرلشکر امان‌الله میرزاجهانبانی موفق شد سرو صورتی به اوضاع پریشان ژاندارمری کل کشور بدهد. برای ژاندارم‌ها لباس‌های متحدالشکل تازه‌ای فراهم و ارسال کردند. افراد جدیدی استخدام شدند، مرمت پاسگاه‌ها آغاز گردید و اینجا و آنجا اسلحه‌ی جدید برای آنان ارسال شد. در مقیاس احتیاجات کار مهمی انجام نشده بود. اما در شرایط آن روز معجزه بود. رییس دولت، وزیر کشور و در نهایت امر شاه از زاهدی ابراز رضایت کردند و حق داشتند.

*****

سرلشکر زاهدی در بیست و هشتم آذرماه ۱۳۲۰، ۱۹ دسامبر ۱۹۴۱ به فرماندهی لشکر اصفهان منصوب شد. فروغی نخست‌وزیر بود، امیرموثق نخجوان وزیر جنگ، سرلشکر مرتضی یزدان‌پناه رییس ستاد کل و سرلشکر امان‌الله میرزاجهانبانی وزیر کشور.
لشکر اصفهان، یکی از واحدهای نادر ارتش به شمار می‌رفت که از خلع سلاح سربازان و هجوم متفقین کم‌تر صدمه دیده بودند و هنوز قوه و قدرتی داشت. گذشته از این، اصفهان، پایتخت پیشین شاهنشاهان دیلمی (آل بویه) و پادشاهان سلجوقی، شهری که به اراده و همت شاه‌عباس بزرگ به صورت یکی از پررونق‌ترین مراکز جهان آن روز درآمده و سپس دچار انحطاط و ویرانی شده بود. در خاطره و قلب ایرانیان موضع و مکان مخصوص خود را داشت. اصفهان در زمان رضاشاه رونقی دوباره یافته، مرمت آثار تاریخی آن آغاز شده و به خصوص به صورت مرکز صنعت نساجی ایران درآمده بود.

اصفهان در مرکز کشور و نزدیک به مناطق حساس و عشایرنشین بود. ثبات و امنیت این شهر برای دولت اهمیتی استثنایی داشت و چون سرلشکر زاهدی به آنجا رسید، به خلق و خوی مدیریت و فرماندهی خود، خیلی زود به صورت مرکز قدرت در آن استان درآمد و سررشته‌ی کارها به دستش افتاد.

*****

در فاصله‌ی مأموریت دومش در گیلان که فضل‌الله زاهدی با خانم خدیجه پیرنیا دختر موتمن‌الملک ازدواج کرد، تا اعزامش به فرماندهی لشکر اصفهان تغییراتی در زندگی خصوصی او روی داد. در بیست و چهارم مهرماه ۱۳۰۸، ۱۶ اکتبر ۱۹۲۸، فرزند اول آنان اردشیر، که بعداً در زندگی سیاسی زاهدی و سپس در صحنه‌ی سیاست ایران نقش مهمی ایفا کرد، در شرایطی دشوار در تهران چشم به جهان گشود. سه سال بعد در ۱۳۱۱ فرزند دیگرشان، هما، متولد شد. اما دوران زندگی مشترک فضل‌الله زاهدی و خدیجه پیرنیا چند سال بعد به پایان رسید و به توافق دوستانه آن دو از یکدیگر جدا شدند. سرلشکر زاهدی تا پایان زندگی حسین پیرنیا (موتمن‌الملک) یعنی شهریور ۱۳۲۶، رابطه‌ی مودت و آمیخته به احترام خود را با او حفظ کرد و چنان‌که خواهیم دید، در دوران اسارت به دست انگلیس‌ها سرپرستی فرزندانش را به او سپرد.

*****

دوران یک ساله‌ی فرماندهی لشکر اصفهان برای زاهدی پر از تنش و مسائل گوناگون بود و روابطش با انگلیس‌ها که هرگز خوب نبود، آنها نه ماجرای خزعل را فراموش کرده بودند و نه داستان حاج امین‌الحسینی و رشیدعالی گیلانی را، به نقطه‌ی بحران رسید.

سرلشکر زاهدی با روسای ایلات و عشایر جنوب، بختیاری‌ها و

به خصوص قشقایی‌ها، همواره روابطی دوستانه داشت. چون عاشق سواری و شکار بود، در فرصت‌هایی که دست می‌داد برای شکار به مناطق عشایری می‌رفت و طبیعتاً نزد سران ایلات فرود می‌آمد. به این ترتیب هم مراقب اوضاع بود و هم روابط دوستانه‌ی خود را برای حفظ امنیت منطقه به کار می‌گرفت. رؤسای عمده‌ی بختیاری و قشقایی در برابر او مأخوذ به حیا بودند.

عوامل اطلاعاتی بریتانیا که در میان رؤسای ایلات کم نبودند، خیلی زود به این رفت و آمدها مشکوک شدند. زاهدی مخالف آنان بود، اما به پیروی از سیاست حکومت مرکزی که نماینده و مجری آن بود، هیچ اقدامی علیه آنها نمی‌کرد و نمی‌توانست بکند. قشقایی‌ها هرگز به سیاست بریتانیا حُسن نظر نداشتند. شهرت داشت، و ظاهراً این شهرت نادرست نبود، که عوامل آلمان در میان آنان رفت و آمد دارند.

آیا بین آنها و فرمانده‌ی لشکر اصفهان ملاقاتی روی داده بود؟ چنین شهرتی حتی در محافل سیاسی تهران وجود داشت. حاج مخبرالسلطنه هدایت که همه چیز را می‌شنید و همه را یادداشت می‌کرد نوشته: «مشهور شد که در کوه‌های اطراف اصفهان آلمان‌ها تلگراف بی‌سیم داشته‌اند و زاهدی، فرمانده‌ی نظامی محل رابط بوده است. به بهانه‌ی شکار به کوه می‌رفته و مخابره می‌شده. دستگاه جاسوسی انگلیس کشف می‌کند»[۱].

دلیل و سندی که دال بر این ملاقات، یا ملاقات‌ها، باشد در دست نیست![۲]

در عوض تعداد گزارش‌های مأموران کنسولی انگلیس در اصفهان و سفارت بریتانیا در تهران علیه شخص سرلشکر زاهدی و خطری که از جانب او احساس می‌کردند، فراوان است:

---

۱ - حاج مخبرالسلطنه هدایت، خاطرات و خطرات، صفحات ۴۲۵-۴۲۶.

۲ - ابراهیم صفایی نوشته: «مایر، سرجاسوس آلمانی یک بار در اصفهان شبانه و مخفیانه با زاهدی دیدار کرده بود» ... زندگینامه ... صفحه‌ی ۸۰.

به وزارت خارجه بریتانیای کبیر گزارش شد که:

«گروهی از ایرانی‌ها سازمانی را به وجود آورده‌اند و قصد قیام علیه ما (انگلیس‌ها) را دارند و می‌خواهند یک دولت نظامی بر سر کار بیاورند. تعدادی از امرای ارتش و سران ایل قشقایی از گردانندگان این گروه هستند».

در گزارش سفیر انگلیس علاوه بر سرلشکر زاهدی، از «ژنرال کوپال»، «ژنرال شاه‌بختی» و ناصر قشقایی نام برده شد.[1]

در گزارش دیگری سفیر انگلیس موافقت وزارت متبوعه‌ی خود را برای دستگیری سرلشکر زاهدی می‌خواهد و می‌افزاید:

«باید به امریکایی‌ها حالی کنیم که ما مسئول حفظ مهماتی هستیم که به روسیه فرستاده می‌شود. باید از هر جهت آزادی و قدرت تصمیم‌گیری داشته باشیم، تا بتوانیم هر اقدامی که لازم است در باره‌ی زاهدی که به ایل قشقایی اسلحه داده و با آنها همکاری می‌نماید انجام دهیم»[2].

گزارش‌هایی که کنسول وقت انگلیس در اصفهان علیه زاهدی به سفیر آن کشور در تهران می‌داد، یکی دو تا نبود.[3] تا آن‌جایی که یکبار سفیر انگلیس از کثرت و تطویل آنها و تکرار نام سرلشکر زاهدی و دسته‌بندی‌های او، اظهار خستگی کرد و اضافه نمود که «ما هم خودمان به زاهدی خوشبین نیستیم. اما گزارش‌های شما مدرک و سندی همراه ندارد»[4]. در پاسخ دیگری، سفیر انگلیس به کنسول آن کشور در اصفهان می‌نویسد که:

---

۱ - اسناد دیپلماتیک وزارت امور خارجه‌ی بریتانیا، یازدهم نوامبر ۱۹۴۲/ شماره ۳۷۱-۳۱٤۲۰.

۲ - همان منبع، اول دسامبر ۱۹۴۲ شماره ۳۱۳۷۸/۳۷۱.

۳ - برای مطالعه‌ی خلاصه‌ای (طولانی) از آنها نگاه کنید به دکتر عزت‌الله همایونفر از سپاهیگری تا سیاستمداری، صفحات ۱۵۸ الی ۱٦۸.

٤ - همان منبع، صفحه‌ی ۱۵۹.

«با نخست‌وزیر (علی سهیلی) در باب زاهدی صحبت کردم. نخست‌وزیر از سرلشکر زاهدی تعریف و تمجید کرد و از او به نام یک ژنرال لایق و مدبر نام برد»[۱].

بار دیگر، که حزب توده، با تأیید کنسول روس در اصفهان، گرمان آشورف، که در حقیقت گرداننده‌ی اصلی تشکیلات آن بود، در آن شهر اعتصابی وسیع به راه انداخت و سرلشکر زاهدی با مداخله‌ی مستقیم، از یک طرف گماردن سربازان در سرتاسر شهر از طرف دیگر مذاکره با صاحبان صنایع برای افزایش دستمزدها، به آن اعتصاب خاتمه داد، کنسول فرمانده لشکر را مسئول اصلی اعتصاب قلمداد کرد.

در گزارش دیگری معاون کنسولگری، از مسافرت سرلشکر زاهدی به صفحات لرستان به منظور آماده کردن شورشی در آن منطقه، صحبت کرده. در تاریخی که معاون کنسول به آن اشاره داشت، سرلشکر زاهدی در تهران بود و این سفر احتمالاً ساخته و پرداخته‌ی تخیلات مأموران انگلیسی یا ناشی از شایعات شهر بوده است.

از مجموع این گفت و گوها و گزارش‌های کنسولگری انگلیس در اصفهان و سفارت آن کشور در تهران چند استنباط می‌توان کرد:

- نخست، مخالفت شدید سرلشکر زاهدی، ناصرخان قشقایی و نیز گروهی از افسران طراز اول ارتش ایران باسیاست بریتانیا و ناخشنودی آنان از حضور قوای متفقین در کشور. جز همین «اسناد» انگلیس، «دلیل» متقن و موجهی بر وجود «نهضت آزادی بخش ایران» به رهبری سرلشکر زاهدی تاکنون دیده نشده. زاهدی صاحب منصبی عالی‌رتبه و معتقد به رعایت

---

۱ - همان منبع، همان صفحه.

سلسـله مراتب و وفادار به حکومت مرکزی بود. این که وی رهبری حرکتی را برای سـقوط حکومت قانونی کشـور قبول کرده باشد. قابل تصور به نظر نمی‌رسد. مخالفتش با سیاست بریتانیا بر هیچ‌کس پوشیده نبود. این‌که قصد یک قیام نظامی علیه آنها داشته معقول به نظر نمی‌رسد.

- دیگر، دشـمنی شـخص سـفیر انگلیس، سـرریدر بولارد و مأمورین کنسولی آن کشـور در اصفهان با ایران و ایرانیان است که از یک دیدگاه استعماری سرچشمه می‌گرفت. بولارد از آغـاز حملـه‌ی متفقیـن به ایران و حتـی در قضاوت‌هایش نسـبت به جریان ملی شدن نفت این موضوع را نشان داد که در کتاب خاطرات خود نیز آن را دنبال کرد.

- بالاخره، سرلشـکر زاهدی در اصفهان و منطقه‌ی لشـکر ۹ که فرماندهی آن را داشـت، به سـنت و عادت خود، سـر نخ همه‌ی امور را به دسـت گرفت و کنسول انگلیس را از مداخله در امور شـهر، و کنسـول روس را از دخالت در فعالیت‌های کارگری، مانع شـد. برای انگلیس‌ها که خود را در آنجا قادر مطلق می‌دانستند و می‌پنداشتند (و مأمورین غیرنظامی ایرانی نیز به حکم اجبار در آن زمان با آنها مدارا می‌کردند) این رویه قابل‌تحمل نبود، که سرانجام آن را تحمل نکردند.

هنگامـی که تصمیم قطعی به جلب و بازداشـت و تبعید فرمانده لشکر اصفهان از طرف انگلیس‌ها (ظاهراً با تأیید «متفقین») اتخاذ شد، آنها در جسـتجوی راه و روش اجرای آن برآمدند. سرلشکر زاهدی در اصفهان اقتداری داشت. بیش از سه هزار سرباز نسبتاً مجهز و منضبط در اختیارش بودند. مردم شهر قدرت‌نمایی او را در برابر انگلیس‌ها و توده‌ای‌ها ارج می‌نهادند.

نخسـتین «راه حل» آن بود که دولت، سرلشکر زاهدی را به تهران بخواهـد و او بـا رضایت مقامات مملکتی بازداشـت شـود. از

گزارش‌های سفارت انگلیس پیداست که امیدی به این رویه نداشتند. نه شـاه، فرمانده کل قوا، ولو آن‌که در آن زمان اختیاری نداشت، ممکن بود زیر بار برود نه نخست‌وزیر و نه فرماندهان ارتش.

«راه حـل» دیگر مداخله‌ی نظامی مسـتقیم و لشکرکشـی علنی بـه اصفهان برای جلب سرلشـکر زاهدی بود. بـرای انگلیس‌ها بیم مقاومت ارتش ایران می‌رفت و نیز پشـتیبانی قشـقایی‌های ضدانگلیسـی که طرفدار زاهدی بودند. خطر بـروز یک برخورد نظامی جدی در مرکز ایران وجود داشت. این طرز عمل را نیز کنار گذاشـتند و سـرانجام تصمیم به جلب فرمانده لشکر با یک اقدام «ضربتی» یا به اصطلاح «کوماندویی» گرفته شـد. طرحی شبیه آنچه زاهدی در باره‌ی شیخ خزعل به کار گرفته بود. در جستجوی فرصت مناسب بودند.

مخالفت شـدید فرمانده لشـکر با مصادره‌ی غلات منطقه برای تغذیه‌ی نیروهای متفقین، عملی که باعث بروز قحطی در اصفهان و اطراف می‌شـد و برخوردهای شـدید لفظی میان او و مأموران بریتانیا در جلسات استانداری[۱]، سرانجام لندن را به اجرای فوری تصمیم خود واداشت و بر آن شدند که او را «بربایند»[۲]. یک سرهنگ انگلیسـی به نام مک‌لین، متخصص «عملیات ویژه» از بنغازی به اصفهان فراخوانده شد. او با تأیید ژنرال ویلسن فرمانده نیروهای انگلیس در ایران و همکاری جان گلت، همان کنسـول گزارشـگر دشمن فرمانده لشـکر اصفهان، طرح ربودن سرلشکر زاهدی را ریخت[۳]. «مأموران ویژه» انگلیسـی اقامتگاه زاهـدی را زیر نظر

۱- که شـرح آن در گزارش‌های کنسولگری آمده و انتشار یافته، نگاه کنید به کتاب دکتر همایونفر، صفحه‌ی ۱۶۲.

۲ - اردشیر زاهدی اخیراً در مصاحبه‌ای گفت: «این‌ها (انگلیس‌ها) پدرم را دزدیدند و به فلسطین بردند»، راه زندگی، چاپ لس‌آنجلس، شماره ۱۰۸۸، ۸ سپتامبر ۲۰۰۶.

۳ - بعداً Mclean خاطرات خود را انتشار داد که به وسیله‌ی کاوه دهگان به فارسی

گرفتند، ساعات رفت و آمدش دقیقاً بررسی شد. سرانجام کنسول به زاهدی تلفن کرد و گفت دو افسر عالی‌رتبه‌ی انگلیسی از بغداد به اصفهان آمده و تقاضای ملاقات دارند. فرمانده لشکر نهم ساعت شش بعد از ظهر روز شانزده آذر ۱۳۲۱ - ۷ دسامبر ۱۹۴۲ را تعیین کرد که در اقامتگاه خود آنان را بپذیرد.

در ساعت مقرر، مکلین با «مأمور مخصوص دیگری» که به وی لباس ژنرالی ارتش انگلیس را پوشانده بودند به اقامتگاه زاهدی رفتند. در دقایق قبل از آن، تلفن منزل زاهدی را قطع کردند و دو کامیون مملو از افراد «نیروی مخصوص» در اطراف منزلش مستقر شدند. مکلین و ژنرال قلابی در یک اتومبیل و سه مأمور مخصوص مسلح به مسلسل سبک ولی ملبس به لباس سربازان عادی به عنوان محافظ آنان، در اتومبیل دیگر به خانه‌ی زاهدی آمدند.

جلو در خانه‌ی زاهدی، سربازی که پاس می‌داد به دو افسر انگلیسی اجازه‌ی ورود داد. آنان به تالار پذیرایی اقامتگاه راهنمایی شدند. مستخدمان برای‌شان چای و شیرینی آوردند. سپس سرلشکر زاهدی با لباس نظامی برای دیدار مهمانان خود وارد سالن شد.

«اما در آغاز همین لحظه با لوله کلت اتوماتیک مکلین روبرو گردید و مکلین آمرانه به او گفت دست‌ها بالا و بی‌حرکت، باید از این جا برویم، اگر مقاومت کنی کشته خواهی شد «این دستورالعمل لندن به مکلین بود» زاهدی دلیل این رفتار را پرسید ولی مکلین همان جمله را تکرار کرد. زاهدی که مقاومت را بی‌نتیجه و خطرناک می‌دید تسلیم شد و اسلحه‌ی کمری خود را به دستور مکلین باز کرد و به مکلین داد. مکلین که همچنان لوله کلت خود را جلوی پیشانی زاهدی گرفته بود، او را از خانه بیرون برد

برگردانده شده است. قسمت مربوط به بازداشت سرلشکر زاهدی عیناً در خاطرات اردشیر زاهدی جلد اول، متن ذکر شده، صفحات ۵۴ تا ۵۶ نقل شده.

و سوار اتومبیل کرد. سربازان نگهبان جلوی خانه زاهدی پیش آمدند ولی زاهدی دستور داد کنار بروند»[۱].

سرلشکر زاهدی را به این ترتیب با مراقبت سه مأمور مخصوص همراه افسران انگلیسی و دو کامیون مملو از سربازان ویژه‌ی انگلیسی به بیابانی نزدیک اصفهان بردند. یک هواپیمای نظامی در آنجا منتظر بود. فرمانده لشکر اصفهان به اراک انتقال داده شد. پس از مدت کوتاهی وی را به فلسطین بردند که تا ۳۱ شهریورماه ۱۳۲٤، ۲۲ سپتامبر ۱۹٤۵، در یک سلول انفرادی در آنجا اسیر نیروهای مسلح بریتانیا بود.

*****

پس از جلب زاهدی، در حالی که انگلیس‌ها تمام خطوط ارتباطی پادگان اصفهان را با خارج قطع کرده و محل آن را نیز در محاصره گرفته بودند، مأمورین مخصوص بریتانیا به اقامتگاه وی هجوم آوردند که اسناد و مدارکی در آن جستجو کنند. یک نقشه‌ی شهر اصفهان و چند قبضه تفنگ در آن یافتند و ضبط کردند.
قبل از پرواز از اصفهان، به سرلشکر زاهدی اجازه داده شد کارتی به صارم‌الدوله (اکبرمیرزامسعود) بنویسد و فرزندانش اردشیر و هما را که با او در اصفهان بودند، به وی بسپارد.
در همان شب شانزده آذر، صارم‌الدوله و کسانش به اقامتگاه از هم پاشیده‌ی سرلشکر زاهدی آمدند و فرزندانش را به خانه‌ی خود بردند که چند روزی آنجا بودند و سپس به تهران رفتند.
در فرودگاه اراک، سرلشکر زاهدی نامه‌ای به حسین پیرنیا (موتمن‌الملک) پدر همسر سابقش نوشت و فرزندان خود را تحت سرپرستی او قرار داد:
«بزرگ محترم

۱ - این جزییات عیناً از خاطرات مکلین نقل شده.

تصور می‌کنم به عقیده‌ی بنده اگر نور چشمی اردشیر و هما تحت توجه جناب‌عالی و حضرت علیه خانم، تحصیل و زندگانی کنند بهتر باشد. در صورتی که موافق باشید، امر بفرمایید یک پرستار که یک زبان خارجی نیز بداند استخدام و بچه‌ها را نیز در دولت ارک منزل داده و حقوق پرستار و هزینه‌ی تحصیل هر چه لازم باشد امر بفرمایید مصطفی زاهدی از عایدات املاک تقدیم نماید. بودن آنها تابستان در حصارک یا شهر بسته به نظر مبارک است. با تقدیم احترام و عرض بندگی سرلشکر زاهدی»[1].

در تهران، نخست‌وزیر، قوام‌السلطنه، به این رفتار انگلیس‌ها اعتراض کرد که البته بی‌فایده بود. امیرتیمور کلالی نماینده‌ی خراسان در مجلس شورای ملی، در جلسه‌ی علنی اظهار داشت: «چطور می‌شود کسی را گرفت و از مملکتش به جای دیگر برد؟». او از دولت خواست که اقدام و اعتراض کند[2]، که البته به جایی نرسید. افراد خانواده‌ی زاهدی در ابتدا تصور می‌کردند که انگلیس‌ها وی را کشته‌اند؛ تا این که توانست خبر زندانی بودنش را در فلسطین به آنها بدهد. در بازداشتگاه اجازه‌ی ملاقات نداشت. ولی بعضی از کتاب‌هایی را که می‌خواست برایش فراهم کردند. کتب تاریخی بسیاری را مطالعه کرد، از آن جمله مجلدات تاریخ ایران باستان تالیف مشیرالدوله پیرنیا.

فرزندان زاهدی در تهران با دشواری‌های روانی متعارف، روی گرداندن بسیاری از اطرافیان، طعنه‌های دوستان و هم‌کلاسان

---

۱ - متن این نامه که در اوراق شخصی مؤتمن‌الملک نگاه‌داری می‌شده در کتب و نشریات مختلف نقل شده است. از جمله نگاه کنید به خاطرات اردشیر زاهدی، صفحات ۶۰، ۶۱. منصوره پیرنیا، روایت خاطرات اردشیر زاهدی فرزند توفان، صفحه‌ی ۱۰۴ و ...
۲ - نقل از مصاحبه‌ی اردشیر زاهدی، راه زندگی، شماره ۱۰۸۸، ۸ سپتامبر ۲۰۰۶.

روبرو بودند.
موتمن‌الملک چاره را در آن دید که چند بار صبح‌ها شخصاً نوه‌اش اردشیر را به مدرسه ببرد که همه ببینند و بدانند سرپرستش چه کسی است[۱].
مشاهده‌ی رجل سیاسی بزرگ و محترم ایران که نوه‌اش را به مدرسه می‌آورد، به خیلی از مشکلات او پایان داد و اندک‌اندک نحوه‌ی برخورد اطرافیان اردشیر در مدرسه با او تغییر یافت.

چند روز پس از بازگشت سرلشکر زاهدی به تهران، سرلشکر حسن ارفع رییس ستاد ارتش، حتی بدون دیدار و استمالت از فرمانده سابق پادگان اصفهان وی را بازنشسته کرد. در همان روز سرلشکر رزم‌آرا، افسر برجسته‌ی دیگر ارتش که از سال‌ها پیش رقیب ارفع در ارتش و داستان رقابت و مبارزه میان آن دو معروف خاص و عام بود، به دستور رییس ستاد، ابلاغ بازنشستگی خود را دریافت داشت. از لحاظ تشریفاتی اسامی افسران عالیرتبه‌ای که بازنشسته می‌شدند می‌بایست به تأیید فرمانده کل قوا (شاه) برسد. نمی‌دانیم تا چه حد او را، که در آن زمان اختیاری نداشت، در جریان گذاشته بودند.

برای سرلشکر زاهدی تحمل این تصمیم بسیار دشوار بود. در تهران شهرت یافت که بازنشستگی او به خواست انگلیس‌ها است که مخالف یا دشمن دیرین خود را از ارتش به دور نگاه دارند. زاهدی که طبیعتاً پس از گذراندن تقریباً سه سال در زندان انفرادی خارجی‌ها، خشمگین و متوقع نوعی حق‌شناسی و جبران مافات از جانب مقامات ایرانی بود. نارضایی خود را پنهان نمی‌کرد. دوست دیرین وی سپهبد یزدان‌پناه که همچنان از نزدیکان و وفاداران محمدرضا پهلوی بود برای التیام، از شاه برایش وقت

---

۱ - روایت اردشیر زاهدی به نویسنده‌ی این کتاب.

شرفیابی خواست. زاهدی شرفیاب شد و گویا به تندی از فرمانده کل اما کم اختیار قوا گله‌گذاری کرد[۱]. سه روز بعد از این باریابی، بر اثر توصیه و فشار محمدرضا شاه، احکام بازنشستگی زاهدی و رزم‌آرا لغو شد و اعمال نفوذ یا قدرت شاه از دید ارتشیان پنهان نماند.

بعد از این ماجرا از طرف وزارت جنگ، سرلشکر زاهدی به سمت بازرس عالی ارتش منصوب شد. شغلی که جنبه‌ی تشریفاتی آن بیش از مسئولیت مستقیم و اجرایی‌اش بود. در همین زمان با خانم جوانی موسوم به تاج‌الملوک اتحادیه، دختر بازرگانی معروف و ثروتمند به نام حاج‌رحیم آقا اتحادیه ازدواج کرد. سپس به عنوان «ماه عسل» عازم بیروت شد. از آنجا به فلسطین رفت می‌خواست کشوری که در آن زندانی بود را به همسرش نشان بدهد یا لااقل آن منطقه را آزادانه ببیند، مجدداً به لبنان بازگشت و از آنجا راهی اروپا گردید و چند ماهی را در سوییس و فرانسه (که تازه آزاد شده و پر از شور و هیجان و شادی بود) گذراند. در ژنو خانه‌ای اجاره کرده بود و ایرانیان بسیاری به دیدارش می‌رفتند.

قبل از آغاز این سفر، که در بازسازی جسمی و روحی زاهدی اثرات مطلوب داشت، وی ترتیب فرستادن پسرش اردشیر را به بیروت و از آنجا (پس از بازگشت کوتاهی به ایران) به ایالات متحده‌ی امریکا داد و دخترش هما را نیز برای تحصیل روانه‌ی لوزان سوییس کرد.

اما، جریان کوچک دیگری نیز نوعی ارضای روانی و شاید سیاسی برای او فراهم آورد، سفیر انگلیس همان سرریدر بولارد که یکی از عوامل و مسببین اصلی بازداشت خشونت‌آمیز و حبس و تبعید طولانی او شده بود، «برای رفع سوءتفاهم» از وی وقت ملاقات خواست. سفیر انگلیس به او پیغام داده بود:

۱- جراید آن زمان به این جریان اشارات مفصل داشتند. نگاه کنید به نورمحمد عسکری، شاه، مصدق ... صفحه‌ی ۲۳۷.

«به ما ثابت شده است که شما یک ژنرال شرافتمند و وطن‌پرست هستید. اما مایه‌ی تأسف است که به واسطه‌ی مخالفتی که با ما دارید، تصمیم داشتید به وسیله آلمانی‌ها متفقین را از ایران اخراج نمایید».

زاهدی به وی پاسخ داد:

«اگر تصدیق می‌کنید که من افسری وطن‌پرست و شرافتمند هستم، باید بدانید که برای من انگلیس و آلمان هیچ فرقی ندارد و هر دو بیگانه هستند. من فقط وطن خود را می‌خواهم»

و از پذیرفتن و دیدار سفیر کبیر انگلستان عذر خواست[۱] که قطعاً این رویه بر عداوت لندن نسبت به وی افزود.

*****

در بازگشت زاهدی به ایران، در حالی که جنگ جهانی دوم پایان یافته و پریشانی‌های ناشی از آن اندک‌اندک رو به کاهش می‌رفت و همه‌ی کشورها، کم و بیش، بازسازی و نوسازی خود را آغاز کرده بودند، ایران به بحرانی سخت دچار بود. شورش برای تجزیه‌ی آذربایجان و بخشی از کردستان که به وسیله‌ی شوروی‌ها هدایت می‌شد، و متعاقب آن غائله‌ی فارس.

شاه ناتوان بود، مجلس در دست بازیگران سیاسی و مرشدان مختلف که کم و بیش از سفارتخانه‌های خارجی الهام می‌گرفتند و کشور دستخوش ناامنی.

دولت‌های ناتوانی می‌آمدند و می‌رفتند. محمد ساعد، مصدق (که سه روز بعد از انتصاب کناره گرفت). سهام‌السلطان بیات، ابراهیم حکیمی، محسن صدر (صدرالاشراف) و باز هم حکیمی.

---

۱ – جراید آن زمان به این جریان اشارات مفصل داشتند. نگاه کنید به نورمحمد عسکری، شاه، مصدق، صفحه ۲۳۷.

تا اینکه در برابر بحران فزاینده و خطر اضمحلال کشور، سرانجام سررشته‌ی کارها به دست احمد قوام سپرده شد.

فصل سوّم

غائله‌ی فارس

غائله‌ی فارس و شورش و نافرمانی ایلات و عشایر آن منطقه، هنگامی آغاز شد که دولت ایران با تجزیه‌طلبان آذربایجان درگیر و دچار بحران در روابط با اتحاد جماهیر شوروی بود. ارتش ایران ضعیف بود و ساز و برگش کهنه. این ماجرا خنجری بود که از پشت به دولت قانونی کشور و رئیس آن احمد قوام زده شد و قوای مسلح را مجبور کرد در دو جبهه بجنگند. آن‌چه غائله‌ی فارس خوانده می‌شود، در حقیقت بر بخش‌هایی از جنوب کشور، خوزستان و حتی اصفهان نیز که پایتخت پادشاهان دیلمی و سلجوقی و شاهنشاهان صفوی بود، سرایت داشت.

ریشه‌های این بحران را البته باید در تاریخ فارس و موقع خاص شیراز جستجو کرد[1].

در زمان نخستین جنگ جهانی، سیاست استعماری بریتانیا

۱- در باره‌ی تاریخ شیراز، رجوع به کتاب کم‌نظیر استاد دکتر حسن خوب‌نظر را با همین عنوان توصیه می‌کنم. تهران، انتشارات سخن، ۱۳۸۰، ۱۰۶۲ صفحه.

نفوذ خود را در مناطق خوزستان و قسمتی از منطقه‌ی بختیاری استوارتر کرد. شیخ خزعل در خوزستان رسماً تحت‌الحمایه‌ی آنان شد و بعضی از سران ایل بختیاری که افراد آنان امنیت قسمتی از چاه‌های نفت را تامین می‌کردند، به کارگزاران لندن و شرکت نفت در منطقه، نزدیک، بلکه وابسته شدند و حتی علناً وجوهی از آنان دریافت می‌داشتند. سردارسپه به این وضع با خشونت پایان داد و قدرت حکومت مرکزی را در خوزستان و حیطه‌ی ایل بختیاری برقرار کرد.

در فارس وضع متفاوت بود. صولت‌الدوله رئیس ایل قشقایی معروف به ضدیت با سیاست بریتانیا بود و به مخالفان آن، حتی عوامل مستقیم آلمان نیز، پناه داد. تنگستانی‌ها دلیرانه با «پلیس جنوب» که زیر نظر لندن بود و قوای مسلح امپراتوری بریتانیا جنگیدند. اما در مجموع، رؤسای ایلات فارس استقرار کامل قدرت حکومت مرکزی و سلب اختیارات و اقتدار خود را نمی‌پذیرفتند و رضاشاه نیز نافرمانی آنان را برنمی‌تافت.

تنی چند از سران بختیاری و قشقایی و ایلات و عشایر کوچک‌تر در دوران قدرت رضاشاه کشته شدند و بسیاری از افرادشان در برخورد مسلحانه با نیروهای دولتی. اما امنیت در همه‌ی این مناطق برقرار و قدرت دولت مرکزی مستقر و مسجّل شد. اشغال ایران به‌وسیله‌ی قوای روس و انگلیس به این وضع پایان داد. بزرگان ایلات که یا در زندان بودند و یا خانه‌نشین و تحت مراقبت، به مناطق خود بازگشتند و نافرمانی و سرکشی و ایجاد ناامنی و تعدی و تجاوز به مردم را از سر گرفتند.

در سال‌های ۱۳۲۰ تا ۱۳۲٤ و حتی ۲۵، بی‌نظمی‌های فراوان در این مناطق صورت گرفت. نخستین حرکت ایل قشقایی در خردادماه

۱۳۲۲، مه ۱۹۴۳، انجام گرفت. ناصر قشقایی در رأس گروهی از سرکردگان عشایر دیگر علیه دولت قیام کرد و با اسلحه و مهماتی که از طریق بنادر جنوب وارد کرده بود، چندین پایگاه نظامی کوچک را خلع سلاح کرد. لشکر فارس ناچار به مداخله شد و نخستین برخورد جدی با ایل قشقایی درگرفت، اما هیچ مساله‌ای حل نشد.

در تیرماه همان سال، هفت کامیون آذوقه و مهمات و حقوق افراد ارتش با بیست و پنج افسر و سرباز که عازم پادگان سمیرم بودند مورد حمله‌ی تعداد زیادی از افراد مسلح ایل قشقایی و بویراحمدی قرار گرفتند. مهاجمین همه‌ی افسران و سربازان را کشتند، آذوقه و مهمات و وجوه را غارت کردند و کامیون‌ها را آتش زدند. در پی آن حمله‌ی قشقایی‌ها به پادگان سمیرم آغاز شد. خسرو قشقایی در راس مهاجمین بود.

در روز یازدهم تیرماه، بعد از سه روز جنگ خونین و مقاومت پادگان، سرانجام پیروزی از آن قشقایی‌ها شد. سربازان ارتش، اسلحه، مهمات و آذوقه‌ی کافی نداشتند. تقریباً همه‌ی افسران و افراد پادگان به دست قشقایی‌ها کشته شدند. سرهنگ شقاقی فرمانده آن تا آخرین دقیقه، دلیرانه جنگید و جان باخت. بازتاب این کشتار در افکار عمومی بی‌سابقه بود و موجی از تاثر و تنفر برانگیخت. شاه و سهیلی نخست‌وزیر وقت به دو لشکر فارس و اصفهان دستور سرکوبی قشقایی‌ها و همدستان‌شان را دادند. اما ارتش ضعیف بود و فشار انگلیسی‌ها برای آن‌که «ماجرایی» پدید نیاید، شدید.

در چهارم مردادماه، دولت در مجلس شورای ملی به خاطر ضعف در برابر شورشیان و پرده‌پوشی از خسارت‌ها مورد استیضاح قرار گرفت. چند روز بعد دانسته شد که بیش از ده میلیون ریال

از اموال مردم و معادل یکصد میلیون ریال از اغنام و احشام آنان به غارت رفته است. برای منطقه‌ی فقیری چون سمیرم و به مقیاس آن زمان، این ارقام حیرت‌انگیز بود.

دست دولت بسته بود و ارتش ناتوان.

سرلشکر امان‌الله جهانبانی که مشهور به تدبیر و افسری دنیا دیده و کارکشته بود، به فرماندهی نیروهای جنوب منصوب شد. قوای زیادی در اختیار نداشت و ناچار از کج‌دار و مریز بود. در شانزده مردادماه هنگامی که می‌کوشید سر و صورتی به اوضاع بدهد، بویر احمدی‌ها، که مشهور به خشونت بودند، پادگان اردکان را به قصد خلع سلاح محاصره کردند. اما پادگان با وجود کمبود نفرات مقاومت کرد و اسلحه‌ای به دست بویر احمدی‌ها نیافتاد. در عوض مقدار زیادی از اموال دولت را غارت کردند. سران ایلات در جست‌وجوی قدرت و اسلحه و ارعاب دولت بودند و مزد افراد خود را با غارت اموال مردم، که در این میان گناهی نداشتند می‌پرداختند.

چند روز بعد، ۲۰ مرداد، سرلشکر جهانبانی که توانسته بود سر و صورتی به آرایش نیروهای خود بدهد، در نزدیکی آباده با ناصر و خسرو قشقایی رؤسای این ایل ملاقات کرد. در تهران گفته شد که ارتش آماده‌ی «قلع و قمع اشرار» شده، و رؤسای ایلات از بیم عکس‌العمل، یک پا به عقب گذاشته‌اند. مسلماً هم تهدید در کار بود و هم تطمیع. لااقل نوعی تقسیم حیطه‌ی قدرت میان دو طرف. به هر تقدیر سرلشکر جهانبانی، خسرو قشقایی گرداننده‌ی اصلی کشتار سمیرم را همراه خود به تهران آورد، وی را به دیدار سران دولت برد. این دیدارها نشانه‌ی نوعی گذشت و چشم‌پوشی در برابر اعمال او بود و بهایی که برای تامین آرامش ظاهری و موقت منطقه پرداخت شد.

در این میان ابوالقاسم بختیاری در منطقه‌ی خود به غارت و شرارت پرداخت. این بار جهانبانی به سراغ او رفت. او هم به ظاهر آرام شد و به‌همراه فرمانده‌ی لشکر جنوب به تهران آمد و با تشریفات نزد علی سهیلی نخست‌وزیر رفت. دولت اعلام کرد که وی «قبول اطاعت دولت مرکزی» را کرده است. در حقیقت «دولت مرکزی» قدرت کافی برای آن‌که اطاعتش کنند نداشت و سران ایلات به رسم دیرین فقط در برابر تواناتر از خود سر فرود می‌آورند که بتوانند بر ناتوانان، یعنی مردم بی‌پناه و افراد ایل‌های مختلف به نوبه‌ی خود زور بگویند. سیاست بریتانیا که در منطقه نفوذ داشت، نه می‌خواست دولت مانند زمان رضاشاه قدرت واقعی قانون را در منطقه اعمال کند و نه در حالی که هنوز جنگ جهانی ادامه داشت،ناامنی و اغتشاش را در همسایگی چاه‌های نفت و خوزستان تحمل می‌کرد.

دولت سهیلی ناچار به پیروی از سیاست سازش و حفظ ظاهر بود و رؤسای ایلات با این کج‌دار و مریز، قدرت مرکز را آزمایش و خود را برای پرده‌ی بعدی نمایش آماده می‌کردند.

چند ماهی در آرامش ظاهری گذشت. تقریباً یک سال بعد از نخستین ابراز علنی نافرمانی از سوی ناصر قشقایی، بار دیگر در مناطق مختلف فارس و جنوب اصفهان، فسا، شهر کرد، روستاهای نزدیک به شیراز، کازرون و آباده، اغتشاش و غارت آغاز شد. این بار در تهران برای حفظ ظاهر، «سارقین مسلح» مسئول اغتشاش اعلام شدند. بحران روابط با شوروی بر اثر رد تقاضای امتیاز نفت شمال آغاز شده بود، حزب توده و شورای متحده‌ی مرکزی در سرتاسر کشور به ایجاد آشوب و تظاهر و دامن زدن به اعتصابات در مراکز صنعتی می‌پرداختند، که دولت‌های بر سر کار را که ضعیف بودند، ضعیف‌تر کنند و آنان را به تسلیم در برابر توقعات مسکو وادارند. بنابراین مقامات مسئول تهران،

چاره‌ای نداشـــتند جز آن‌که بر حوادث سرپوش بگذارند. اما تحول اوضاع سریع بود و چون بحران آذربایجان آغاز شد، شرایط برای آغاز جنبشـــی که رؤسای ایلات در آرزوی آن بودند و از این‌سو و آن‌سو تشویق می‌شدند، آماده شده بود.

*****

در آخر مردادماه ۱۳۲۵، نابسامانی استان‌های جنوبی کشور ابعاد تازه‌ای یافت. قوام در تهران به حل مشکل آذربایجان و رودررویی با مسکو سرگرم بود که ناگهان نغمه‌ی «نهضت مقاومت جنوب» ساز شد. قشقایی‌ها با حمایت ایلات دیگر منطقه- بخصوص دو ایـل به مراتب کوچک‌تر اما معروف به خشـــونت، حیات داوودی و ممســـنی- و تائید بعضی از ســـران بختیاری، دست به تدارک مبارزه‌ای گســـترده و مســـلحانه با دولت زدند. آن‌ها در بیانیه‌ای از رئیس دولت خواســـتند که وزرای تـــوده‌ای را از کابینه اخراج کند، به فارس نیز استقلال داخلی داده شود؛ تعداد نمایندگان این اســـتان در مجلس شورای ملی افزایش یابد و نظارت بر بودجه و اعتبارات فرهنگی، اجتماعی، بهداشـــتی و رفاهی آن به مسئولان منتخب فارس، یعنی رؤسای ایلات واگذار گردد.

در روز ۲۹ شـــهریور مـــاه ۱۳۲۵، ناصر قشـــقایی در تلگرافی به نخســـت‌وزیر، خود را « نماینده‌ی ایلات و عشـــایر فارس» خواند و تقاضای خودمختاری برای فارس، شرکت در کابینه، تعویض بسیاری از مأموران دولتی و تشکیل انجمن ایالتی را کرد[۱] و افزود

۱- حاج مخبرالســـلطنه هدایت، پیام ناصر قشـــقایی را به سبک خاص خود چنین حکایت می‌کند: «... تلگرافی از شیراز رسید...» حقوق حقه‌ی خود را چنین مطالبه می‌نماید:

۱- ترمیم فوری کابینه

۲- تغییر رؤسای حساس ارتش

۳- محاکمه و مجازات عمال ناصالح در دیکتاتوری

که اگر تا غروب دوشنبه اول مهرماه، تکلیف قطعی فارس روشن نشود اتفاقات ناگواری روی خواهد داد.
طبیعتا دولت تسلیم نشد که چنین رویه‌ای از خصلت و شیوه‌ی کار قوام دور بود.
شوروی‌ها با تائید حزب توده و وزرای آن حزب و حزب ایران، به نخست‌وزیر پیشنهاد کردند که اسلحه و مهمات و مشاوران نظامی در اختیار ارتش بگذارد تا بتواند با توانایی به سرکوبی شورش فارس بپردازد.
قوام این پیشنهاد را نیز فوراً رد کرد.

*****

از سی‌ام شهریور شورش مسلحانه‌ی فارس آغاز شد.
افکار عمومی دست انگلیسی‌ها را در پشت این حرکت می‌دید. نزدیکی بعضی از رؤسای ایلات و عشایر با سیاست انگلیسی در ایران و علاقه‌ی سنتی لندن به تضعیف دولت مرکزی، این برداشت را توجیه می‌کرد. اما دلیل متقنی هم بر این‌که انگلیسی‌ها طراح و مجری این بازی بوده‌اند در دست نداریم، جز آن‌که بگوییم قوام را نمی‌پسندیدند و در نهایت امر می‌خواستند که اگر شمال یا قسمتی از شمال ایران تحت نفوذ شوروی‌ها درآید، برای خود منطقه‌ی نفوذی در جنوب فراهم آورده باشند و منابع نفتی را در پناه آن حفظ کنند. این همان نقشه‌ی دیرین تقسیم ایران به مناطق دوگانه‌ی نفوذ است که با پادرمیانی فرانسه (البته به عللی دیگر)

۴- واگذاری کارهای فارس از لشکری و کشوری به خود اهالی
۵- تشکیل انجمن‌های ملی
۶- تجدید نظر در تعداد نمایندگان مجلس
۷- اعطای مبلغ کافی برای اصلاح امور فرهنگی و بهداشت و طرق و شوارع
۸- تجدیدنظر در قوانین مضر که متناقض با قانون اساسی است
۹- اتصال راه‌آهن مرکز به شیراز و آسفالت جاده‌های محلی»
حاج مخبرالسلطنه هدایت، منبع ذکر شده، صفحه‌ی ۴۵۴.

از ۱۹۰۷ آغاز شد.
بعضی دیگر از محققان نوشته‌اند که دربار برای تضعیف قوام که مورد نفرت بسیاری از اطرافیان محمدرضا شاه بود، به این حرکت با نظر مساعدی می‌نگریست[۱].
عناصر چپ قوام را متهم کردند که خود این حرکت را ساخته و پرداخته که به بهانه‌ی آن، وزیران توده‌ای را از کابینه براند و برگ تازه‌ای برای مقاومت در برابر شوروی‌ها در دست داشته باشد[۲].
واقعیت شاید ساده‌تر باشد. رؤسای ایلات در سال‌های بعد از شهریور، نفوذ خود را بازیافته بودند. در مناطق خود هر چه می‌خواستند می‌کردند و کسی را یارای جلوگیری و بازخواست نبود. قدرت آنان در شهرهای مختلف کاملاً محسوس بود و حتی مأموران عالی‌رتبه‌ی دولت در شیراز از آنان حساب می‌بردند. آن‌ها می‌خواستند با استفاده از درگیری دولت در آذربایجان، مواضع خود را در سرتاسر فارس تسجیل کنند و شاید کسانی در جاهای دیگر ایران و حتی در مراکز قدرت این حرکت را تائید می‌کردند.
قدر مسلم این است که دولت با بحرانی تازه و شدید، با شورشی مسلحانه و تقریباً جدایی‌طلب مواجه بود که قوام به رویه‌ی معمول خود از موضع قدرت به مقابله با آن پرداخت و در این رودررویی، مانند مساله‌ی آذربایجان، شاه، لااقل شخصاً، حمایت خود را از او دریغ نداشت.

*****

هنوز مهلت ۴۸ ساعته‌ی ناصر قشقایی به پایان نرسیده بود که حملات قشقایی‌ها، به حمایت حیات‌داودی‌ها و طوایف ممسنی،

۱- حمید شوکت، منبع ذکرشده، صفحات ۲۵٤ ، ۲۵۵.
۲- ناخشنودی و خشم حزب توده از مماشات قوام با نهضت جنوب در آغاز کار و سپس انتصاب سرلشگر زاهدی برای حل بحران، به‌عنوان دلیل این برداشت تلقی شده است.

به پســـت‌های ژاندارمری نقاط مختلف فارس و حتی روستاهای اطراف شـــیراز و نیز پادگان‌های بوشـــهر و کازرون، و دســـتبرد بختیاری‌ها به اطراف اصفهان آغاز شد.

«از بوشـــهر فریاد بلند است که اشـــرار (متجاسرین) دور شهر را فراگرفته‌اند...

روز شنبه ۹ مهر عشایر متجاسر به بوشهر دست یافتند و اصول دموکراسی کشتن و خراب‌کردن و اصول چاپیدن کاملاً مجری شد.

کازرون هم از چشـــمه‌ی دموکراسی بی‌بهره از خون دل خوردن نماند. پادگان محل بقدری که فشـــنگ و وســـیله داشـــت، پایداری کرد تا از پـــا درآمد. کمک زمینی مقدور نبود و کمک هوایی هم درمان نشد[۱].»

این اشاره‌ای به حوادث هفته‌های اول غائله‌ی فارس است ، به قلم حاج‌مخبرالسلطنه هدایت و به سبک خاص او.

بلافاصله نخســـت‌وزیر به رئیس ســـتاد ارتش، سرلشکر رزم‌آرا دســـتور داد که یک ســـتون نظامی مرکب از نیروهای موتوریزه و چند هواپیمای جنگی به منظور جلوگیری از حوادث احتمالی راهی فارس شود.

قوام بدون کســـب موافقت قبلی هیات دولت که وزیران توده‌ای در آن شرکت داشتند، سرلشکر فضل‌الله زاهدی را به عنوان نماینده‌ی تام‌الاختیار سیاســـی و نظامی در مناطق جنوب تعیین کرد و نیز هیاتی مرکب از سردار فاخر حکمت استاندار کرمان و بلوچستان و سیستان؛ سرتیپ محمدعلی صفاری رئیس کل شهربانی؛ اعزاز نیک‌پی معاون نخست‌وزیر؛ علی هیئت مستشار دیوان عالی کشور و جواد بوشـــهری (امیرهمایون) برای مذاکره با سران شورشیان

۱- حاج مخبرالسلطنه هدایت، منبع ذکر شده، صفحه‌ی ٤٥٤.

عازم شیراز شد که در محاصره‌ی قشقایی‌ها قرار گرفته بود[۱]. متعاقب آن قوام بار دیگر تفویض مسئولیت فرماندهی کلیه‌ی نیروهای انتظامی ارتش، ژاندارمری، شهربانی و سرپرستی استانداری فارس را به سرلشکر فضل‌الله زاهدی تائید کرد که به قول حاج مخبرالسلطنه به رویه‌ی معمول خود که «قهر و لطف» بود[۲] به غائله پایان داد. در حقیقت قوام، سرنوشت فارس را به زاهدی سپرد.

سرلشکر زاهدی به اتفاق سرتیپ همت و تحت محافظت اسکورت کوچکی، با اتومبیل عازم شیراز شد که در نزدیکی این شهر افراد قشقایی که شهر را در محاصره داشتند به آنان حمله کردند و زدوخوردی درگرفت[۳]. اما او به شیراز وارد شد و مورد استقبال گرم اهالی آن که از حمله‌ی عشایر به شهر سخت بیمناک بودند، قرار گرفت. چرا که حضور نماینده‌ی تام‌الاختیار دولت و فرمانده همه‌ی نیروهای ارتشی و انتظامی در محل، ضمانتی برای امنیت آنان بود. سرانجام حضور زاهدی در شیراز، مردم این شهر را از حمله و غارت و کشتار نجات داد.

سقوط شیراز در آن روزها کاملاً ممکن بود و نه تنها به چپاول و کشتار و خسارت‌های بسیار برای آن شهر و مردم آن می‌انجامید، بلکه مسلماً تغییرات سیاسی زیادی را در تهران موجب می‌شد و قوام را وادار به کناره‌گیری می‌کرد. شاید مخالفانش در پنهان

۱- در باره‌ی جریان مذاکرات این هیأت، نگاه کنید به خاطرات سردارفاخر حکمت، به کوشش س. وحیدنیا، نشر البرز، تهران، ۱۳۷۹.

۲- حاج مخبرالسلطنه هدایت، همان منبع، همان صفحه.

۳- اردشیر زاهدی در خاطرات خود، جریان این مسافرت را نقل کرده است: اردشیر زاهدی، خاطرات، جلد اول از کودکی تا استعفای پدر از نخست‌وزیری، انتشارات Ibex واشنگتن، ۲۰۰٦، صفحات ٦٤ تا ٦٦. همان کتاب نسخه‌ی چاپ تهران، صفحات ٤٦ تا ٤٩، کتاب سرا، ۱۳۸۵.

همین آرزو را داشتند. اما ورق برگشت.
ورود قوای اعزامی ارتش به شیراز، به توانایی سرلشکر زاهدی افزود. وی توانست شکستی بر قوای شورشی در اطراف بوشهر وارد آورد. اما بندرهای کوچک گناوه، ریگ و دیلم همچنان در تصرف شورشیان بود و مردم این شهرها در روستاهای اطراف به سوی شهرهای بزرگ‌تر که مطمئن‌تر به نظرشان می‌رسید، گریختند و وضع دشواری پدیدار شد.

مذاکرات هیأت اعزامی با ناصر قشقایی و رؤسای ایلات به‌جایی نرسید. آنان وعده وعیدهایی دادند، اما اسلحه بر زمین نگذاشتند و جایی را تخلیه نکردند.
در حالی که رودررویی با فدائیان فرقه در آذربایجان، غیر قابل اجتناب به نظر می‌رسید، سرلشکر رزم‌آرا مجبور شد باز تعدادی سرباز و چند تانک از آن منطقه بیرون بکشد و به سوی فارس اعزام دارد.
نخست‌وزیر در پیام دیگری به سران نهضت فارس اعلام کرد که تقاضاهای مشروع عشایر را بررسی خواهد کرد ولی اگر «از فرمانبرداری دولت خودداری کنند به ارتش دستور خواهد داد که آن‌ها را به شدت سرکوب نماید.»

در روز هفتم مهرماه، افراد پادگان کوچک کازرون تحت حمایت هواپیماهای نظامی، که آن‌ها هم از منطقه‌ی آذربایجان به فارس انتقال یافته بودند، موفق شدند که ارتفاعات اطراف آن شهر را اشغال و عشایر منطقه را موقتا متواری نمایند.
روز بعد قوام در تلگرامی به ناصر قشقایی، یادآور شد که تقاضاهای عشایر تا آنجا که مخالف قانون اساسی نباشد، مورد موافقت قرار خواهد گرفت. پاسخ ناصر قشقایی، اعتراض شدیدی به استفاده‌ی ارتش از نیروهای هوایی و بمباران مناطق عشایری

بود. مداخله‌ی هواپیماهای نظامی موقتا کفه‌ی ترازو را به سود دولت سنگین کرد. اما پادگان بوشهر پس از پانزده روز مقاومت در برابر دو هزار نفر عشایر حیات‌داودی و تنگستانی و مصرف کلیه‌ی فشنگ‌های خود و دادن تلفات سنگینی سقوط کرد. دو روز بعد سرنوشت کازرون از این هم بدتر شد. افراد پادگان پس از یک زدوخورد شدید و به‌کار بردن آخرین فشنگ خود، از پای درآمدند. مهاجمین حتی به چند تنی که اسیر شده بودند، رحم نکردند و آنان را به قتل رساندند. از پادگان کازرون کسی باقی نماند.

سرلشکر رزم‌آرا در اعلامیه‌ای به عشایر حیات‌داودی و تنگستانی (که در حقیقت نیروی ضربه‌ای نهضت جنوب و مشهور به شدت عمل و خشونت بودند)، اخطار کرد که «به‌زودی جنایتکاران به سزای اعمال خود خواهند رسید.»
سقوط بوشهر و کازرون و مخصوصاً کشتار دسته‌جمعی افراد پادگان این شهر که به گردن حیات‌داودی‌ها گذاشته شد، نقطه‌ی اوج نهضت جنوب بود.

در روز ۱۲ مهر، ٤ اکتبر، مجدداً چند واحد ارتشی وارد شیراز شدند و به نمایش در خیابان‌های آن شهر پرداختند. هدف، آسوده کردن خاطر اهالی بود که با هیجان و احساسات از افسران و سربازان اعزامی استقبال کردند.
سرلشکر زاهدی قوای کافی برای درهم شکستن عشایر شورشی در اختیار داشت.
در بیستم مهر، ۱۲ اکتبر، هیات دولت بدون حضور وزیران توده‌ای، به سرلشکر زاهدی اختیار تام داد که با اقدامات سیاسی و نظامی به غائله‌ی فارس پایان دهد و خود،

> «هر تصمیمی که به صلاح کشور است اتخاذ کند، به تقاضاهای مشروع سران عشایر فارس جامه‌ی عمل

بپوشاند، مشروط بر این‌که عشایر جنوب، کلیه‌ی سلاح‌های خود را تحویل دهند و بار دیگر پادگان‌های فارس در مراکز اولیه‌ی خود مستقر گردند.»

دیگر دولت در فارس، خود را به‌قدر کافی قوی می‌دید که یک معامله‌ی اساسی با عشایر انجام دهد. همان روش «قهر و لطف» حاج مخبرالسلطنه که هم شیوه‌ی قوام بود و هم شیوه‌ی زاهدی که دیگر می‌بایست به تنهایی زیر نظر رئیس دولت عمل کند و به غائله‌ی فارس پایان دهد.

رئیس ستاد که با تردستی واحدهای کوچک ارتش و هواپیماهای خود را از این سو به آن سو می‌برد، مخصوصاً نیاز به نیروی هوایی داشت که حضور آن در جبهه‌ی آذربایجان ضروری بود. استقرار قسمتی از هواپیماهای نیروی هوایی در فارس، باعث تضعیف قدرت دولت و ارتش در آذربایجان بود و مسأله‌ی تجزیه‌ی این استان و پایان دادن به آن، الویت مطلق دولت، شاه، قوام و رزم‌آرا.

سرلشکر زاهدی به تنهایی به مذاکره با سران عشایر و مخصوصاً ناصر قشقایی پرداخت که بر روی‌هم مردی سیاستمدار بود و مخصوصاً سنت‌های خانوادگی و رویه‌ی پدرش صولت‌الدوله را که مقاومت در برابر نفوذ خارجیان بود، فراموش نمی‌کرد.

در ۲۳ مهر، ۱۵ اکتبر، پس از مذاکرات طولانی زاهدی با ناصر قشقایی و سران عشایر، شورشیان اعلامیه‌ای انتشار دادند و پایان ماجرا را اعلام کردند. ناصر قشقایی در تلگرافی به احمد قوام، وفاداری خود را به دولت ابراز داشت.

برپاکنندگان غائله‌ی فارس هیچ امتیازی به دست نیاورند. دولت، بدون آن‌که رسما اعلام کرده باشد، شورش آنان و فجایعی را که مرتکب شده بودند، نادیده گرفت. سرکوبی غائله‌ی فارس

مستلزم تجهیز همه‌ی ارتش ایران و عملیاتی طولانی بود. در حالی‌که تمامیت ارضی و بود و نبود ایران در برابر تجزیه‌طلبان آذربایجان و کردستان به خطر جدی افتاده بود، مصلحت کشور در آن بود که از این درگیری اجتناب شود.
قوام با استقامت، سرلشکر زاهدی با نشان دادن قدرت دولت و مذاکره با سران عشایر از موضع قدرت، در این کار موفق شدند. مرحله‌ی حاد غائله‌ی فارس که در آخر مردادماه آغاز شده بود، اندکی کم‌تر از دوماه به طول انجامید. سرلشکر رزم‌آرا توانست قسمت اعظم قوای ارتش ایران را در مقابل تجزیه‌طلبان شمال غرب کشور آرایش دهد. سران قشقایی به تهران آمدند. ناصر به حضور شاه بار یافت و چندی بعد سناتور شد. خسرو، به نمایندگی دوره‌ی پانزدهم مجلس شورای ملی انتخاب شد.

در ماجرای ملی شدن صنعت نفت، قشقایی‌ها به سنت ضدیت خود با سیاست انگلیسی‌ها در ایران، در کنار دکتر مصدق بودند و سران ایل پس از سقوط او، از کشور خارج شدند و به مخالفت با سیاست شاه پرداختند.

زورآزمایی جدی دولت مرکزی با سران ایلات فارس، پس از شورش وسیع آنان علیه اصلاحات ارضی صورت گرفت. ارتش ایران، این‌بار توانا بود و در جای دیگر درگیری نداشت. با وجود کمک‌های وسیعی که از کلنل ناصر و حکومت مصر به شورشیان رسیده بود، آن‌ها این بار سخت شکست خوردند. سران قشقایی در خارج بودند، یا به خارج گریختند. تنها یکی از آنان، بهمن، که جوان و در حقیقت از نسل بعدی بود، اندکی پس از آن گرفتار و بعد از یک رشته محاکمات طولانی به اعدام محکوم و تیرباران شد. چند تن از سران طوائف ممسنی و حیات‌داودی به همان سرنوشت دچار شدند.

پس از آن، تحقق اصلاحات ارضی، گســترش شبکه‌ی آموزش و برنامه‌ی مبارزه با بی‌ســوادی، بهبود وســایل ارتباطی و اجرای طرح‌های عمرانی و اجتماعــی، اوضاع فارس را به کلی دگرگون کرد. نه دیگر ایران، کشور سال‌های بیست و سی و چهل بود و نه فارس. خسرو قشقایی پس از انقلاب اسلامی به ایران بازگشت و از طرفداران جدی انقلاب بود. خواست قدرت دیرین رؤسای ایلات را دوباره بازپس بگیرد. توقیف شــد؛ حکم به اعدامش داده شد؛ در مقابل هزاران تن از قشــقایی‌ها او را تا حد مرگ شلاق زدند و سپس به دار آویختند.

ناصر قشقایی در اروپا درگذشت.

*****

پایان غائله‌ی فارس، چند نتیجه‌ی سیاسی فوری داشت: قدرت و تدبیر قوام را مســجّل کرد. در این جریان نیز شاه و رئیس دولت، با وجود تحریــکات بعضی از اطرافیان، هم‌آهنــگ بودند چرا که سرنوشت ایران در میان بود.
سرلشکر زاهدی که چندماه قبل از زندان انگلیسی‌ها رهایی یافته و تازه به ایران بازگشته بود، حُسن تدبیر خود را نشان داد و بدون خشونت، بدون موفقیت نظامی قطعی، که در آن زمان میسر نبود، ولی بدون کوچک‌ترین گذشتی دربرابر رؤسای ایلات و عشایر، به غائله‌ی فارس خاتمه داد.

قوام که زاهدی را در زمان نهضت جنگل آزموده بود[۱]، به او اعتماد کرد و حق داشت که اعتماد کند.
در سال‌های بعد از جنگ جهانی دوم، ارتش ایران صحنه‌ی رقابت

۱- نگاه کنید به قسمت سوم این کتاب

دو افسر عالی‌رتبه بود: سرلشکر حسن ارفع و سرتیپ علی رزم‌آرا. ارفع دیگر از صحنه‌خارج شده بود و پس از آن یک‌بار وزیر و چند بار سفیر شد. رزم‌آرا در ماجرای آذربایجان و سپس در غائله‌ی فارس کاردانی خود را در کار فرماندهی نشان داد و ارتش نسبتاً کوچک ایران آن‌روز را به‌خوبی هدایت کرد. اما به تدریج بلندپروازی‌های سیاسی و ملی او نیز هویدا شد.

در طی سال‌های بعد، باز رقابت دو نظامی برجسته و بیرون از قواره‌های متعارف، ورد همه‌ی زبان‌ها بود؛ ولی به صحنه‌ی ارتش محدود نماند: سرلشکر فضل‌الله زاهدی نظامی سیاستمدار، یا سیاستمداری در کسوت نظامیان و سرلشکر علی رزم‌آرا که شاید سودای قدرت سیاسی مطلق در سر داشت، طی سال‌ها هر دو از بازیگران اصلی صحنه‌ی سیاست ایران بودند.

هر دو به درجه‌ی سپهبدی رسیدند و هر یک سرنوشتی بیرون از قواره یافتند. قوام نشان داد که در اعتماد به کفایت این دو سرباز وطن، اشتباه نکرده بود.

فصل چهارم

در ماجرای ملی شدن نفت

در بیستم بهمن ماه ۱۳۲۸، ۹ فوریه ۱۹۵۰، محمدرضا شاه نخستین دوره‌ی مجلس سنا و شانزدهمین دوره مجلس شورای ملی را گشود. نمایندگان تهران هنوز به مجلس راه نیافته بودند[۱]. انتخابات پایتخت مورد اعتراض شدید مردم بود، قتل عبدالحسین هژیر وزیر دربار شاهنشاهی هم، که اعلام خطری جدی بود، مزید شد و در ۱۸ آبان ماه ۱۳۲۸، انجمن نظارت مرکزی انتخابات قرائت آراء را تعطیل کرده و آراء قرائت شده را باطل اعلام نموده بود. رأی‌گیری مجدد برای انتخاب نمایندگان تهران، مستلزم آن بود که مردم و مراجع سیاسی نسبت به صحت و امانت جریان آن اطمینان داشته باشند. به این منظور دولت، سرلشکر زاهدی را که سناتور شده اما هنوز به مجلس راه نیافته بود، به ریاست شهربانی کل برگزید. وی مورد اعتماد افکار عمومی و از جمله هوادار نهضتی بود که به رهبری دکتر مصدق علیه سیاست استعماری بریتانیا و

---

۱ - نگاه کنید به بخش دوم کتاب.

به منظور احقاق حقوق ایران در منابع نفت جنوب تکوین می‌یافت. در این جریان، شاه به دعوت رییس جمهور امریکا، عازم ایالات متحده بود. قدرت و نفوذ سپهبد رزم‌آرا رییس توانای ستاد ارتش و بلند پروازی‌های سیاسی او موجب نگرانی شاه بود و در میان مردم شایعه‌ی امکان وقوع یک کودتای نظامی وجود داشت. می‌بایست در غیاب شاه، انتخابات تهران با آزادی و صحت و امانت انجام شود و نیز در غیاب او قدرتی در برابر سپهبد رزم‌آرا وجود داشته و مراقب او باشد.

سرلشکر زاهدی مورد اعتماد ملّیون بود. شاه او را خطری برای خود تلقی نمی‌کرد و به تدبیر و سیاستش اطمینان داشت. انتصاب سرلشکر زاهدی به ریاست شهربانی کل، هم مردم را راضی کرد که از مراقبت در جریان انتخابات که به وی محول شده بود اطمینان حاصل کردند و هم به محمدرضا پهلوی امکان داد که با آرامش خیال رهسپار سفری طولانی به خارج از کشور شود. شاه و ملکه ثریا چهل و هشت روز در امریکا ماندند. در بازگشت آنها چنان که دیدیم، مجلسین به کار خود آغاز کردند و اندکی بعد نمایندگان تهران که یازده تن از دوازده نفرشان از جبهه‌ی ملی بودند و دکتر مصدق در راس آنها قرار داشت، به مجلس راه یافتند.
عملاً از این مقطع از زمان بود که نهضت ملی شدن نفت آغاز شد. پس از افتتاح دو مجلس، محمد ساعد به تمایل نمایندگان مجدداً مأمور تشکیل کابینه شد و سرلشکر زاهدی همچنان در راس شهربانی کل قرار داشت.

روزی که زاهدی به ریاست شهربانی کل منصوب شد، درست بیست سال از زمانی می‌گذشت که وی با درجه‌ی سرتیپی از طرف رضاشاه به همین سمت منصوب گردیده بود. وی با جدیت به

اصلاحاتی در شهربانی دست زد: در وضع عبور و مرور وسایل نقلیه که بی‌نظمی روزافزون آن موجب شکایت مردم شده بود، ترتیبات جدیدی به مرحله اجرا درآورد. لباس متحدالشکل و حقوق و مزایای پاسبانان و درجه‌داران و افسران تغییر یافت و اونیفورم آنان به شکلی آبرومندتر از پوشاک مندرس و کهنه‌ای که یادگار قبل از جنگ بود درآمد. بر تعداد پاسبانان مأمور خدمت در پایتخت افزوده شد. او خاصه به آموزش افسران جدید شهربانی کل که آینده‌ی این سازمان بودند، توجه بسیار مبذول داشت و برای ابراز اعتماد به آنان بود که چنانکه دیدیم[1] حفاظت صندوق‌های رأی را که جراید می‌نوشتند «ناموس ملت» است به آنان سپرد که در این کار اشتباه نکرد و نتیجه‌ی مطلوب به دست آورد.

«نقش سرلشکر زاهدی رییس کل شهربانی را در توفیق دکتر مصدق و یارانش در انتخابات دوره‌ی شانزدهم مجلس شورای ملی نباید نادیده گرفت»[2].

تا آنجا که پس از برکناری او از سمتش، دکتر مصدق رسماً در مجلس به این تصمیم اعتراض کرد[3] و سال‌ها بعد دکتر کریم سنجابی نیز اذعان نمود «سرلشکر زاهدی در جریان انتخابات دوره‌ی شانزدهم به جبهه‌ی ملی خیلی کمک کرد و در مقابل رزم‌آرا ایستاد»[4].

در همین ماه‌ها بود که دولت ساعد با مساله‌ای غیرمنتظره روبرو شد که تنها جنبه‌ی داخلی نداشت. دولت عراق، اتباع یهودی خود را از کشورشان راند و آنان ناچار به ایران پناه آوردند. مباشرت در حفاظت، اقامت و سپس انتقال آنان به کشور نوبنیاد اسراییل به

---

۱ - نگاه کنید به قسمت دوم این کتاب.
۲ - دکتر جلال متینی، کارنامه سیاسی ....، صفحه‌ی ۲۰۹.
۳ - نگاه کنید به قسمت دوم این کتاب.
٤ - همان منبع، همان صفحه، به نقل از «خاطرات شفاهی دکتر کریم سنجابی».

شهربانی کل سپرده شد. سازمان بین‌المللی یهودیان[۱] هزینه‌های آنان را به عهده گرفت. اما اداره‌ی این کار ظریف، و پر از دشواری بود. دولت و مردم ایران، به سنت میهمان‌نوازی دیرین خود، این گروه را پذیرا شدند و بدون سر و صدا و با نظم و ترتیب کامل، کار انتقال آنان به کشور جدیدشان انجام شد[۲].

*****

تا این زمان سرلشکر فضل‌الله زاهدی به عنوان افسر عالیرتبه‌ای شجاع و بلکه متهور اما مدیر و مدّبر و اهل مسالمت شناخته می‌شد. بازگشتش به رده اول مسئولان مملکتی و انتخابش به نمایندگی مجلس سنا، سبب شد که در جراید و محافل داستان درگیری‌اش با خزعل، عامل شناخته‌شده‌ی استعمار بریتانیا در منطقه‌ی خلیج فارس، و همچنین اسارت و تبعید طولانی‌اش به تفصیل بازگو شود. در حالی که درگیری نهضت ملی ایران با سیاست استعماری لندن و حرکت مردم برای احقاق حقوق ایران در منابع نفتی آغاز می‌شد، چهره‌ی «ضد انگلیسی» و «ملت گرا»ی رییس کل شهربانی نمی‌توانست نادیده بماند.

چنین می‌توان پنداشت که در این ماه‌ها «نظامی سیاستمدار» به «سیاستمدار»ی که در سودای مقامات دیگر و نقشی در رهبری کشور بود، تبدیل شد. رقابت او با سپهبد رزم‌آرا تا آن موقع فقط نظامی و در چهارچوب ارتش بود. هر دو صاحب‌منصبان

۱ - Agence Juive.

۲ - پس از انقلاب اسلامی، مقامات نظام حکومتی تهران و تاریخ‌سازان قلم به مزد آن، محمد ساعد را که نمونه‌ی تمام عیار پاکدامنی و بی‌اعتنایی به مادیات بود و تا پایان عمرش، با همه‌ی مقاماتی که داشت، با قناعت زیست و با نیک‌نامی چشم از جهان فروبست، متهم کردند که از سازمان بین‌المللی یهودیان رشوه‌ای برای این کار دریافت داشته! اشاره آنها به وجوهی است که این سازمان برای انتقال عراقیان یهودی رانده شده از کشورشان به فلسطین خرج کرده بود که طبیعتاً ارتباطی با نخست‌وزیر و یا مقامات دولتی ایران نداشت.

عالی‌رتبه‌ای بیرون از قواره‌های متعارف بودند. از این پس رقابت آنان جنبه‌ی سیاسی به خود گرفت.
رهبران جبهه‌ی ملی و جناح روحانیت مخالف یا متظاهر به مخالفت با سیاست بریتانیا به او که این وجهه‌ی ملی را داشت نزدیک شدند و خود او نیز این همراهی سیاسی را پذیرا شد.

در آغاز اوج بحران نفت، دولت ساعد کناره گرفت و منصورالملک که مرد توفان نبود، برای مدتی کوتاه بر مسند ریاست دولت نشست. اما دولتش دیری نپایید و سپهبد رزم‌آرا جای او را گرفت. یکی از نخستین اقدامات سپهبد آن بود که زاهدی را وادار به کناره‌گیری از ریاست شهربانی کند و معتصم‌السلطنه فرخ را به جای او منصوب کرد. در نتیجه، شاه، سرلشکر زاهدی را مجدداً به سمت «سناتور انتصابی» برگزید. او که سخت از رزم‌آرا بیم داشت، نمی‌خواست این حریف توانای او از صحنه‌ی سیاست دور بماند. «ملّیون» نیز به این نظامی بلندپایه‌ی ضد انگلیسی و مخالف رزم‌آرا با نظر مساعد می‌نگریستند. زاهدی پس از این تغییر برای مدتی کوتاه به اروپا رفت و پس از بازگشت، در مجلس سنا در صف مخالفین دولت رزم‌آرا قرار گرفت. حتی به نوشته‌ی حسین مکی که در آن هنگام نزدیک‌ترین یار سیاسی مصدق بود.

> «سرلشکر زاهدی تنها کسی بود که با جبهه‌ی ملی همکاری می‌کرد»[۱]

روزهای سه‌شنبه‌ی هر هفته، گروهی از اعضای جبهه‌ی ملی در حصارک ناهار میهمان سرلشکر زاهدی بودند و منظماً در باره‌ی مسائل سیاسی روز مذاکره و تبادل نظر می‌کردند[۲]. اعضای

---

۱ خاطرات حسین مکی، به نقل از مصطفی الموتی، بازیگران سیاسی ...، صفحه‌ی ۳۱۹.

۲ - به این جلسات در کتاب احمد ملکی، تاریخچه‌ی جبهه‌ی ملی...، به تفصیل اشاره شده است و حتی نویسنده اغذیه‌ای را که در سر میز ناهار زاهدی (صفحه۱۲

«کمیته‌ی سیاسی» جبهه‌ی ملی جملگی از این گروه بودند[۱].
بدین‌سان، پس از قتل رزم‌آرا که حسین علاء در راس یک کابینه‌ی انتقالی یا «محلل» جانشین او شد، برای تسکین افکار عمومی، سرلشکر زاهدی را به وزارت کشور برگزید. در آن هنگام ژاندارمری کل کشور و شهربانی کل هر دو نه تنها قانوناً بلکه در عمل، زیر نظر وزیر کشور بودند و شهربانی تنها بازوی سیاسی و اطلاعاتی دولت محسوب می‌شد. دولت علاء کم‌تر از دو ماه بر سر کار بود. دکتر مصدق نخست‌وزیر شد و بدون کوچک‌ترین تردید آن هم با تأیید همه‌ی اعضای جبهه‌ی ملی[۲] سرلشکر زاهدی را به سمت وزیر کشور برگزید.

در ابتدا سرلشکر زاهدی، علاوه بر تصدی وزارت کشور، شخصاً بر شهربانی کل نیز سرپرستی داشت که البته نمی‌توانست بدون موافقت نخست‌وزیر باشد. در این موضع، وی در حقیقت مرد نیرومند کابینه و برخوردار از اعتماد و حمایت نخست‌وزیر بود، تا این‌که در تیرماه ۱۳۳۱، به توصیه‌ی شخص دکتر مصدق، سرلشکر بقایی به ریاست شهربانی برگزیده شد و چنان‌که دیدیم، ماجرای ۲۳ تیرماه، اغتشاش و خونریزی در تهران و خشونتی که شهربانی برای جلوگیری از اشغال مجلس بوسیله‌ی تظاهرکنندگان منتسب به حزب توده نشان داده بود، به عزل سرلشکر بقایی و کناره‌گیری زاهدی از وزارت کشور انجامید.
در مرداد ماه ۱۳۳۱ سرلشکر زاهدی رهسپار همدان شد که مدتی از کشمکش‌های سیاسی پایتخت دور بماند. در همین ماه برای بار سوم محمدرضا شاه وی را به سناتوری همدان انتخاب کرد.

متن) یا مجالس پذیرایی دکتر مصدق (صفحه ٥٦ کتاب) به میهمانان تعارف می‌شده، ذکر کرده.

۱ - سیدابوالحسن حایری‌زاده، حسین فاطمی، حسین مکی، مظفر بقایی، محمدرضا جلالی نایینی، احمد ملکی (صفحه‌ی ۲۰ مقدمه‌ی کتاب تاریخچه‌ی جبهه‌ی ملی...)

۲ - مصطفی الموتی، بازیگران سیاسی ...، صفحه‌ی ۳۱۹.

*****

زاهدی «نخستین وزیر کابینه‌ی مصدق بود که از وی روی برتافت و از این پس رهبری مخالفان مصدق را تا سقوط وی بر عهده داشت»[۱]. در این کلام تاملی ضروری است. می‌توان پنداشت که پس از پایان همکاری‌اش با مصدق و گوشه‌گیری کوتاهش در همدان، زاهدی، مثل هر انسان و نیز مرد سیاسی دیگر، به گذشته و آینده‌اش اندیشیده: در دوران رضاشاه البته مغضوب نبود، ولی با وجود کامیابی‌های نظامی و از جان گذشتگی‌هایش در ماجرای جنگل و در برابر شیخ خزعل و با وجود کفایتی که شاه در او می‌دید، هرگز شغل طراز اولی در ارتش نیافت و چون به ریاست نظمیه (شهربانی) و امنیه (ژاندارمری) رسید، به علت استقلال رأی و صراحت لهجه‌ای که داشت، زود برکنار شد و حتی روانه‌ی زندان گردید.

در طی این مدت، بیست سال در درجه‌ی سرتیپی باقی ماند. در شهریور ۲۰ بعضی از افسرانی که در آغاز سلطنت رضاشاه (و هنگامی که زاهدی به درجه‌ی سرتیپی ارتقاء یافته بود) نایب اول (ستوان یکم) بودند، با او هم درجه شده بودند.

بعد از شهریور بود که فروغی، به پیشنهاد و توصیه‌ی دوستان وفادارش امان‌الله میرزاجهانبانی و مرتضی‌خان یزدان‌پناه، بالاخره به او درجه‌ی سرلشکری داد و وی را مجدداً به ریاست ژاندارمری کل و سپس فرماندهی لشکر اصفهان منصوب کرد. پس از آن سه سال در زندان مجرد انگلیس‌ها بود که سه روز پس از آزادی و مراجعت به ایران بازنشسته‌اش کردند.

شکوفایی مجدد قدرت فرماندهی و کفایت سرلشکر زاهدی در زمان قوام‌السلطنه و در حل مسالمت‌آمیز غائله‌ی فارس بود که به عنوان نماینده‌ی تام‌الاختیار دولت و فرمانده نیروهای مسلح

۱- دکتر جلال متینی، نگاهی به ...، صفحه‌ی ۲۵۷.

شاهنشـــاهی در جنوب، با اعمال قدرت و تدبیر توانست از وقوع حتمی یک جنگ داخلی در این منطقه جلوگیری کند.

هنگامی که نهضت ملی شـــدن نفت آغاز شـــد، سرلشکر زاهدی افسری سیاســـتمدار، مشـــتهر به مخالفت با سیاست بریتانیا و دارای وجهه‌ای غیرقابل انکار در جناح «ملّیون» و بخش بزرگی از روحانیت بود. با ایلات و عشایر جنوب کشور، روابط دوستانه‌ای داشـــت و از اعتماد برخی از رؤسای آنان، چون ناصر قشقایی، بهره‌مند بود. دوســـتانش در «بازار تهران»، مرکز اصلی سیاست آن روز در پایتخت، از نفوذ قابل ملاحظه‌ای برخوردار بودند.

زاهدی می‌دانســـت که شـــاه، که هنـــوز نفوذ سیاســـی عمده‌ای نداشت، با او مخالف نیست ولی چنان که تحولات سیاسی بعدی نشـــان داد، هرگز او را به عنوان نقطه اتکای سیاسی اصلی خود تلقی نکرد، گرچه او در حساس‌ترین مواقع، وفاداری به سلطنت و شخص محمدرضا شاه را بر جاه‌طلبی‌های شخصی خود ترجیح داد و شـــاید بتوان گفت که خود را فدای شاه کرد، ولی پاداش آن را دریافت نداشت.

انگلیس‌ها که هنوز در ایران قدرتی محسوب می‌شدند، مخالف او بودند و این مخالفت و حتی عداوت، تا پایان دوران نخست‌وزیری او ادامه یافت. امریکایی‌ها او را نمی‌شـــناختند و به هنگام پایان حکومت مصدق و مخصوصاً پس از رســـیدنش به ریاست دولت او را شناختند.
شـــاید زاهدی در این مقطع از زندگی اجتماعی و سیاســـی خود، از دکتر مصدق نیز دل‌شکســـته و گله‌مند بود. به ســـهم خود در پیشـــرفت نهضت ملی واقف بود و به احتمال قریب به یقین توقع قدرشناسی بیش‌تری داشت.

پس از استعفای از دولت مصدق و دوران گوشه‌گیری در همدان، دیگر راه و روش سیاسی خود را انتخاب کرد. دشواری‌های روزافزون دولت را می‌دید و دریافت که می‌تواند مرد راه حل دیگری باشد.

در مراجعت از همدان، هنوز رهبر مخالفان دولت تلقی نمی‌شد. در مجلس سنا به همه‌ی لوایح قانونی دکتر مصدق، جز برقراری حکومت نظامی، رأی موافق داد. ولی در مجالس و محافل سیاسی موضع انتقادی خود را از «سیاست منفی» دولت که در جستجوی راه حل مطلوبی برای معضل بهره‌برداری نفت جنوب و استفاده از عواید سرشار آن در جهت رونق اقتصادی ملی و بهبود وضع مردم نبود، پنهان نمی‌کرد. پس مخالفین دولت، غیر از جناح چپ و توده‌ای‌ها که از جای دیگر الهام می‌گرفتند، اندک‌اندک به دورش جمع شدند. از جمله بسیاری از یاران مصدق، کم و بیش همه او را پرچمدار «سیاستی دگر» می‌دیدند. و شاید اشتباه اطرافیان مصدق، و گویا نه شخص او، این بود که سریعاً زاهدی را به عنوان هدف اصلی حملات شدید و گاهی غیرمنصفانه خود قرار دادند.

به این ترتیب او به صورت تنها رهبر مخالفان درآمد. بدون تأیید دربار، علی‌رغم انگلیس‌ها و در آغاز به موازات تأیید مستمر سیاست امریکا از مصدق، که در نتیجه واشنگتن نمی‌خواست به مخالفان او پرو بالی داده شود و توجهی به وی نداشت.

در این گیرو دار، بعضی از دوستان و نزدیکان دکتر مصدق که با زاهدی نیز حسن رابطه داشتند، از جمله حسین مکی، سیدابوالحسن حایری‌زاده و حسین فاطمی، به پادرمیانی افتادند که رفع کدورت از هر دو بشود. از جانب مصدق به زاهدی پیشنهاد شد که پسرش اردشیر که چندی قبل پس از اخذ درجه‌ی مهندسی در اقتصاد کشاورزی از امریکا بازگشته و معاون اداره اصل چهار بود به

ریاست بنگاه مستقل آبیاری (که ریاست آن را مهندس ابوالحسن بهنیا به عهده داشت) یا حتی به وزارت کشاورزی (که مهندس خلیل طالقانی عهده‌دار آن بود) برگزیده شود[1]. پادرمیانی به جایی نرسید.

سرلشکر زاهدی رییس کانون افسران بازنشسته بود، در جلساتی که در کانون برپا می‌شد، انتقادات خود را از سیاست دولت پنهان نمی‌کرد و در همکاران خود گوش شنوا بسیار می‌یافت. ولی خبرچینان نیز کم نبودند و مقامات دولتی از این گفتگوها سخت آزرده خاطر شدند.

در بیست و یکم مهرماه ۱۳۳۱، به دستور دولت، گروهی از مخالفین از جمله سرلشکر حجازی، طبق ماده‌ی ۵ قانون حکومت نظامی بازداشت شدند و نیز طی اعلامیه‌ای، سرلشکر زاهدی محرک اصلی این مخالفت‌ها معرفی شد که «در ارتباط با یک سفارتخانه‌ی خارجی با استفاده از مصونیت پارلمانی» به تحریک مشغول است.

فردای آن روز زاهدی در پاسخ اعلامیه دولت، اعلامیه‌ای داد: «... کمال آرزوی من آن است که روزی در پیشگاه ملت حقیقی ایران، من و دکتر مصدق محاکمه شویم تا پرده از ریاکاری‌ها بردارم و مردم ستمدیده و محروم ایران را بر حقایق امور آگاه و از عواقب وخیمی که مقدمات آن را جاهلانه یا مغرضانه فراهم کرده‌اند آگاه سازم. مگر تا قیامت می‌شود در سنگر نفت با حربه‌ی فرسوده «نوکر استعمار» و «خادم بیگانه» مردم را اغفال کرد؟ آیا برای زندگی مردم و رفع این آشوب و اصلاح اوضاع عمومی

---

۱ - برای شرح جریان این رفت و آمدها نگاه کنید به خاطرات اردشیر زاهدی ...، جلد اول صفحات ۹۴ تا ۹۶.

چه نقشه‌ای دارید و چه کرده‌اید؟[۱]».

سرلشکر زاهدی به این اعلامیه اکتفا نکرد و در جلسه‌ی علنی ۲۳ مهرماه ۱۳۳۱، ۱۵ اکتبر ۱۹۵۲، در نطق مفصلی به عنوان «قبل از دستور» گفت[۲]:

«... من از هیچ کس و هیچ کشور ملاحظه نداشته و جز خدای خود از احدی ترس ندارم. جان و مال و روح و خونم فدای میهن.

منم پور ایران و بر مام خویش

مرا غیرت آید ز اندیشه بیش»

وی بعد از توضیح متن اتهاماتی که در اعلامیه‌ی دولت به شخص او و چند تن از افسران بازنشسته وارد شده بود گفت:

«من یقین دارم بین افسران عالی‌رتبه و باشرف ایرانی کسی یافت نمی‌شود که برخلاف مصالح و منافع کشور خود، خائنانه عمل نماید. این گونه شایعات و کسب اطلاع آقای دکتر مصدق بالاخره معلوم خواهد شد که از کجا سرچشمه می‌گیرد. ضمناً لازم می‌دانم از سابقه و روابط خودم با جناب دکتر مصدق مختصری به عرض برسانم...

قبل از زمامداری ایشان و در مدت بیست و چند سال دو یا سه مرتبه ایشان را ملاقات کردم و هیچ‌گونه روابط دیگری نداشتیم. ولی چون سخنان ایشان و خواسته‌های رفقا و یاران ایشان را به نفع کشور تشخیص دادم و آنها را مردمان میهن‌دوست و فداکاری دانستم، تصمیم گرفتم در حدود قانون و مقررات آنها را یاری کنم...

---

۱ – متن این اعلامیه در جراید آن روز و در همه کتبی که به شرح وقایع دوران بحران ملی شدن نفت اختصاص دارند، درج شده. از جمله نگاه کنید به خاطرات اردشیر زاهدی ...، صفحه‌ی ۱۱۴.

۲ – مشروح مذاکرات مجلس سنا مربوط به این تاریخ.

من موقعی این تصمیم خود را عملی کردم که جناب آقای دکتر مصدق در احمدآباد تبعید و تحت نظر پلیس بود و اغلب رفقای ایشان در تهران زندانی و یا تحت تعقیب بودند. بله، در همان موقع پرونده‌ای درست شد که در منزل دکتر مصدق و با حضور دوستان و همکارانش ده قبضه اسلحه برای از بین بردن ده نفر تقسیم شده و یکی از آن ده نفر هژیر بوده که مقتول گردید. این پرونده با اقرار و اعتراف چند نفر از کسان خود آقایان در شرف تکمیل بود.

من رییس شهربانی شدم... شرافت سربازی و وظیفه‌شناسی به من اجازه نداد که بگذارم روی اغراض، چنین عمل خلاف حقیقتی صورت گیرد... اما چرا می‌خواستند این آقایان را محکوم کنند؟ برای این بود که آنها وکیل نشوند و به مجلس راه نیابند.

... به شهادت کلیه‌ی اهالی محترم پایتخت، نهایت کوشش را کردم و نگذاشتم دستبرد و یا تغییری در آراء بدهند و امانت ملت آن‌چه بود و به من که رییس قوای انتظامی آن روز بودم سپرده شده بود، حفظ کردم تا آقای دکتر و یارانش به مجلس شورا آمدند...»

پس از شرح جزییات مربوط به شرکت خود در کابینه‌ی دکتر مصدق و همکاری مشترک ایشان و اشاره به سبب استعفا از دولت، زاهدی گفت:

«... دشمنان آقای دکتر القاء شبهه نموده و آقای دکتر تصور کرده بود که من می‌خواستم حکومت را برای خودم از دست ایشان بگیرم و چند نفر از رفقای مشترک ما را نیز در این باب متهم نموده بودند. ولی همه می‌دانستند که در آن موقع من چنین خیالی در مخیله‌ام خطور ننموده و من برخلاف جوانمردی و شرافت می‌دانم با کسانی که

خدمت می‌کنند به آنها خیانت کنم. در صورتی که کاندید نخست‌وزیری شدن نه جرم است و نه عیب...
من همیشه کمال احترام و همراهی را به آقای دکتر مصدق داشتم و فکر می‌کردم که باید دولت ایشان تقویت شود تا کار نفت را تمام کند. من خیال می‌کردم که اگر آقای دکتر موفق شود کار نفت را تمام کند برای ملت ایران خیلی ارزان تمام می‌شود...

... با این همه سابقه و کمک به جبهه‌ی ملی و خدمات گرانبهایی که به کشور خود کرده‌ام و به جرم وطن‌پرستی سه سال در حبس و تبعید بیگانه در خارج از کشور خود به سر بردم، چطور عصر مرا در خانه‌ی خود اغفال کردند و نامردانه مرا ربودند و سه سال در زندان نگاه داشتند. کسی از مأمورین دولت خودم و یا کسانم مرا ندیدند. حالا آقای دکتر مصدق روی چه اطلاع و گزارش‌هایی مرا متهم می‌کنند که به نفع یک سفارتخانه بیگانه مشغول اقداماتی بودم، یا می‌خواستم کودتا کنم...

چه خوب بود که ملت ایران به این مدارک من و آقای دکتر رسیدگی می‌کرد و مردم نجیب ایران بین خادم و خائن فرق می‌گذاشت و سرباز فداکار خود را نیز بیشتر می‌شناخت...

من خدمتگزار صدیقی برای کشور خود بوده و هستم. مقصودم از این عرایض تعریف از خود نیست. من در کنار رود چالوس با عده‌ی قلیلی، متجاسرین را که قصد تصرف تهران را داشتند شکست دادم و پایتخت را نجات دادم. من در آذربایجان با ستون خود، سمتیقو را که ادعای استقلال می‌کرد شکست دادم، تراکمه‌ی دشت گرگان را که بیش از یک قرن از اطاعت حکومت مرکزی سرپیچی و یاغی‌گری می‌کردند، منکوب و فرهنگ و تمدن

را به جای آدم‌کشی و شرارت به اهالی آنجا تحمیل نمودم و امروز هزاران جوان تحصیل کرده‌ی ترکمن در بنگاه‌های دولتی و ملی مشغول کار هستند...

خوزستان، خوزستانی را که امروز گفتگوی نفت به تنهایی آن استان، جهان را پر کرده فتح کردم... شیخ خزعل پادشاه یاغی بیحقبه را گرفتم و تحت‌الحفظ به تهران فرستادم... صدها مدرسه، بیمارستان، داروخانه، راه‌های شوسه در این کشور ایجاد کردم... پس چطور ممکن است من برخلاف مصالح کشورم قدم بردارم؟ این گونه تهمت‌ها و حمله‌های ناجوانمردانه، در پیشگاه ملت نجیب ایران قابل عفو و اغماض نیست.

دولت آقای دکتر مصدق اگر در اصلاح امور کشور توفیق نیافته، اگر کار انتخابات را با آن همه هزینه و پشتکار، مطابق دلخواه انجام نداده، در بالا بردن سطح زندگی عمومی کامیاب نگردیده، بالاخره این همه عصیان و ناامنی در کشور به وجود آورده یا آمده، تقصیر من و سایرین چیست؟ من همه چیز از این دولت، دیکتاتوری، ارعاب و تهدید، سازش با مقامات غیرصالح انتظار داشتم، ولی پرونده‌سازی را باور نمی‌کردم.

من از آقای دکتر استدعا می‌کنم قدری به هوش بیایند و مواظب باشند کشور ما را به خاک و خون نکشند.

چاه است و راه و دیده بینا و آفتاب...»

البته سخنان سناتور همدان، نشانگر خشم قابل‌فهم او در برابر اتهام در همکاری با یک سفارتخانه بیگانه بود، اما به مراتب بیش از اینها بود. سرلشکر زاهدی از این روز به صورت رهبر بلامنازع مخالفان دکتر مصدق و داوطلب علنی قبول زمامداری کشور درآمد.

شبکه‌ی دوستان سرلشکر زاهدی به انتشار این سخنان در جراید کشور اکتفا نکردند. طی دو روز بعد از آن هزاران نسخه از آن جداگانه طبع و در پایتخت منتشر شد.
عکس العمل دولت در برابر بیانات زاهدی و اننشار آن در سرتاسر پایتخت، فوری و آمیخته با خشونت بود. سازمان اصل چهار وادار به اخراج اردشیر زاهدی فرزند سرلشکر شد. سپس وی را بازداشت و مدتی زندانی کردند و در زندان وی را سخت شکنجه دادند که از آثارش هنوز رنج می‌برد[1].
گروه دیگری از مخالفین نیز جلب و بازداشت شدند و اقامتگاه سناتور همدان با وجود مصونیت پارلمانی او تحت محاصره‌ی مأموران انتظامی قرار گرفت.

بعد از تعطیل مجلس سنا[2] دیگر مانع قانونی برای بازداشت سرلشکر زاهدی وجود نداشت. وی در ششم اسفند ۱۳۳۱، ۲۵ فوریه ۱۹۵۳، به اتهام «توطئه علیه دولت»[3] بازداشت شد. سه روز بعد قضیه‌ی نهم اسفند اتفاق افتاد و گروه انبوهی جلب و زندانی شدند.
پس از بازجویی‌های مفصل از آنان، دولت، زاهدی و جمعی از بازداشت‌شدگان را به مناسبت فرا رسیدن نوروز ۱۳۳۲ آزاد کرد. ظاهراً دید و بازدیدهای نوروزی سبب اجتماع مداوم گروه زیادی از اهالی پایتخت، بازاریان، روحانیون و به خصوص افسران بازنشسته یا شاغل در اقامتگاه سرلشکر زاهدی گردید که برای دولت ناخوشایند بود.

در اوایل اردیبهشت ماه ۱۳۳۲، گروه انبوه دیگری از مخالفان دولت

۱- خاطرات اردشیر زاهدی ....، صفحات۹۹ تا ۱۰۱.
۲ - نگاه کنید به قسمت دوم این کتاب.
۳ - اطلاعات، هشتم اسفند ۱۳۳۱.

بازداشت شدند. زاهدی در اختفا می‌زیست. مأمورین برای جلب وی به خانه‌اش ریختند. او در همان نزدیکی‌ها در جای دیگر بود، ولی ترجیح داد به مجلس شورای ملی برود و در آن‌جا متحصن شـود. پس از ورود به کاخ بهارستان در تاریخ ۱۴ اردیبهشت نامه‌ای به آیت‌الله کاشانی رییس مجلس نوشت:

«... خاطر مبارک مستحضر اسـت در اسفندماه ۱۳۳۱، بــدون دلیل و برخلاف قانون توقیفـم کردنـد. از فروردین ماه (که آزاد شـده بود) تا به حال ســه چهــار مرتبه به خانه و باغ شــمیرانم، قوای مسلح نظامی در شب و بعد از نصف‌شــب ریخته‌اند و سلب آزادی و امنیت از خودم و فامیلــم و خانواده‌ام کرده‌اند. بعد از شــکایت تلگرافی به مقامات دادگستری و یأس از حمایت قانونی آنان، ناگزیر شدم به خانه‌ی ملت پناهنده شوم و ضمناً برای اطمینان خاطــر آن مقام محترم و وکلای محترم مجلس شــورای ملی، عــرض می‌کنم که تــا به حال عملــی که برخلاف مصالح کشورم باشد، ننموده‌ام و علاوه بر این سربازی فداکار و خدمت‌گزار برای میهنم بوده‌ام و هستم».[۱]

کاشــانی به دســتگاه اداری مجلس دســتور داد کــه از زاهدی محترمانــه پذیرایی کنند. در نتیجــه راه مخالفان دولت به عنوان دیدار و احوال‌پرســی به مجلس باز شد. تعداد مراجعین با وجود مراقبت شدید و مزاحمت مأموران زیاد بود.

به توصیه‌ی دکتر مصدق، مهندس احمد رضوی نایب رییس دوم مجلس به دیدار زاهدی رفت که او را از ادامه‌ی تحصن باز دارد و آســوده خاطرش سازد[۲] ولی وی نپذیرفت و اظهار داشت که دیگر اعتمادی به قول رییس دولت ندارد و همچنان در مجلس متحصن

---

۱ - دکتر عزت‌الله همایون‌فر، از سپاهیگری تا ... صفحه‌ی ۲۲۹.
۲ - ابراهیم صفایی، زندگینامه ...، صفحات ۱۰۲ و ۱۰۳.

ماند.

تحصن زاهدی که مساله‌ای برای دولت شده بود، تا دهم تیرماه ۱۳۳۲، اول ژوئیه ۱۹۵۳ ادامه یافت. در این تاریخ کاشانی ناچار به استعفا شد و دکتر عبدالله معظمی از یاران نزدیک مصدق، جای او را گرفت. سرلشکر زاهدی احساس می‌کرد که با تغییر رییس مجلس، با وجود حسن رابطه‌ای که با معظمی داشت و به واسطه‌ی تشدید بحران سیاسی در کشور، بهتر است به جای دیگر برود. در نهایت امر با توجه به اوضاع و احوال، در اختفا می‌توانست از آزادی عمل بیش‌تری برخوردار باشد. به علاوه اقامت وی در کاخ بهارستان برای رییس جدید مجلس نیز در برابر دوستانش ایجاد مشکل می‌کرد. سرانجام پس از مذاکراتی بین رییس جدید مجلس و سناتور پیشین، به زاهدی قول داده شد که اگر از مجلس خارج شود، کاری به او نداشته باشند. سرلشکر زاهدی با اتومبیل رسمی ریاست و پلاک پرچم سه‌رنگ مجلس شورای ملی که به آن مصونیت می‌داد، کاخ بهارستان را ترک کرد و به خانه‌ی شخصی خود برگشت[1]. اما از روی احتیاط، ساعتی بیش‌تر در آنجا نماند و به جای دیگر رفت. شبانگاه چند کامیون نظامی به اقامتگاه زاهدی ریختند که او را توقیف کنند که البته به او دست نیافتند.

از این تاریخ، ۲۹ تیرماه ۱۳۳۲، ۳۰ ژوئیه ۱۹۵۳ تا روز ۲۸ مرداد که زاهدی بر مسند ریاست دولت نشست، مرحله‌ی نهایی مبارزه‌ی او آغاز شد.

---

۱ - پس از این جریان، سرلشکر زاهدی نامه‌ی محبت‌آمیز به رییس مجلس نوشت و از او به گرمی تشکر کرد. پیش‌نویس نامه و عین رسید دفتر مجلس شورای ملی در مرکز اسناد اردشیر زاهدی در مونترو (سوییس) موجود است. در بررسی‌هایم برای تالیف کتاب Iran, le choc des ambitions که در اواخر سال ۲۰۰۶ انتشار یافت، من بسیاری از اسناد این مرکز و از جمله این نامه را در آنجا ملاحظه و مطالعه کردم.

در همین روزهای اختفای زاهدی بود که فرمانداری نظامی برای «هرکس که محل سکونت سرلشکر نامبرده (را) که منجر به دستگیری وی گردد به فرمانداری نظامی اطلاع دهد» یک‌صد هزار ریال جایزه‌ی نقدی تعیین کرد[۱].

دکتر مصدق که مردی زیرک بود و ارتباطات شخصی خود را داشت، در همین روزها با سردار سیف افشار (که با او دوست و در ضمن از محارم سرلشکر زاهدی بود) تماس گرفت و از او خواست به زاهدی بگوید «به شما گذرنامه‌ی سیاسی داده می‌شود و مقداری ارز هم به نرخ دولتی می‌دهیم تا به اروپا بروید و استراحت کنید... وضع خوبی ندارید، فعلا مخفی هستید و اردشیر هم در مخفی‌گاه می‌باشد. اگر بروید از این دردسرها خلاص می‌شوید» زاهدی نپذیرفت و گفت: «در این جا می‌مانم و مبارزه می‌کنم. اگر مصدق موفق شد مرا از بین ببرد. ولی اگر من موفق شدم، فقط از نخست‌وزیری کنار می‌رود و دیگر کاری به او ندارم. راهی است که رفته‌ام و تا پایان ادامه خواهم داد»[۲]. گویا مصدق از این پاسخ خیلی ناراحت شد.

از تطبیق روایات مختلف چنین برمی‌آید که در طول این مدت اختفا، سرلشکر زاهدی به ترتیب در منازل صادق نراقی، بانو زاهدی همسر بصیر همایون، خانم نراقی (هر سه از اقوام نزدیکش بودند)، امیرمنظم حمزوی، مصطفی مقدم، حسن کاشانیان، خانم ملوک‌سادات مشیرفاطمی و مدت کوتاهی هم نزد سردار سیف

---

۱ - متن اعلامیه در، نورمحمد عسکری، شاهنشاه ...، صفحه‌ی ۱۶۹. طبق مصاحبه‌ای که نورمحمد عسکری با اردشیر زاهدی داشته، پدرش هنگامی که از رادیو متن اعلامیه را شنید، خندید و گفت: «بد نیست که بروم و خودم را معرفی کنم و ده هزار تومان را بگیرم. ولی می‌ترسم که در خزانه‌ی دولت مصدق با چنین وضعی که پیش آورده، ده هزار تومان موجود نباشد که جایزه بدهد»، همان منبع، همان صفحه.

۲ - روایت امیرخسرو افشار، فرزند سردارسیف افشار (که چهار دوره سناتور بود) به مصطفی الموتی. امیرخسرو افشار شاهد عینی این جریان‌ها بود. مصطفی الموتی، بازیگران سیاسی ... صفحات ۲۹۲ - ۲۹۳.

افشار اقامت داشت[1].
در خانه مصطفی مقدم بود که فرمان انتصابش به ریاست دولت به وی ابلاغ شد.

۱ - این نکته نشان می‌دهد که اطلاعات شخص مصدق نادرست نبود و او می‌توانست سرنخی به دست مأموران انتظامی که در جستجوی زاهدی بودند بدهد، که نداد. چنان‌که سال گذشته (۱۳۳۱) نیز پس از همه نامردی‌هایی که در حق احمد قوام شده و اقامتگاهش را غارت کرده به آتش کشیده بودند، مصدق از محل اختفای او باخبر بود و به رییس شهربانی دستور داد او را محافظت کنند.

فصل پنجم

۲۵ مرداد

دو فرمـــان، یکی برکناری دکتر محمد مصدق از ریاســـت دولت و دیگری انتصاب «جناب فضل‌الله زاهدی» به این سمت، در بیســـت و ســـوم مرداد ماه ۱۳۳۲، ۱۵ اوت ۱۹۵۳ در کلاردشت به توشیح محمدرضا شاه رسید و سرهنگ نعمت‌الله نصیری (ارتشبد بعدی). فرمانده گارد، مأموریت یافت که آنها را ابلاغ کند[۱].

دو روز قبل در روز بیســـتم مرداد ماه، شـــاه و ملکه ثریا از تهران با هواپیمای اختصاصی رهســـپار رامسر شده و از آنجا به ویلای کوچک ســـلطنتی در کلاردشـــت رفته بودند. نظر محمدرضا شاه قطعاً این بود که از جریان کشـــمکش‌هایی که احتمال بروزشـــان می‌رفت کنار بماند و اگر ناگزیر از ترک کشور شود، فرودگاه امنی

---

۱ - این تاریخ را همه‌ی مورخان همین ۲۳ مرداد نوشته‌اند. در گاهنامه‌ی پنجاه سال شاهنشاهی پهلوی جلد دوم، صفحه ٦٢٥، بیست و دوم ذکر شده، حال آن‌که در متن فرمان بیست و سوم است.

در اختیار داشته باشد.

متن فرمان برکناری دکتر مصدق در دست نیست. اصل آن در جریان حمله به اقامت‌گاه او از بین رفت، یا ناپدید شد. پیش‌نویس آن می‌بایست قاعدتاً در بایگانی «دفتر مخصوص شاهنشاهی» موجود باشد که چند روز قبل از انقلاب اسلامی با دو هواپیمای نظامی تماماً به خارج از کشور انتقال یافت[۱] و در دسترس نیست. در فرمان انتصاب زاهدی شاید به خاطر آن که به تغییر و تبدیل، جنبه‌ی نظامی داده نشود و با توجه به آن‌که او امیری بازنشسته بود، عنوان درجه‌ی وی در ارتش ذکر نشده:

«جناب فضل‌الله زاهدی نظر به این که اوضاع کشور ایجاب می‌نماید که شخص مطلع و با سابقه برای در دست گرفتن زمام امور مملکت تعیین نماییم، لذا با اطلاعی که به کفایت و شایستگی شما داریم به موجب این دست‌خط به سمت نخست‌وزیری منصوب شدید و مقرر می‌داریم که در اصلاح امور کشور و رفع بحران کنونی و بالا بردن سطح زندگانی مردم اهتمام و سعی کافی به عمل آورید ۲۳ مرداد ماه ۱۳۳۱، امضا»[۲].

*****

برکناری دکتر مصدق و انتصاب سرلشکر فضل‌الله زاهدی به جای او، هنوز پس از گذشت بیش از نیم قرن، موضوع بحث و گفتگوهای فراوان چه حقوقی و چه سیاسی و عقیدتی، در میان

۱ - روایت دکتر امیراصلان افشار، رییس کل تشریفات شاهنشاهی، که در آن روزها و تا دم واپسین در کنار محمدرضا شاه بود و موثق‌ترین شاهد عینی در مورد بسیاری از جریان‌های پشت پرده محسوب می‌شود.

۲ - اصل فرمان در بایگانی اسناد اردشیر زاهدی موجود است. متن آن در همه‌ی کتب مربوط به این دوران آمده، تصویر آن را می‌توان در صفحه‌ی ۱۴۵ اردشیر زاهدی فرزند توفان ملاحظه کرد.

ایرانیان و حتی محققان و مفسران غیرایرانی است. آیا شاه طبق قانون اساسی حق عزل رییس دولت را داشت و پس از آن می‌توانست شخص دیگری را به نخست‌وزیری انتخاب کند؟[۱] این مساله به قول دکتر غلامحسین صدیقی به صورت «محاکمات تاریخی»[۲] درآمده.

دکتر غلامحسین صدیقی با اشاره به رفراندومی که دولت دکتر مصدق برای انحلال مجلس انجام داد و به مبنای حقوقی برکناری او تبدیل شد نوشته:

> «من... با رفراندومی که دولت برای انحلال مجلس انجام دهد، انحلالی که با نقایص قانون اساسی و به حکم سوابق در تاریخ مشروطیت خواه ناخواه هنگام نبودن مجلس عملاً، به حق یا ناحق، به شاه در عزل و نصب نخست‌وزیر، بنابر میل شخصی یا ضرورت واقعی، ناچار، امکان عمل می‌داد، موافقت نداشتم»[۳].

او که وزیر کشور و نایب نخست‌وزیر بود، پس از توضیحات مفصلی در جریان چگونگی اتخاذ تصمیم برای انحلال مجلس، می‌نویسد:

> «پیشوای فقید فرمود ... من مجلس را منحل می‌کنم. گفتم چطور؟ گفتند با رفراندوم. من گفتم جناب آقای دکتر، جنابعالی سال‌ها عضو پارلمان بوده‌اید و شهرت نام بلندتان بیش‌تر از راه نمایندگی در پارلمان حاصل شده

---

۱ - توجه کنید به نامه‌ی دکتر غلامحسین صدیقی که در آن هنگام وزیر کشور و نایب نخست‌وزیر بود و در نوشته‌ی خود دکتر مصدق را «پیشوای کمال و مقتدای رجال و دلیر سرآمد» می‌خواند این نامه مورخ ۱۳٦٦/٤/۱۹ است و خطاب به دکتر همایون کاتوزیان نوشته شده که آن را در مجله‌ی فصل کتاب، سال ۱۳۷۰ در لندن انتشار داد و سپس در مجله‌ی ایران‌شناسی، دوره‌ی جدید، سال هجدهم، شماره ۲، تابستان ۱۳۸۵، به طبع رسید، صفحه‌ی ۳۰۹.

۲ - همان منبع، صفحه‌ی ۳۰۹.

۳ - همان منبع، صفحه‌ی ۳۱۱.

اســت. انتخابات مجلس فعلی در زمان زمامداری جناب عالــی صورت گرفته و نســبت به آن اظهار خوش‌بینی کرده‌اید. حالا با نقایص قوانین اساســی و وجود سوابق که در حقوق اساســی و تاریخ مشــروطیت ایران هنگام فترت‌هــای متوالی و ممتد حکم رسم و عادت پیدا کرده، آیا انحلال مجلس را که در آن اکثریت دارید، از راه اجرای رفراندوم از حیث مصالح داخلی و خارجی به صلاح مملکت می‌دانید؟ اگر پس از انحلال مجلس، شاه نخست‌وزیر دیگر انتخاب کند چه می‌کنید؟ فرمود: شــاه جرأت این کار را ندارد... گفتم اگر تصمیم به رفراندوم دارید و با اتقان به این‌که در اعتقاد و ارادت من نســبت به شخص جناب‌عالی به سبب کارهای پایدارتان نقصانی حاصل نخواهد شد، اجازه فرمایید که استعفای خود را تقدیم دارم...»

دکتر صدیقی در جای دیگر از متن طولانی خود می‌افزاید: «من از آن‌چه می‌گذشت سخت اندیشناک بودم»[1].

****

وزیر کشــور و نایب نخســت‌وزیر دولت مصدق به هنگام آخرین روزهای حکومتش، صورت مساله را که هنوز مورد بحث و گفتگو است، به روشنی خلاصه کرده.

طبق اصل ٤٦ متمم قانون اساسی، شاه، حق عزل نخست‌وزیر را

۱- همان منبع، صفحه‌ی ۳۱۲. شــادروان دکتر صدیقی، ســپس در مقابل تصمیم نخست‌وزیر به «ســکوت رضاگونه» دست زد که آن را از روی وفاداری می‌خواند و این بیت سعدی را نقل می‌کند.

قدمی که برگرفتی به وفا و عهد یاران   اگر از بلا بترسی قدم مجاز باشد.

و نیز می‌افزاید: «رییس مجلس (دکتر عبدالله معظمی) که با رفراندوم مخالف بود در یازدهم مرداد ماه ۱۳۳۲ از ریاســت مجلس استعفا کرد» (همان صفحه) و در همین مــدرک از قول محمود نریمان می‌گوید: «تاریخ این اشــتباه ما را نخواهد بخشــید» (صفحه‌ی ۳۱۳).

داشت. دکتر مصدق در توجیه این اصل اظهار داشت:

«در رژیم مشروطه و طبق قانون اساسی ایران، مقامی که می‌تواند وزرا را منصوب یا معزول کند. فقط قوه مقننه و مجلس شورای ملی است. بنابر این معنای اصل چهل و ششم متمم قانون اساسی این است که وقتی وزرا از طرف مجلس شورای ملی به وسیله‌ی رأی اعتماد منصوب و یا به وسیله رأی عدم اعتماد معزول شدند، شاه که عنوان رییس مملکت را دارد، طبق رأی مجلس فرمان نصب یا عزل وزرا را صادر می‌فرمایند»[1]

دکتر مصدق در استدلال خود سپس به اصول دیگر قوانین اساسی ایران (قانون اساسی و متمم آن) که دال بر عدم مسئولیت شاه است اشاره می‌کند. همه‌ی مفسران و محققانی که عزل او را از ریاست دولت غیرقانونی دانسته و تعبیر به کودتا کرده‌اند، بر همین استدلال تکیه داشته و دارند.

اما در این زمان، دولت مجلس سنا را تعطیل و سپس با رفراندوم، مجلس شورای ملی را منحل کرده بود. بنابر این قوه مقننه در حال فترت بود. ناچار می‌بایست به قول دکتر صدیقی به «سوابق که در حقوق اساسی و تاریخ مشروطیت ایران هنگام فترت‌های متوالی و ممتد، حکم رسم و عادت پیدا کرده» بودند رجوع کرد.

*****

۱ - مصدق در محکمه‌ی نظامی، به کوشش جلیل بزرگمهر (وکیل مدافع دکتر مصدق) نشر تاریخ ایران، ۳۲، مجموعه‌ی متون و اسناد تاریخی ۲۶، جلد اول، چاپ اول، تهران، ۱۳۶۳، صفحه ۱۴۱، دو جلد کتاب مصدق در محکمه‌ی نظامی، رونوشت کامل تمام مذاکرات دادگاه‌های بدوی و تجدید نظر نظامی است که به محکومیت مصدق بعد از عزل او انجامید و دقیق‌ترین سند و تجزیه و تحلیل در این زمینه محسوب می‌شود. این کتاب پس از انتشار در تهران، از طرف مقامات جمهوری اسلامی جمع‌آوری و ممنوع شد.

قبل از بیست و پنجم مرداد ماه ۱۳۳۲، دکتر مصدق شخصاً چند بـار با چنین وضعی روبرو شـده بود: از تعطیـل قهری دوره‌ی اول مجلـس و آغاز اسـتبداد صغیـر تا شـروع دوره‌ی چهارم قانون‌گزاری، که چنان که دیدیم پس از کودتای سـوم اسـفند و عزل سـیدضیاءالدین طباطبایی، در زمان حکومت قوام‌السلطنه مجلس چهارم افتتاح شـد، مجموعاً نظام مشروطیت به مدت ده سـال و دو ماه و بیست و هشت روز (از سیزده سال و پنج ماه و دو روز) در حال فترت بوده[1]. در این دوران فترت که کشـور دچار نابسـامانی‌های فراوان بود، چهارده بار فرمان ریاست دولت به نام دوازده تن صادر شـد: شاهزاده عبدالحسین‌میرزا فرمانفرما، محمدولی‌خان سپهسـالار تنکابنی، وثوق‌الدوله، علاءالسـلطنه، مجدداً وثوق‌الدوله، علاءالسلطنه، شاهزاده مجیدمیرزا عین‌الدوله، مسـتوفی‌الممالک، صمصام‌السـلطنه، بـاز هـم وثوق‌الدولـه، مشیرالدوله، سپهداررشتی، سید ضیاءالدین طباطبایی و بالاخره قوام‌السلطنه.

در کابینه‌ی صمصام‌السلطنه بختیاری، قوام‌السلطنه وزیر مالیه بود، مصدق السلطنه معاون او و خزانه‌دار کل.

هر بار این شـخصیت‌ها بـا توافق نایب‌السـلطنه (عضدالملک و سپس ناصرالملک) و بعداً احمدشاه قاجار کناره می‌گرفتند، فرمان جانشین آنها صادر می‌شد. صمصام‌السلطنه که مخالف قرارداد تحت‌الحمایگی عملی ایران بود که لندن می‌خواسـت به کشـور ما تحمیل کند، استعفا نداد. احمدشـاه او را عزل کرد و وثوق‌الدوله (عاقد قرارداد ۱۹۱۹) را به جای او منصوب کرد. اما خان بختیاری مدت‌ها خود را رییس‌الوزرا می‌دانست، که مصدق نیر در خاطرات خود به این جریان اشاره کرده[2].

در کابینه‌ی وثوق‌الدوله، قوام‌السـلطنه هم‌چنان وزیر مالیه بود و

---

۱ - محاسبه از دکتر غلامحسین صدیقی است در مقاله‌ای که فوقاً به آن اشاره شد.

۲ - خاطرات و تالمات، صفحه‌ی ۲۸۹.

مصدق معاون وی. او چندی بعد شجاعانه به عنوان اعتراض به قرارداد ۱۹۱۹ استعفا داد. اما در باره‌ی عزل صمصام‌السلطنه هیچ نگفت. درست است که وزیر نبود و مسئولیت مشترک نداشت، اما این ادامه‌ی همکاری با دولتی که در آن شرایط عزل شده بود، بدون معنی نیست.

صد روز بعد از کودتای سوم اسفند ۱۲۹۹، احمدشاه که سیدضیاء را تحمل نمی‌کرد، وی را عزل کرد. قوام‌السلطنه که در زندان بود، آزاد و به جای وی برگزیده شد. مصدق‌السلطنه قبل از آن والی فارس بود و در مخالفت با حکومت سید، استعفا داده و به ایل بختیاری پناهنده شده بود. اما چون احمدشاه، گرچه چند روزی بیش‌تر به افتتاح مجلس چهارم نمانده بود، سید ضیاء را عزل کرده و قوام‌السلطنه را به ریاست دولت برگزید. مصدق‌السلطنه این پیام تلگرافی را در خرداد ۱۳۰۱ به رییس جدید دولت مخابره نمود:

> «.. مژده‌ی زمامداری حضرت‌اشرف مثل این است که روحی به بدن علیل و بی‌روح بنده دمید. نمی‌دانم به مملکت یا به حضرت‌اشرف به کدام یک تبریک عرض کنم...»[۱]

او سپس به وزارت کابینه‌ی قوام‌السلطنه برگزیده شد. از لحاظ سیاسی عزل سیدضیاء را تأیید می‌کرد و شاید حق داشت. اما از لحاظ حقوقی ایرادی به آن نگرفت. سی و یک سال بعد خود با همین صورت‌مساله روبرو شد.

در پاییز ۱۳۲۷، به هنگام درگیری با دولت ساعد و تحصن در دربار شاهنشاهی، دکتر مصدق یک‌بار در پیامی به محمدرضا شاه که مقامی «غیرمسئول» بود، از او خواست که در حسن جریان انتخابات مداخله کند و چند روز بعد در نامه‌ای به عبدالحسین

۱- این تلگراف در بسیاری از کتب و مقالات نقل شده، از جمله نگاه کنید به حمید شوکت، در تیررس حادثه، متن ذکر شده، صفحه‌ی ۳۶۹.

هژیر وزیر دربار، رسماً درخواست کرد که شاه، نخست‌وزیر را معزول و شخص دیگری را به جای او منصوب کند. او در نامه‌ی خود تصریح کرد:

«که در این دوره‌ی فترت که تعیین نخست‌وزیر محتاج به تمایل مجلس نیست. دولتی را روی کار بیاورند که ...»[۱].

البته روی کار آوردن دولتی دیگر، مستلزم عزل دولت پیشن بود. پنج سال بعد خود با همین وضع روبرو شد.

دکتر مصدق در روزهای بین بیست و پنجم و بیست و هشتم مرداد و سپس در سال‌های بعد از این تاریخ، نقطه‌نظرهای گوناگون، اگر نه متضاد، در این مورد ابراز داشته که همه شایان توجه و تأمل است:

در جلسه‌ی سوم، مرحله‌ی بدوی محاکمه‌اش، به هنگام بحث در باره‌ی صلاحیت دادگاه نظامی گفت: «شاه حق عزل مرا به هزار دلیل که می‌آورم نداشت. پس وقتی که شاه حق عزل مرا نداشت آن سه روز (بین ۲۵ و ۲۸ مرداد) بنده نخست‌وزیر بودم، حالا هم می‌گویم نخست‌وزیرم...»[۲].

سال‌ها بعد در خاطراتش نوشت:

«اگر اعلیحضرت همایون شاهنشاهی حق عزل نخست‌وزیر را داشتند، چرا دست‌خط مبارک را آن وقت شب، آن هم با افراد مسلح ابلاغ نمودند. چنان که روز روشن ابلاغ می‌نمودند، اگر اطاعت نمی‌کردم، متمرد بودم»[۳].

در این جا تاکید بیشتر بر نحوه‌ی ابلاغ است تا به اصل آن. در موارد دیگر مکرراً «در اصالت دست‌خط» تردید کرده[۴]. حتی

۱ - نگاه کنید به قسمت دوم این کتاب.
۲ - مصدق در محکمه نظامی، جلد اول، صفحه‌ی ۱۳۸.
۳ - خاطرات و ... صفحه‌ی ۲۹٤.
٤ - مصدق در محکمه نظامی، جلد دوم، صفحه‌ی ٦٨١

فواد روحانی در این باره به تفاوت میان «جعل مادی» و «جعل معنوی» اشاره کرده که شاید به نظر دکتر مصدق ممکن است «نیتی به امضاکننده نسبت دهند که امضاکننده آن را نداشته باشد»[۱]. ولی در نهایت امر، بحث در باره‌ی «اصالت دست‌خط» کنار گذاشته شد و در آخرین دفاع خود سرانجام دکتر مصدق گفت: «هیچ نخست‌وزیری با حضور مجلس بدون استیضاح و رای عدم اعتماد از کار برکنار نشده...»[۲] و سپس افزود... «این‌جانب چه از نظر قانون چه از نظر صلاح مملکت نخواستم که دست از کار بکشم»[۳].

شرحی که محمدرضا شاه از این جریان می‌دهد، به نوبه‌ی خود برای تحلیل وقایعی که از بیست و پنجم تا بیست و هشتم مرداد بر ایران گذشت، شایان توجه فراوان است:

> «در مرداد ۱۳۳۲، پس از حصول اطمینان از پشتیبانی ایالات متحده امریکا و انگلیس که سرانجام سیاست مشترکی را اتخاذ کرده بودند و پس از بررسی اوضاع با کرمیت روزولت نماینده‌ی سازمان مرکزی اطلاعات ایالات متحده، بر آن شدم که برای یافتن راه حلی وارد عمل شوم. در ۲۵ مرداد ۱۳۳۲ سرهنگ نعمت‌الله نصیری فرمانده‌ی گارد شاهنشاهی را مأمور کردم که فرمان برکناری مصدق را به وی ابلاغ کند و سپهبد فضل‌الله زاهدی را که از دوستان مصدق و وزیر سابق دولت او بود، به نخست‌وزیری برگزیدم.
>
> مصدق، برخلاف نص صریح قانون اساسی ایران، به فرمان برکناری خود اعتنا نکرد و به این هم اکتفا ننموده

---

۱ - فواد روحانی، زندگی سیاسی... صفحه‌ی ۵۲۳ - ۵۲٤.
۲ - مصدق در محکمه نظامی... جلد دوم، صفحه‌ی ۷۷۸.
۳ - همان منبع، همان صفحه.

به یک کودتای نظامی دست زد.»[1]

مصدق در جایی گفته که شاه حق عزل او را به هزار دلیل نداشته. در جای دیگر اظهار داشت که وی (شاه) «با حضور مجلس بدون استیضاح و رأی عدم اعتماد» مجاز به برکناری رییس دولت نبوده. برداشت اخیر با توجه به سنت درست به نظر می‌رسد. ولی مجلسین تعطیل بودند و در نتیجه این حق را برای شاه بطور ضمنی شناخته. بالاخره در بیان سوم به نحوه‌ی ابلاغ فرمان عزل خود که شبانگاه به وسیله فرمانده گارد و با پشتیبانی یک واحد نظامی انجام گرفته اشاره کرده که اگر جز آن شده بود و اگر «روز روشن ابلاغ شده بود، اطاعت» (می‌کرده).

شاه به حق خود در «عزل و نصب» وزرا استناد می‌کند، به حصول اطمینان از حمایت انگلیس و امریکا و به مشورتی که با کرمیت روزولت فرستاده‌ی سازمان مرکزی اطلاعات ایالات متحده انجام داده، در ضمن اضافه کرده که نخست‌وزیر قبلاً «برخلاف همه‌ی قوانین مملکتی به فعالیت مجلس سنا پایان داده بود»[2]. ولی ناگفته گذاشته که خود او بر این قانون «خلاف همه‌ی قوانین مملکتی» صحه گذاشته بود.
محمدرضا پهلوی یادآور شده که نخست‌وزیر، دیوان عالی کشور را منحل کرده بود و با یک همه‌پرسی، متوسل به تعطیل مجلس شورای ملی شده بود[3]. استناد محمدرضا شاه به کسب موافقت امریکا و انگلیس و مشاوره‌اش با کرمیت روزولت که سال‌ها بعد، خاطراتش به صورت مهم‌ترین سند برای اثبات «کودتای ۲۸ مرداد» (و نه ۲۵ مرداد) درآمد، نیز باید در نظر گرفته شود.

---

۱ - پاسخ به تاریخ، صفحات ۷۳ و ۷٤.
۲ - همان منبع، صفحه‌ی ۷۲.
۳ - همان منبع، همان صفحه.

در آخرین تحلیل، اظهارات دکتر مصدق و محمدرضا شاه هم تا حد زیادی موید و مکمل یکدیگرند و هم تا اندازه‌ای متضاد. ناچار باید در پرتو جریان حوادث به سنجش آنان پرداخت و به ویژه دو واقعه‌ی ۲۵ مرداد (ابلاغ فرمان عزل مصدق به وسیله‌ی فرمانده گارد) و ۲۸ مرداد (استقرار سرلشکر زاهدی در مقام ریاست دولت) را جداگانه بررسی کرد.

در طی نزدیک به سی سال شاه و فضل‌الله زاهدی یکدیگر را کم و بیش می‌شناختند و به مناسبت مقامات مختلفی که زاهدی داشت مکرراً ملاقات کرده بودند. اما سرلشکر زاهدی هرگز در شمار «نزدیکان» و محارم شاه محسوب نمی‌شد.

از خرداد ماه ۱۳۳۲، هم در محافل سیاسی تهران، هم در لندن و واشنگتن مساله‌ی یافتن جانشینی برای مصدق که حتی‌الامکان در چهارچوب قوانین مملکتی، قادر به حل مساله‌ی نفت و ایجاد آرامش و ثبات در ایران باشد، مطرح بود. سفارت انگلیس در تهران سیدضیاءالدین طباطبایی و منصورالملک را پیشنهاد می‌کرد. سیدضیاء چنان مشهور خاص و عام در وابستگی به سیاست بریتانیا بود که انتصابش حتی قابل تصور هم نبود و جز برانگیختن و تحریک مردم و واژگونی او نتیجه‌ای نمی‌توانست داشته باشد. منصورالملک پذیرفت، به آن شرط که وی قبلاً به زادگاهش تفرش برود. او گفت هر موقع که تحویل و تحول انجام شد و کارها سر و صورتی یافت به تهران خواهد آمد و زمام امور را به دست خواهد گرفت[1].

شاه، شخصیتی نزدیک به جبهه‌ی ملی، چون اللهیار صالح یا دکتر عبدالله معظمی را ترجیح می‌داد، اما آن دو بدون تأیید و اجازه مصدق نمی‌پذیرفتند. در ششم خرداد ماه که دیگر اسم

---

۱ - نگاه کنید به سندی در این زمینه در: دکتر عزت‌الله همایون‌فر از سپاهی‌گری تا ... صفحه‌ی ۲۲٤.

سرلشکر زاهدی بر سر همه‌ی زبان‌ها و او پرچم‌دار علنی جبهه‌ی مخالفان مصدق بود، لوی هندرسن سفیرکبیر امریکا در تهران نظر شاه را در مورد وی سئوال می‌کند. شاه او را مردی «نه چندان هوشمند» می‌خواند و می‌گوید:

«اگر به وسیله‌ی پارلمان برای این مقام پیشنهاد گردد، خواهد پذیرفت»[۱].

*****

در هفته‌های قبل از بیست و پنجم مرداد، دیگر کسی جز سرلشکر زاهدی در میدان نبود و او بخصوص بعد از اختفا که از خانه‌ای به خانه‌ی دیگر می‌رفت و برای دستگیری‌اش جایزه معین شده بود، با کمک شبکه‌ی دوستانش که غالباً از افسران بازنشسته و بعضاً شاغل و نیز گروهی از روحانیون و بازاریان بودند، به طور مستقل عمل می‌کرد.

به نوشته‌ی ملکه ثریا، نخستین دیدار و مذاکره شاه و سرلشکر زاهدی در یازدهم مرداد ماه ۱۳۳۲، دوم اوت ۱۹۵۳، همان روزی که دکتر عبدالله معظمی از ریاست مجلس استعفا داد، صورت گرفت[۲]. چند ملاقات دیگر نیز در روزهای بعد دست داد[۳] که همه با رعایت نهایت احتیاط و عملاً در اختفا صورت می‌گرفت. این ترتیب خوش‌آیند زاهدی نبود که می‌گفت:

«من در این مملکت وزیر بوده‌ام، سناتور بوده‌ام، امیر ارتش بوده‌ام، فاتح جنوب بوده‌ام، می‌خواهم پادشاه مملکت را ببینم و با او در مسائل سیاسی مذاکره کنم. شایسته‌ی شخصیت من نیست که مثل دزدها به قصر پادشاه بروم»[۴].

---

۱ - گزارش محرمانه‌ی سفیر امریکا به وزارت متبوعه‌اش، دکتر جلال متینی، نگاهی به ... صفحه‌ی ۳۴۸.

۲ - Le palais des solitudes ، منبع ذکر شده، صفحه‌ی ۱۴۷

۳ - اردشیر زاهدی، خاطرات ....، بخش هشتم، صفحات ۱۴۳ به بعد.

۴ - همان منبع، صفحه‌ی ۱۴۶.

«محور مذاکرات این بود که مملکت در خطر است و اگر چاره‌ای نشود، اول سلطنت از بین می‌رود، بعد هم مملکت از هم می‌پاشد. (زاهدی) می‌گفت «دکتر مصدق به بن‌بست رسیده است و قادر نیست مملکت را اداره کند»

و اطلاعات دقیقی از «وضع اقتصادی، نابسامانی‌های دستگاه فلج سازمان اداری، خالی بودن خزانه و فعال شدن حزب توده در ارتش»[۱] به شاه می‌داد که به اطلاعات رسیده از شبکه‌ی وی در ارتش و دستگاه‌های امنیتی و انتظامی مستند بود.

سرانجام، علیرغم نظر غیرمساعد انگلیس‌ها، نه با عزل مصدق که با شخص زاهدی، شاه به انتصاب او که رهبر بلامنازع مخالفان رییس دولت وقت بود، رضایت داد و خود عازم کلاردشت شد.

*****

در روز ۲٤ مرداد ماه ۱۳۳۲، دو فرمان عزل دکتر مصدق و انتصاب سرلشکر زاهدی به نخست‌وزیری در مخفی‌گاه سرلشکر زاهدی به نظر او رسید. این دو فرمان را که در کلاردشت به توشیح شاه رسیده بود، سرهنگ نعمت‌الله نصیری فرمانده گارد شاهنشاهی، در اتومبیلی با لباس شخصی (برای آن‌که جلب نظر نکند) به تهران آورد و به منزل مصطفی مقدم برد که زاهدی در آنجا پنهان بود. از ساعت رویت این دو فرمان، دیگر زاهدی خود را رییس قانونی قوه‌ی مجریه می‌دانست و هوادارانش او را نخست‌وزیر ایران می‌شناختند و مکلف و ملزم به اجرای دستوراتش بودند.

در مورد نحوه‌ی ابلاغ فرمان عزل مصدق، بحثی طولانی میان کسانی که اطراف سرلشکر زاهدی جمع و در حلقه‌ی اول یارانش بودند درگرفت. چند تن از امیران ارتش عقیده داشتند که یک گارد مجهز نظامی با تانک و توپ خانه‌ی مصدق را به محاصره

۱ - همان منبع، همان صفحه.

درآورند و فرمان را به او برسانند و در صورتی که تمرد نماید او را بازداشت کنند، سرهنگ ممتاز فرمانده گارد اقامت‌گاه مصدق را نیز با خود همراه سازند و در صورت سرپیچی او را نیز بازداشت نمایند[۱].

سرلشکر زاهدی با توجه به این‌که گارد مأمور حفاظت اقامت‌گاه دکتر مصدق تقویت شده بود و با در نظر گرفتن امکان عدم تمکین او، این پیشنهاد را نپذیرفت و به منظور جلوگیری از یک درگیری خونین، دستور داد که فرمان، اندکی قبل از نیمه‌شب که خیابان‌ها خالی از جمعیت بود برای وی برده شود. خاصه آن‌که در همان شب قرار بود جلسه‌ی هیات دولت از ساعت ۸ تا ۱۱ بعد از ظهر در آن محل تشکیل شود و به این ترتیب وزیران نیز از فرمان، آگاه می‌شدند و ماجرا می‌توانست در آرامش خاتمه یابد[۲].

تصمیم ابلاغ فرمان به وسیله‌ی سرهنگ نصیری، اشتباهی بزرگ بود. اگر فرضاً کفیل وزارت دربار، یا رییس دفتر مخصوص شاهنشاهی مأمور اجرای این کار می‌شدند. مسلماً به «ابلاغ» یک «نامه»، جنبه‌ی کودتا داده نمی‌شد و شاید، چنان که بعداً خود او نیز مکرراً یادآور شد، دکتر مصدق، در آن یک نوع بی‌حرمتی و خشونت نمی‌دید و تاریخ مسیر دیگری پیدا می‌کرد.

به هر حال، دستور سرلشکر زاهدی نخست‌وزیر منصوب، که هنوز عملاً بر سر کار نبود، اجرا شد. اشتباه دوم در نحوه‌ی اجرا بود: اندکی پس از ساعت ۱۱، یعنی در موقعی که مقرر شده بود، نصیری خود سوار بر یک جیپ و به همراه یک تانک و دو کامیون از افراد گارد شاهنشاهی به اقامت‌گاه مصدق رفت و درخواست ملاقات نمود[۳].

---

۱ - ابراهیم صفایی، زندگینامه ... صفحه‌ی ۱۲۷.

۲- دکتر عزت‌الله همایونفر، از سپاهی‌گری تا ... صفحه‌ی ۲٤٦.

۳ - همه‌ی راویان این جریان در این مورد اتفاق نظر دارند.

شخصی از دوستان مصدق که در آن ساعت گرم مرداد ماه بیدار و در بالکن خانه‌ی خود در چند صدمتری منزل مصدق مشغول استراحت بود، از مشاهده‌ی یک جیپ، یک تانک و دو اتومبیل مملو از افراد نظامی که به سوی خانه‌ی نخست‌وزیر می‌رفتند متعجب شد و با توجه به شایعاتی که در شهر وجود داشت به اقامت‌گاه او تلفن کرد و جریان را اطلاع داد[1] که هشداری بود.

هنگامی که نصیری به خانه‌ی دکتر مصدق رسید، به وسیله‌ی سرهنگ ممتاز مسئول گارد تقاضای ملاقات او را نمود و گفت دست‌خطی از اعلیحضرت دارم که باید شخصاً به آقای نخست‌وزیر برسانم. ممتاز وی را به داخل اقامت‌گاه نخست‌وزیر دعوت کرد که نصیری به آسانی پذیرفت. به محض آن‌که وارد خانه‌ی مصدق شد، سرهنگ ممتاز از او به «رعایت ملاحظات امنیتی» خواست که سلاح کمری‌اش را تحویل دهد. نصیری قبول کرد. هر دو افسر ارتش بودند و از این قبیل مقررات اطلاع داشتند و نصیری سوءظنی نداشت. سرهنگ ممتاز به درون اقامت‌گاه رفت، پیام نصیری را رساند ولی مصدق او را نپذیرفت و به ممتاز گفت که نامه‌ی شاه را بگیرد و برای او ببرد.

نصیری ناچار پذیرفت و پاکت در بسته‌ی محتوی فرمان را به ممتاز داد و ممتاز، آن را برای مصدق برد. مصدق آن را گشود. ولی با کمال تسلط بر اعصاب خود، به سرهنگ فرمانده گارد محافظش که به حالت احترام در جلو در ورودی اتاق ایستاده بود

۱ - نورمحمد عسکری، شاه، مصدق، زاهدی ...، صفحه‌ی ۹۷ . من شخصاً این جریان را تأیید می‌کنم. فرزند این شخص از دوستان من بود. چند روز بعد از بیست و هشتم مرداد در زمانی که هر دو در پاریس دانشجو بودیم، این مطلب را برایم حکایت و مصراً تقاضا کرد که از تکرار آن خودداری کنم که مزاحمتی برای خانواده‌اش که از سرشناسان کشور بودند و هستند به وجود نیاید. متأسفانه اکنون به او دسترسی ندارم و گرنه اجازه‌ی ذکر نامش را می‌گرفتم.

و طبیعتاً نمی‌دانست که موضوع محتوای پاکت چیست. یادداشتی متضمن اعلام وصول آن داد که به نصیری تسلیم کند «ساعت یک بعد از نصف شب ۲۵ مرداد ماه ۱۳۳۲ دستخط مبارک به این جانب رسید. دکتر محمد مصدق». در همان حال به ممتاز دستور داد که نصیری را بازداشت کند و همراهان بی‌فرماندهش را که در خیابان کاخ منتظر بودند خلع‌سلاح نماید.

نصیری توقیف شد. افراد گارد شاهنشاهی دستور یک سرهنگ ارتش شاهنشاهی را اطاعت کردند و اسلحه‌ی خود را به زمین گذاشتند که از طرف مأموران حفاظت منزل نخست‌وزیر معزول اما شاغل، بدون سرو صدا جمع‌آوری شد.
دکتر مصدق به سرتیپ تقی ریاحی رییس ستاد ارتش که در محل کار خود استراحت می‌کرد، تلفنی جریان را اطلاع داد و مقرر داشت که تدابیر امنیتی لازم اتخاذ شود و گویا آسوده به خواب رفت[۱].
سرهنگ نصیری دستور داده بود که حسین فاطمی وزیر امور خارجه، مهندس جهانگیر حق‌شناس وزیر راه و مهندس احمد زیرک‌زاده نماینده‌ی مجلس نیز به وسیله‌ی گروه‌های کوچکی از افراد گارد شاهنشاهی جلب و بازداشت شوند. چرا این سه نفر؟ معلوم نیست.
رییس ستاد ارتش بعداً بقیه‌ی جریان را چنین حکایت کرده:

«نصیری که آمد از او سوال کردم: شما ساعت یک و نیم بعد از نیمه‌شب منزل مصدق چکار داشتید؟ جواب داد برای رسانیدن فرمان شاه رفته بودم. گفتم نمی‌شد روز این فرمان را برسانید؟ ساکت ماند. گفتم: بروید خودتان را به دژبانی معرفی کنید. به کامیون‌هایی که زیرک‌زاده و حق‌شناس و فاطمی را آورده بودند دستور

۱ - همه‌ی راویان این جریان در مورد این جزئیات اتفاق نظر دارند.

دادم پس از آن‌که هر یک را به منزل‌شان بردند، به سربازخانه‌های‌شان بروند»[۱].

به این ترتیب قبل از نخستین ساعات بامداد روز بیست و پنجم مرداد ماه ۱۳۳۲، ۱۶ اوت ۱۹۵۳، یکی از وقایع مهم این «پنج روز بحرانی»[۲]، که سرنوشت ایران را به مسیری دیگر برد، روی داد. «کودتا با نامه» به گمان یکی از تحلیل‌گران موجه[۳] یا «کودتای نیم‌بند نصیری» به نوشته‌ی سرتیپ تقی ریاحی[۴]؟
تاملی در این واقعه، ضروری است.

در این که نحوه‌ی عمل سرهنگ نصیری و برداشتی که در روزهای بعد از آن شد، ظن وجود قصد کودتایی را به میان می‌آورد، تردید نیست. خاصه آن که سه روز بعد بر اثر جریانات دیگری سرانجام دکتر مصدق (که به گمان گروهی هنوز نخست‌وزیر بود و به گمان گروهی دیگر، نبود)، از کار برکنار شد و سرلشکر زاهدی (که فرمان نخست‌وزیری را در دست داشت. اما مخفی بود و برای «سرش» جایزه گذاشته بودند، بر جای او نشست.
اما هر دانشجوی علوم سیاسی، یا تاریخ، و احتمالاً هر افسر جوانی که یک مدرسه‌ی نظام یا دانشکده‌ی افسری شایسته‌ی این عنوان را طی کرده باشد و یا هر کس که جزوه‌ای در مورد کودتا و شیوه‌های آن خوانده باشد، می‌داند و در آن زمان می‌دانسته که معنی کودتا، اقدام ارتش برای واژگون کردن یک نظام حکومتی قانونی است.

---

۱ - روایت کتبی سرتیپ تقی ریاحی در ۱۳۶۶ برای درج در خاطرات ابوالحسن ابتهاج، منبع ذکر شده، جلد اول، صفحات ۲۹۱-۲۹۲.

۲ - اصطلاح از اردشیر زاهدی است. نگاه کنید به اطلاعات ماهیانه، پنج شماره‌ی پاییز و زمستان ۱۳۳۲.

۳ - الاهه بقراط، کیهان (چاپ لندن) ۲۵ اوت ۲۰۰٤.

٤ - سرتیپ تقی ریاحی، منبع ذکر شده، صفحه‌ی ۲۹۲.

در تاریخ اخیر ایران، محاصره و بمباران مجلس شورای ملی و قلع و قمع رهبران ملی و وکلای مجلس به فرمان محمدعلی شاه قاجار، نوعی کودتا بود. ماجرای سوم اسفند ۱۲۹۹ که لشکر قزاق، تنها واحد منظم و نسبتاً مجهز ارتش آن روز ایران، به پایتخت آمد، شهر را تصرف، کاخ سلطنتی را محاصره و سلطان احمد شاه را وادار به صدور فرمان ریاست وزرای سید ضیاءالدین طباطبایی کرد، یک کودتا بود. ولو آن‌که بعداً شاه بر آن نوعی صحه‌ی قانونی گذاشت.

در نیمه‌شب ٢٤ به ٢٥ مرداد ۱۳۳۲، سرهنگ نصیری فرمانده گارد شاهنشاهی از طرف شاه و با تأیید کسی که به نخست‌وزیری منصوب شده بود. مأموریت داشت که شخصاً به اقامت‌گاه نخست‌وزیر وقت (دکتر محمد مصدق) برود و دست‌خط برکناری وی را به او تسلیم کند. ضرورتی نداشت که او برای حفاظت خود، تعدادی سرباز و یک زره‌پوش به همراه ببرد. معلوم نیست چه کسی چنین دستوری به او داده بود و روایت یا مدرکی دال به این دستور در دست نیست.
شایسته آن بود که شخص، یا درست‌تر بگوییم شخصیت دیگری، مامور انجام این مهم می‌شد و در ساعتی دیگر این کار انجام می‌گرفت. با توجه به همه‌ی اظهارات بعدی دکتر مصدق و سنت‌های ایرانی حاکم در آن زمان و تربیت سیاسی و روحیات او، مشکل است تصور کرد که نخست‌وزیر شاغل، ولو آن‌که در مورد فرمان شک و تردید می‌داشت، از قبول آن امتناع می‌کرد.

در هر حرکت نظامی برای سرنگون کردن یک نظام حکومتی قانونی، واحدهای ارتشی، مراکز مهم پایتخت را تصرف می‌کنند، رهبران اصلی دولت بر سر کار را بازداشت می‌نمایند. نخستین اقدام آنها در دست گرفتن اختیار وسایل ارتباطی جمعی و شبکه‌ی

مخابراتی است.
سرهنگ نصیری که عامل «کودتای نیم‌بند» معرفی شده، به اقامتگاه نخست‌وزیری که هنوز از دید او قانونی است، چرا که هنوز فرمان برکناری خود را رویت نکرده، می‌رود، سلاح کمری خود را به محافظان او تسلیم می‌کند، به افراد همراهش دستورالعملی نمی‌دهد و به قولی در انتظار ملاقات دکتر مصدق به صرف چای می‌پردازد. سپس مانند کودک خطاکاری جلبش می‌کنند، نزد فرمانده قانونی‌اش (رییس ستاد ارتش) هدایت می‌شود که او دستور بازداشت وی را صادر کند!
چرا سرهنگ نصیری دستور بازداشت سه تن از شخصیت‌های سیاسی را می‌دهد: حسین فاطمی، مهندس حق‌شناس، و مهندس زیرک‌زاده که قطعاً نفر اول وزیر امور خارجه و عنصری مؤثر در راهبری امور مملکت بود ولی مهم‌تر و مؤثرتر از وزیر راه و یک نماینده‌ی سابق قوه مقننه (مجلس تعطیل و یا منحل شده بود) مقاماتی وجود داشتند. یا سرهنگ نصیری آن‌ها را نمی‌شناخت، یا بر اساس یک نوع قرعه‌کشی یا احساسات شخصی عمل کرده؟ چون دستوری در مورد بازداشت آن‌ها نداشتند.

در این جریان از همه چیز خنده‌آورتر آن است که اشخاص مطلع در آن زمان، در تهران می‌دانستند که سرتیپ ریاحی رییس ستاد، غالباً شب‌ها را در دفتر کار خود به سر می‌برد. کما این‌که سرلشکر زاهدی که به نخست‌وزیری منصوب شده بود، چند ساعت بعد سرلشکر نادر باتمانقلیچ را که به جای او منصوب کرده بود، نه برای توقیفش که برای «تحویل گرفتن» ستاد به آن‌جا می‌فرستد. پس چرا سرهنگ نصیری که از او رهبر یک کودتای نظامی شکست خورده ساختند، و بسیاری ظواهر و تبلیغات بعد از آن، این برداشت را تأیید می‌کند، کسانی را به خانه‌ی سرتیپ ریاحی می‌فرستد، نه به دفترش که وی را جلب کنند که به قول

خـود وی (ریاحی) «کارد و چنگال و وسـایل سـبک منزل» او را غارت کردند که این نکته در جای دیگر تأیید نشـده و به هر حال فاقد اهمیت سیاسی و تاریخی است.

به حکم آنچه در باره‌ی او می‌دانیم. صرف‌نظر از هر نوع قضاوت سیاسـی و یا شخصی. سرلشـکر زاهدی مردی کاردان و مدبر، قاطـع و در عین حال سیاسـی بود. این خصایـل را در ماجرای خزعل، رودررویی با میرزا کوچک‌خان و جریان جنگل، یا غایله‌ی فارس، نشـان داده بـود. چنین رویـه‌ی کودکانـه‌ای نمی‌توانـد و نمی‌توانسـت از تعلیمات او یا افسـرانی کـه در اطرافش بودند، چون سپهبد شـاه‌بختی، یا سرلشـکر باتمانقلیچ و یا مشاوران سیاسی‌اش، ناشی شده باشد.

آیا این جریان مضحک، ناشی از ابتکار شخصی سرهنگ نصیری، فرمانده گارد است که فرصتی یافته و خواسته خودنمایی کرده یا خوش‌خدمتی خود را ثابت نموده باشد؟ این تعبیر را نمی‌توان کنار گذاشـت. «زاهدی که خبر توقیف نصیری را شـنید او را افسری بی‌کفایت خواند و خفاگاه خود را به سرعت تغییر داد»[1]

در محکمه‌ی نظامی، جریان این شب به تفصیل مطرح شد. رویه‌ی سـرهنگ نصیری، گاه با استهزاء مورد بررسی قرار گرفت و گاه با این سوال که آیا به همراه آوردن دو کامیون سرباز مسلح و یک زره‌پوش به دسـتور مقام مافوق بوده (کدام مقام؟) یا به تصمیم خود او. به عبارت دیگر خودسـرانه بوده یا به قصد کودتا؟ علت توقیف سه شخصیت سیاسی چه بوده؟ سرتیپ ریاحی هنگامی که در بازداشت و جواب‌گوی اتهامات دادسرای نظامی بود گفت: «... نصیری به عنوان و تصور این‌که عامل عملی است با تعدادی

---

۱ - ابراهیم صفایی، زندگینامه ... صفحه ۱۳۱.

سرباز و ارابه‌ی جنگی در شب حرکت کرده است»[۱].
سرانجام دادستان ارتش که خود نیز لحنی آمیخته به سرزنش نسبت به نصیری داشت، سعی کرد موضوع را فیصله دهد:

«عرض می‌کنم موضوع باید تفکیک شود. دو موضوع است، یکی این که فرمان ملوکانه چه بوده. دیگر این‌که نحوه‌ی ابلاغ از چه قرار بوده. به نظر این‌جانب نحوه‌ی ابلاغ به هر نحو و طریقی که باشد، مؤثر در اصل فرمان نیست. سرتیپ نصیری که فرمان را دریافت داشته و حامل ابلاغ بوده، آزادی عمل داشته است که با اسکورتی حرکت نماید، یا منفرداً برود، یا کلیه‌ی افسران گارد شاهنشاهی را من‌باب مثال به دنبال خود همراه ببرد. یا باز هم من‌باب مثال چندین هنگ را به دنبال خود به همراه ببرد. هیچ یک از این نحوه‌ی اعمال سرتیپ نصیری مؤثر در اصل موضوع نیست. سرتیپ نصیری در آن شب آزادی عمل داشته، مأموریت داشته فرمان ملوکانه را به دست نخست‌وزیر وقت برساند»[۲]،

و بحث تا پایان محاکمه ادامه یافت.

بر اساس روایات و اسناد موجود، در حال حاضر دو استناد معقول به نظر می‌رسد. یکی آن‌که مجریان طرح برکناری نخست‌وزیر شاغل، یعنی دکتر مصدق، در انتخاب سرهنگ نصیری فرمانده گارد سلطنتی به جای یک شخصیت عالی‌رتبه‌ی دربار برای ابلاغ فرمان، مرتکب اشتباهی فاحش شدند و به حرکتی که می‌خواستند صورت قانونی داشته باشد جنبه‌ی کودتا دادند. دیگر آن‌که با توجه به عکس‌العمل نخست‌وزیر منصوب یعنی سرلشکر زاهدی، مذاکرات محکمه‌ی نظامی و نتیجه‌گیری دادستان ارتش، سرهنگ

---

۱ – مصدق در محکمه‌ی نظامی... جلد دوم، صفحه‌ی ٤٤٤.

۲ – مصدق در محکمه‌ی نظامی ...، جلد دوم، صفحه ٤٥٠.

نصیری در آن شب آزادی عمل داشته و خودسرانه عمل کرده که با توجه به «شخصیت محدود»[۱] وی، این برداشت غیرمنطقی به نظر نمی‌رسد. اگر به جای «لشکرکشی» کودکانه‌ای، خودش فرمان شاه را به قول مصدق «در روز روشن» می‌برد و به دفتر نخست‌وزیر تسلیم می‌کرد، قطعاً و یقیناً عملی دور از نزاکت و آداب و تشریفات می‌بود، اما احتمالاً عکس‌العمل‌های شدیدی که به وجود آمد، پدیدار نمی‌شد و به هر حال این جریان نام کودتا به خود نمی‌گرفت.

*****

در نخستین ساعات بامداد، دکتر مصدق، علی‌اصغر بشیرفرهمند مدیرکل انتشارات و رادیو را که مورد اعتماد کاملش بود، احضار کرده به وی گفت که از کار برکنار شده است و می‌خواهد آخرین پیام خود را به ملت ایران ایراد و ضبط کند. بشیرفرهمند دستور او را اجرا کرد و پیامی که تهیه شده بود، ضبط شد. در آن پیام دکتر مصدق گفته بود که به فرمان شاه از کار برکنار شده و از ملت ایران خواسته بود که «سرنوشت خود را در دست بگیرد»[۲].

> «در این موقع دکتر فاطمی با پیژاما و مهندس زیرک‌زاده و حق‌شناس و تنی چند از یاران دیگر هم وارد شدند. دکتر مصدق گفت که من معزول شده‌ام و پیام خداحافظی از ملت را هم داده‌ام که صبح پخش شود. دکتر فاطمی شدیداً اعتراض کرد و گفت شما نخست‌وزیر قانونی هستید و هیچ مقامی نمی‌تواند شما را عزل کند.
>
> در این ضمن دکتر شایگان و سه نفر دیگر هم تلفنی احضار شدند. در نتیجه تبادل نظر و اصرار شخص دکتر

---

۱ - داوری، داریوش همایون، وزیر پیشین اطلاعات که ارتشبد نصیری را خوب می‌شناخت.

۲ - مصاحبه‌ی علی‌اصغر بشیرفرهمند با احمد انواری سردبیر پرخاش در سال ۱۳۵۸، این مصاحبه در سال ۱۳٦٥ در روزنامه‌ی جبهه وابسته به جبهه ملی، چاپ لندن، نیز منتشر شد.

فاطمی قرار شد دولت بماند و استعفا نکند»[1].

چنین به نظر می‌رسد که از این دقایق به بعد، گرداننده‌ی اصلی جریان‌های سیاسی و مرجع اتخاذ مهم‌ترین تصمیمات، حسین فاطمی بوده. به مدیر کل رادیو دستور داده شد که هر چند دقیقه و به طور مکرر اعلام شود که در دقایق بعد اعلامیه‌ی مهمی از رادیو خطاب به ملت ایران قرائت خواهد شد. علی اصغر بشیرفرهمند به دفتر خود بازگشت.

در ساعت «هفت و ده دقیقه کم، دکتر فاطمی شخصاً به (بشیرفرهمند) تلفن کرد و متن اعلامیه دولت را دیکته نمود... پس از آن گفت این اعلامیه را چند بار بین ساعت ۷ تا ۸ صبح منتشر کنید»[2] مدیر کل رادیو به حکم احتیاط، از نخست‌وزیر (مصدق) کسب تکلیف کرد و پس از تأیید وی، اعلامیه برای نخستین بار در ساعت ۷و۳ دقیقه و سپس مکرراً از رادیو پخش شد[3].

> «از ساعت یازده و نیم دیشب یک کودتای نظامی به وسیله‌ی افسران و افراد گارد شاهنشاهی به مرحله‌ی اجرا گذارده شد. بدین ترتیب که ابتدا از ساعت مذکور نفرات نظامی مسلح به شصت تیر و اسلحه‌ی دستی، وزیر امور خارجه و وزیر راه و مهندس زیرک‌زاده را در شمیران توقیف کردند و برای توقیف رییس ستاد ارتش نیز به منزل‌شان مراجعه نمودند، ولی چون تیمسار ریاحی در ستاد ارتش مشغول کار بود به دستگیری ایشان موفق نشدند.
>
> در ساعت یک بعد از نیمه‌شب نیز سرهنگ نصیری رییس گارد شاهنشاهی با چهار کامیون نظامی و دو جیپ

۱ - همان منبع.

۲ - قسمتی از شهادت علی اصغر بشیرفرهمند در محاکمه‌ی دکتر مصدق، مصدق در محکمه‌ی نظامی، جلد دوم، صفحه‌ی ۵۳۹.

۳ - همان منبع، همان صفحه.

ارتشی و یک زره‌پوش به منزل آقای نخست‌وزیر آمده، به عنوان این‌که می‌خواهد نامه‌ای بدهد قصد اشغال خانه را داشته است. ولی چون محافظین منزل آقای نخست‌وزیر مراقب کار خود بودند، بلافاصله سرهنگ مزبور را توقیف کردند... مأمورین انتظامی ابتکار عملیات را به دست گرفتند و تاکنون چند تن از توطئه‌کنندگان را دستگیر کرده‌اند»[۱].

متعاقب این اعلامیه، فرماندار نظامی تهران اعلامیه‌ی زیر را صادر کرد:

«چون حضور سرلشکر بازنشسته فضل‌الله زاهدی برای تحقیقات ضروری است علیهذا به نامبرده اخطار می‌شود که برای تحقیقات لازم، در ظرف ۲٤ساعت خود را به فرمانداری نظامی شهرستان تهران معرفی نماید».

در ساعات بعد تعداد زیادی از مأموران فرمانداری نظامی به اقامت‌گاه زاهدی رفتند که طبیعتاً در آنجا نبود، و آن محل را به دقت تفتیش و ظاهراً زیر و رو کردند.

به تاریخ ۲٦ مرداد ماه ۱۳۳۲، تحت شماره‌ی ۱۷۲۰٦، دکتر مصدق به ستاد ارتش ابلاغ کرد:

«مقتضی است به مأمورین مربوطه اکیداً دستور فرمایید که نهایت مراقبت را به عمل آورند که از فرار سرلشکر زاهدی جلوگیری شود. چنان که تسامحی شود موجب مسئولیت خواهد بود. نخست‌وزیر دکتر مصدق»[۲].

در اجرای این دستورالعمل، رییس ستاد طی «بخش‌نامه-رمز

---

۱ - جزییات این اعلامیه با اظهارات رییس ستاد ارتش وقت تناقض دارد.

۲ - مصدق در محکمه نظامی... جلد اول، صفحه‌ی ۳۰۱.

خیلی خیلی فوری» به لشکرها و تیپ‌های خارج دستور داد:

«قدغن فرمایید به کلیه‌ی واحدها و پادگان‌های مرزی مربوطه دستور اکید فرمایند مراقب باشند چنان‌که سرلشکر بازنشسته زاهدی خیال فرار داشته باشد فوراً دستگیر و تحت‌الحفظ به تهران اعزام شود. سرتیپ ریاحی»[۱].

بدین ترتیب در ظرف چند ساعت، صحنه‌ی سیاسی ایران به کلی دگرگون شد. «کودتای نیم‌بند» فرمانده گارد با شکست مواجه گردید، که شکست آن از پیش محتوم بود. شاه چاره‌ای جز ترک ایران ندید.

طرحی که امریکا و انگلیس برای تغییر نخست‌وزیر ریخته بودند نقش بر آب شد. اما، در نهایت امر، همه‌ی اینها موقت بود.

---

۱ - همان منبع، همان صفحه.

فصل ششم

کشتی بدون ناخدا

چند ساعت پس از ناکامی «کودتای نیم‌بند» سرهنگ نصیری و توقیف او، شاه از طریق بی‌سیم گارد شاهنشاهی[1] در جریان قرار گرفت و از گرفتاری فرمانده گارد مطلع شد. در ساعت چهار بامداد همسرش (ثریا) را بیدار کرد و به او گفت:

«نصیری توقیف شده است. باید هر چه زودتر از اینجا برویم».

وی بیم داشت که «هواداران مصدق» به کلاردشت بیایند و توقیف‌شان کنند.

ملکه ثریا، وحشت‌زده، می‌پرسد، «کجا برویم؟». محمدرضا شاه

---

۱ - le Palais des solitudes، خاطرات ملکه ثریا، منبع ذکر شده، صفحه‌ی ۱۵۰، جریان مسافرت شاه از کلاردشت به رامسر و از آنجا به بغداد و سپس به رم پایتخت ایتالیا از خاطرات ملکه ثریا اقتباس و خلاصه شده. وی تنها شاهد عینی این جریان بود و مشاهدات خود را به سادگی باز گو کرده است. صفحه‌ی ۱۵۰ به بعد

پاسخ می‌دهد:
«بــه رامســر و از آنجا به بغداد خواهیــم رفت و در عراق پناهنده خواهیم شد. حتی یک ثانیه فوت وقت نیز مصلحت نیست».

ساعتی بعد شاه، ملکه ثریا، سرهنگ خاتم (ارتشبد بعدی) خلبان مخصوص و ابوالفتح آتابای میرشــکار ســلطنتی که غالباً همراه محمدرضا پهلوی بود و نقش پیشــکار و کاخدار را بازی می‌کرد، بر هواپیمای یک موتوره‌ی کوچکی که چهار جای نشســتن بیش‌تر نداشت، ســوار شدند. شــاه می‌ترســید که «هواداران مصدق» فرودگاه رامســر را تصرف و آشــیانه‌ی هواپیمای دو موتوره‌ی ســلطنتی را که در آنجا بود ویران کرده باشــند. وقتی به رامسر رسیدند در آنجا خبری نبود و با هواپیمایی سلطنتی که به اندازه‌ی کافی بنزین داشت، همگی، رهسپار پایتخت عراق شدند...

بر فراز فرودگاه بغداد از هواپیمای سلطنتی خواسته شد که خود را به مأموران برج مراقبت معرفی کند. شاه نمی‌خواست کسی از هویت وی باخبر شود و ســرانجام در پاسخ سوال‌های مکرر، جواب داد کــه موتور هواپیما از کار افتــاده و تقاضای فرود اضطراری دارد. دســتور رسید که در انتهای باند فرودگاه بر زمین بنشینند. به محض فرود، سربازان مسلح هواپیما را محاصره کردند. شاه از هواپیما پیاده شد.

افسری که فرمانده گروه افراد مسلح بود بدون آن‌که او را شناخته باشــد، به وی گفت قرار اســت تا چند دقیقه‌ی دیگــر هواپیمای ســلطنتی عراق که ملک‌فیصل دوم را از پایتخت اردن هاشمی به بغداد بــاز می‌گرداند، در فرودگاه بر زمین بنشــیند و به رعایت ملاحظه‌ی امنیتی باید محوطه‌ی فرودگاه آزاد باشــد. محمدرضا پهلوی که بیم داشــت در این فاصله‌ی کوتــاه از تهران تقاضای بازداشــت وی را کرده باشند و از مشــاهده‌ی افراد مسلح نگران

شــده بود، با شنیدن توضیحات افسر عراقی آسوده خاطر شد و روی یک ورق کاغذ که از دفتر یادداشــت خود جدا کرده بود، چند کلمه‌ای به انگلیســی نوشــت و تقاضا کرد که آن یادداشت را به پادشاه عراق، به محض آنکه فرود آمد، بدهند، افسر عراقی هنوز متوجه جریان نبود. به دستور او همه‌ی مســافران را پیاده و به یــک «انبارگونه»ی فلزی هدایت کردند و در آنجا تحت نظر گرفتند. سئوالی در مورد هویت مسافران نشد. به روایت ملکه ثریا با آنان مودبانه، اما با سوءظن رفتار می‌کردند.

از دور «شاه و ملکه‌ی فراری» ایران، شاهد پیاده شدن ملک فیصل، نواختن سلام رسمی عراق و انجام تشریفات نظامی بودند. هوای داخل «انبارگونه‌ی فلزی» غیرقابل تنفس و حرارت متجاوز از چهل درجه‌ی سانتیگراد بود. مسافران به شدت عرق کرده بودند و حال و وضع خوشی نداشتند. در این میان رییس فرودگاه که به پرس و جو آمده بود، شاه را شناخت. با تلفن دیواری، با شخصی مذاکره کرد و دقایقی بعد وزیر امور خارجه‌ی عراق سررســید و شــاه و ملکه‌ی ایران و دو تن همراهشــان را به «دارالضیافه»ی سلطنتی برد. «فراریان» نفس راحتی کشیدند.

ملک فیصل دوم، شــاه و ملکه را برای ســاعت پنــج بعد از ظهر بــه صرف چای در کاخ ســلطنتی دعوت کرد. ملکــه‌ی ثریا، جز لباس کتانی که به تن داشــت، تن پوش دیگری نداشت. لباسش را شایســته نمی‌دانست، موضوع را به وزیر امور خارجه‌ی عراق یادآورد شــد. جــواب وی مؤدبانه و محبت‌آمیز بــود. اما موجب رنجش باطنی ملکه‌ی ایران شد. او گفته بود: «در این شرایط کسی انتظاری از علیاحضرت ندارد»، ملکه ثریا می‌نویسد: «بهتر از این نمی‌شد به ما یادآور شد که دیگر کسی نیستیم».

ملک فیصل، از پادشــاه و ملکه ایران دعوت کرد تا زمانی که میل

داشته باشند در عراق بمانند و میهمان وی باشند. محمدرضا شاه پوزش خواست و نپذیرفت. او فردای آن روز به زیارت مرقد امام حسین در کربلا رفت و سپس به اتفاق ملکه ثریا با یک هواپیمای خصوصی رهسپار رم گردید، خاصه آنکه مقامات عراقی به وی رسماً اطلاع دادند که سفارت ایران در بغداد به حضورش در آن کشور اعتراض نموده و عملاً تقاضای بازداشت زوج سلطنتی ایران را کرده است.

*****

ساعاتی پس از صدور اعلامیه‌ی دولت در مورد شکست کودتا، حسین فاطمی وزیر امور خارجه به «تمام سفیران و وزیران مختار و کارداران ایران در خارج» ابلاغ کرد که شاه از سلطنت مخلوع است (که البته چنین نبود و نمی‌دانیم که آیا این دستور با اطلاع و موافقت دکتر مصدق بوده یا نه؟) و نباید مورد استقبال قرار گیرد. عبدالحسین مفتاح که در آن هنگام معاون ارشد وزارت امور خارجه بود، با تعجب نوشته:

«نه شاه استعفا داده بود و نه دستگاه قانونی ایشان را برکنار کرده بود»[1].

مظفر اعلم سفیر کبیر ایران در بغداد (که مانند همه‌ی سفیران از لحاظ تشریفاتی نماینده‌ی رییس مملکت بود و نه نماینده‌ی وزیر امور خارجه) اقداماتی هم در اجرای دستور وزیر متبوع خود انجام داد و به حضور شاه در بغداد اعتراض کرد و او را فراری خواند. اعلم که سال‌ها وزیر امور خارجه‌ی رضاشاه نیز بود سپس به دستورالعمل حسین فاطمی چنین پاسخ داد:

«جناب آقای دکتر فاطمی وزیر محترم امور خارجه، از

۱- عبدالحسین مفتاح، خاطرات سیاسی، به صفحه‌ی ٦٦ ... طبق قانون اساسی فقط مجلس می‌توانست شاه را از سلطنت برکنار کند، یا به عبارت دیگر «ودیعه»‌ای را که از طرف ملت به وی تفویض شده بود، باز پس بگیرد.

اقدام تبهکارانه‌ی یک عده خائنین به دولت ملی جناب آقای دکتر مصدق و شروع به یک کودتای نظامی و تعرض آنان به آن جناب، همگی متأثر و متأسف شدیم. ولی خدای ایران که در همه‌ی احوال ناظر به احوال این ملت است، عملیات خائنانه‌ی مشتی دشمن این آب و خاک را خنثی نموده بار دیگر پیروزی نصیب ملت ایران و نهضت ملی گردید.

این جانب از طرف خود و تمام نمایندگان ایران در عراق و عموم ایرانیان ساکنین این کشور که همگی محبت و علاقه‌ی خاصی به آن جناب دارند، مراتب انزجار و تنفر خود را از این تعرض به جنابعالی تقدیم و تهنیت فوق‌العاده عرض و سلامتی جان و موفقیت جنابعالی را از درگاه ایزد متعال برای خدمت میهن عزیز مسئلت دارم و برای آن‌که توطئه‌ی مزبور مورد تفسیرات گوناگون و مطالب خلاف قانون قرار نگیرد، بر طبق اعلامیه‌ی دولت که از رادیو تهران شنیده شد، شرحی به کلیه‌ی جراید بغداد دادم تا از درج هر گونه خبرهای غرض‌آلود و برخلاف حقیقت جلوگیری شده باشد. هم‌چنین به جناب آقای نخست‌وزیر محبوب که در برابر نقشه‌های خطرناک و مزدور پیروز گردیدند، از طرف سفارت کبری و کارمندان، تلگرافی به معظم‌له مخابره و این موهبت عظیم را به آن جناب تبریک عرض نموده، از خداوند متعال پیروزی ملت ایران را تحت رهبری پیشوای خدمتگزار میهن همواره سائل و خواستارم. سفیر کبیر مظفر اعلم»[۱].

---

۱ - این نامه در بعضی از جراید آن زمان بعداً انتشار یافت (از جمله نگاه کنید به اطلاعات سوم آذر ۱۳۳۲) و تقریباً در همه‌ی کتاب‌هایی که به شرح وقایع این چند روز پرداخته‌اند نقل شده است. (از جمله نگاه کنید به ابراهیم صفایی، زندگینامه ... صفحه ۱۳۱) در مذاکرات محکمه‌ی مصدق نیز به آن اشاره شده است.

رویه‌ی سفیر کبیر ایران در رم، نظام‌السلطان خواجه‌نوری، رییس کل پیشین تشریفات شاهنشاهی، که در این سمت ،مراسم ازدواج محمدرضا پهلوی و ثریا اسفندیاری بختیاری را نیز ترتیب داده بود و ملکه‌ی ایران او را از نزدیکان خود می‌پنداشت، از این بهتر نبود. او نه تنها در فرودگاه حاضر نشد، بلکه اعضای سفارت ایران را نیز از این کار رسماً مانع گردید و اتومبیل شخصی ملکه‌ی ثریا را که متعلق به دولت نبود در گاراژ سفارت مهر و موم نمود!

شاه و ملکه‌ی ایران در فرودگاه، جز یک عضو ایرانی سازمان خواربار و کشاورزی جهانی، یک کارمند محلی سفارت و «مراد اریه» بازرگان معروف، کسی را برای استقبال ندیدند و در میان جمع روزنامه‌نگاران و فیلم‌برداران و عکاسان عازم مهمان‌سرای بزرگ اکسلسیور شدند و در آنجا چشم به راه تحول حوادث ماندند. اتاقی که بازرگان ایرانی برای آنان گرفته بود، «سلطنتی» نبود، پناه‌گاهی بود که در آن توانستند با دشواری به اخبار نگران‌کننده‌ی رادیو تهران و سخنان تند حسین فاطمی گوش کنند. آن دو سپس موفق شدند به طور ناشناس از در پشت مهمان‌سرا خارج شوند. شاه یک دست لباس خاکستری خرید و ملکه یک لباس قرمز رنگ خال‌دار که بعداً چند بار هر دو با این لباس در عکس‌ها دیده شدند. محمدرضا شاه از آینده‌ی شخصی خود و خانواده‌اش سخت نگران بود. با ملکه ثریا به مذاکره و محاسبه در مورد ترتیب زندگی آینده‌شان پرداخت. فکر می‌کرد بتواند به زحمت و با صرفه‌جویی قطعه زمینی در ایالات متحده امریکا خریداری و مادر و خواهران و برادرانش را در آنجا جمع کند. روحیه‌اش خراب و سخت بدبین و حتی ناامید بود[1].

*****

۱ - جزییات این مذاکرات را ملکه ثریا در خاطرات خود نقل کرده Palais des solitudes صفحات ۱۵۸ تا ١٦٤.

پس از آن‌که دولت در اعلامیه‌ای «شکســـت کودتا» را اعلام کرد، بدون آن‌که کوچک‌ترین اشـــاره‌ای به فرمان برکناری رییس دولت شـــده باشـــد، ایران، چه از دیدگاه قانون اساسی و چه از لحاظ سیاسی در وضعی پیچیده و احتمالاً بی‌سابقه در تاریخ معاصر قرار گرفت:

- شـــاه، رییس قانونی مملکت و فرمانده کل قوا، کشور را ترک کرده بود بدون این‌که شورای نیابت سلطنت، طبق سنن برای ایفای وظایف و جایگزینی او برگزیده شـــده باشد. شاه، خلع نشـــده بود چرا که فقط مجلس شـــورای ملـــی، اختیار اتخاذ چنین تصمیمی را داشت. بنابر این اظهارات و بخشنامه‌های وزیر امور خارجه در این مورد، مبنایی از نظر قانون اساسی نداشتند.

- مجلسین، خاصه مجلس شورای ملی، که در نهایت امر حق داوری و تعییـــن تکلیف مملکت را داشـــتند، به تصمیم دولت تعطیل شده و قادر به انجام وظایف قانونی خود نبودند. عملاً مشروطیت «در حال تعطیل» بود.

- رییس دولت که تا نخستین ساعات روز ۲۵ مرداد، در حقانیت حکومت و تصمیماتش تردیدی نبوده، به فرمان شـــاه از کار برکنار شده بود. قطعاً شاه در صورت حضور مجلس شورای ملی چنین حقی را نداشـــت. اما طبق رویه و ســـنت دهه‌های قبل، که چند بار، چنان‌که دیدیم، به تأیید و تنفیذ دکتر مصدق (رییس دولت معزول) رسیده بود. شاه می‌توانست نخست‌وزیر را برکنار کند. طی ســـال‌های بعـــد، از جمله در دادگاه، دکتر مصدق این حق را برای پادشاه پذیرفت، اما مکرراً به نحوه‌ی اجرا و ابلاغ فرمان اعتراض کرد و آن را نوعی کودتا خواند.
- وزیران که طبق قانون اساســـی دارای مســـئولیت مشـــترک

بودند و می‌بایست الزاماً از فرمان برکناری نخست‌وزیر مطلع می‌شدند تا تکلیف خود را بدانند، رسماً در جریان عزل رییس دولت قرار نگرفتند. این نکته‌ای است که کم‌تر به آن توجه شده و شایان تامل بسیار است: دکتر ابراهیم عالمی وزیر کار که همواره به دکتر مصدق وفادار بود و وفادار ماند نوشته:

«آقای دکتر مصدق در امور کلی مملکت و مسایل مهم کشور، به اصل مسئولیت مشترک توجهی نداشتند... صبح روز یکشنبه ۲۵ مرداد خبر دادند برای اطلاع از واقعه‌ای، به منزل نخست‌وزیر برویم. در آن جلسه، جریانی از شب گذشته گفتند... روز چهارشنبه صبح (۲۸ مرداد که دیگر فرمان شاه در همه جا انتشار یافته بود)، بنده یقین کردم وضع دولت تغییر کرده و ما سمتی نداریم و آقای دکتر مصدق همکاران خود را از این تغییر، بی‌سابقه گذاشته بودند. تا آن‌که ظهر رسید. تهران ناظر یک قیام عمومی گردید»[۱].

دکتر جلال متینی نیز بر این نکته تاکید دارد:

«مصدق روز بعد از دریافت فرمان عزل در جلسه‌ی هیات دولت، مساله‌ی فرمان عزل را مطلقاً مطرح نمی‌سازد و فقط از کودتای نظامی سخن می‌گوید و در ابلاغیه‌ی دولت خطاب به ملت، که در ۲۵ مرداد از رادیو پخش می‌شود، نیز از دریافت فرمان عزل سخن به میان نمی‌آید».

در جریان محکمه‌ی مصدق، اکثر وزیرانی که به عنوان شهود به دادگاه احضار شده و اظهار نظر کردند، این نکته را تأیید نمودند. در پاسخ رییس دادگاه، مهندس داود رجبی (وزیر مشاور در امور صنعتی) اظهار داشت

---

۱ - شاهد، ۲۱ شهریور ماه ۱۳۳۲.

«از جریان اطلاعیه که به نام اعلامیه‌ی دولت در ساعت هفت و سه دقیقه صبح ۲۵ مرداد از رادیو تهران پخش شد، اطلاعی (ندارد) و در هیات دولت مطرح نشده است»[۱].

دکتر غلامحسین صدیقی نایب نخست‌وزیر و وزیر کشور نیز گفت:

«از دست‌خط اعلیحضرت همایون شاهنشاهی به هیچ وجه اطلاع نداشتم و در هیات دولت هم دست‌خط اعلیحضرت همایونی مطرح نشد»[۲]...

دکتر مصدق شخصاً برای توجیه عدم طرح فرمان عزل در هیات دولت اظهار داشت،

«در قانون مجازات، برای اعمال مثبته مجازات هست. یعنی اگر یک کاری یک کسی بکند که برخلاف قانون کرده باشد مجازات دارد. ولی برای نکردن یک کاری، برای این‌که کسی کاری نکرده باشد، این را می‌گویند کسی جرمی به واسطه عدم ارتکاب کاری بکند... کجا شما ماده‌ای پیدا می‌کنید که اگر یک نخست‌وزیری دو روز بخواهد برای یک عملی فکر بکند و تصمیم برخلاف حقیقت نگیرد، آن نخست‌وزیر را حتماً می‌توانید مجرم قلمداد کنید؟[۳]»

- در چنین شرایطی که شاه در ایران نبود، شورای نیابت سلطنت وجود نداشت. مجلسین تعطیل بودند و نخست‌وزیری (که به فرمان شاه معزول شده، اما این عزل را رسماً از دولت خود

۱ - مصدق در محکمه نظامی، جلد دوم، صفحه‌ی ۶۰۵.

۲ - همان منبع، صفحات ۶۲۹ و ۶۳۰.

۳ - همان منبع، صفحه‌ی ۶۰۰.

پنهان نگاه داشته بود) با نهایت قدرت تصمیماتی می‌گرفت، شخصیت دیگری یعنی سرلشکر (بازنشسته) فضل‌الله زاهدی فرمان نخست‌وزیری را در دست داشت که سرانجام موفق شد مفاد آن را به اطلاع مردم برساند و برای به دست گرفتن قدرت به اقداماتی مشغول بود. صورت مساله‌ای وجود داشت بس پیچیده که شاید می‌شد از دیوان عالی کشور در مورد آن اظهار نظری مشورتی خواست. ولی دیوان عالی کشور هم با استفاده از اختیاراتی که وزیر دادگستری وقت داشت، موجودیت خود را از دست داده بود.

- در حقیقت طی روزهای ۲۵ تا ۲۸ مرداد در کشور یک خلاء سیاسی و قانونی وجود داشت و همه‌ی بحث‌های بی‌پایانی که از آن روز تاکنون در این باره می‌شود، ناشی از همین وضع است.

ناخدایی در کشتی نبود.

*****

دکتر مصدق در مورد رویه‌ای که باید اتخاذ کند مردد بود. سرتیپ تقی ریاحی رییس ستاد ارتش نوشته:

«من روز ۲۶ مرداد، صبح شش ساعت بعد از کودتای ناموفق نصیری نزد مصدق رفتم و گفتم که همه‌ی رادیوهای خارجی کودتای نیم بند نصیری را شرح داده‌اند و ضمناً گفته‌اند که شاه شما را عزل کرده است. گفت نه آقا، این فرمان جعل بوده است. ولی خود فرمان را به من و به هیچ یک از وزرا نشان نداد.

حدود ساعت یازده همان روز مجدداً نزد مصدق رفتم و خبر فرار شاه و ثریا را از رامسر به او دادم و گفتم حالا که شاه از مملکت رفته است وضع چه می‌شود؟ جواب

داد باید کاری کرد که ایشان به ایران مراجعت کند»[1]

با این احوال، تصمیمات دولت و سخنان بعضی از یاران نزدیک دکتر مصدق نشان می‌داد که می‌خواهند کار شاه را یکسره کنند و راه را بر مراجعتش، به هر صورت که باشد، ببندند.

پس از انتشار خبر شکست کودتا و بازداشت سرهنگ نصیری، بسیاری از شخصیت‌های مخالف دولت، از جمله سپهبد شاه‌بختی، رحیم هیراد رییس دفتر مخصوص شاهنشاهی، بهبودی رییس تشریفات، ابوالقاسم امینی کفیل وزارت دربار، مظفر بقایی و علی زهری نمایندگان دوره‌ی هفدهم مجلس... بازداشت شدند. کسان دیگری که خود را در مظان اتهام به مخالفت با رییس دولت و یا هم‌دستی با کودتای نافرجام می‌دیدند، پنهان شدند.

ابوالقاسم امینی در نامه‌ای به دکتر مصدق نوشت:

«قادر لایزال شاهد و گواه است که روحم از این جریان مطلع نبود و متأسفانه از حضرتعالی کسب تکلیف کردم که از این کار گند، کناره‌جویی کنم موافقت نفرمودید. بالاخره این جوان آن‌چه را نباید بکند کرد و با حیله و مکر همه را از من پنهان داشت. به خدا قسم عملیات دفتر مخصوص و گارد شاهنشاهی هرگز به وزارت دربار گفته نمی‌شود. خودتان سوال بفرمایید که من بیچاره چه اطلاعی از این کار ممکن است داشته باشم. البته این گندکاری، این عمل ناجوانمردانه، دستوری است که خود شاه از آنجا به رییس گارد داده است. آخرین ضربه‌ی بی‌آبرویی را این جوان به من زد و خداوند انشاءالله جزای او را بدهد. به هر حال خواهشمندم به داد من برسید که هم ناخوشم و هم آبرویی برای من باقی نمانده. متهم به خیانت هستم. کفیل وزارت دربار شاهنشاهی، ابوالقاسم

۱- سرتیپ تقی ریاحی، منبع ذکر شده، صفحه‌ی ۲۹۲.

امینی».

نخست‌وزیر دستور داد که متن نامه را در جراید منتشر کنند و ابوالقاسم امینی از زندان آزاد شد[1]. دو روز بعد که ورق برگشت. این بار به تصمیم دولت جدید، او بار دیگر زندانی شد و پس از مدت کوتاهی، به شفاعت اقوام و دوستان فراوانش، شاه دستور به آزادی وی داد به شرط آن‌که برای همیشه از ایران برود که به ایتالیا رفت و در رم مستقر شد.

در ساعات بعد از شکست اقدام سرهنگ نصیری، گروه‌های کوچکی از اعضای حزب توده و حزب ایران، به وزارتخانه‌ها و سازمان‌های دولتی هجوم بردند و عکس‌های شاه را که در دفاتر وزیران و معاونان و مدیران کل نصب شده بود از دیوارها پایین کشیدند و پاره پاره کردند. کسی مانع کار آنان نشد.

همان روز به دستور رییس دولت و «امریه»ی رییس ستاد ارتش افسران و افراد گارد شاهنشاهی خلع‌سلاح و در پادگان‌های مختلف پایتخت متفرق شدند. دستور داده شد نام شاه از دعای صبح‌گاهی و شام‌گاهی سربازخانه‌ها حذف شود.

مصدق به رهبران احزاب طرفدار خود توصیه کرد که افرادشان را به میدان‌های شهر بفرستند و مجسمه‌های رضاشاه و محمدرضا شاه را پایین بکشند. طبق نوشته‌ی جراید، آنها در دسته‌های کوچک «بلاتکلیف» در خیابان‌های تهران بر ضد شاه شعار می‌دادند ولی اعضای حزب توده که منظم و منضبط بودند، کار پایین آوردن مجسمه‌ها را انجام دادند. در روز ۲۷ مرداد دیگر خبری از مجسمه‌ها در شهر تهران نبود.

این دستور در دادگاه به دکتر مصدق سرزنش شد. او در پاسخ گفت:

«آقا، این دعوای مجسمه مربوط به آن روز نیست. این

۱ - دکتر عزت‌الله همایونفر، از سپاهی‌گری تا ... صفحات ۳٦٤ و ۳٦٥.

مجسه سابقه دارد. یعنی اخلال‌گران در کار مجسمه‌ها کارشان سابقه دارد. یک مدتی متعرض مجسمه‌ی اعلیحضرت همایون محمدرضا شاه پهلوی که در میدان سنگلج بود می‌شدند. من دستور کامل در آن وقت دادم که یک عده نظامی چند روز آن مجسمه را حفظ کنند تا آنها نتوانند به مقصود برسند... اخلال‌گران نمی‌توانستند این کار را بکنند ولی بنده به آقای دکتر سنجابی گفتم که نظر اخلال‌گران این است که مجسمه‌ی شاه فقید را هم بردارند. شما با اصناف، با احزاب ملی مذاکره کنید. اگر آنها صلاح می‌دانند خودشان این کار بکنند قبل از اینکه اخلال‌گران بیایند و عملی بکنند بسیار خوب است. این کلام پس و پیش نیست و همین است که عرض می‌کنم. من اگر حرفی زده باشم و مجازاتی داشته باشد، آن مجازات را بنده از جان و دل می‌پذیرم... من صاف و پوست‌کنده در این دادگاه عرض می‌کنم، به مجسمه ابداً عقیده نداشتم».

در روزهای ۲۶ و ۲۷ مرداد موج تبلیغات علیه شخص محمدرضا شاه و نظام سلطنتی در کشور توسعه یافت.
حسین فاطمی در سر مقاله‌های باختر امروز که خود صاحب امتیاز و مدیر مسئول آن بود، لحنی فوق‌العاده شدید و توهین‌آمیز به کار برد: «خائنی که می‌خواست وطن را به خاک و خون بکشد فرار کرد»[۱]. وی دستور داد که سر مقاله‌های باختر امروز از طرف وزارت امور خارجه به کلیه‌ی سفارتخانه‌های ایران مخابره شود و به عنوان دستورالعمل سیاسی آنان مورد استفاده قرار گیرد[۲].
این سرمقاله‌ها و مطالب تند روزنامه‌های وابسته به جبهه‌ی ملی و

۱ - باختر امروز، ۲۶ مرداد ۱۳۳۲.
۲ - عبدالحسین مفتاح، خاطرات سیاسی ...، صفحه‌ی ٦٥.

حزب توده در رادیو تهران خوانده و پخش می‌شد و به التهاب جو سیاسی و نگرانی مردم می‌افزود.
همچنین حسین فاطمی دستور داد که مأمورین دولت به کاخ‌های سلطنتی بروند و اسباب و اثاثه آنها را صورت‌برداری و سپس محل‌ها را مهر و موم نمایند. صورت‌برداری در فرصت کوتاه میسر نبود اما مهر و موم کاخ‌ها انجام شد و خبر آن در جراید انتشار یافت.

عصر روز ۲۶ مرداد ماه، جبهه‌ی ملی با شتاب بسیار تظاهراتی در میدان بهارستان برپا کرد. کارگردانان اصلی آن مهندس احمد رضوی نایب رییس مجلس هفدهم، دکتر علی شایگان، حسین فاطمی و مهندس احمد زیرک‌زاده بودند. چند هزار نفری در مقابل کاخ بهارستان گرد آمدند. به دستور وزیر امور خارجه، جریان تظاهرات و سخنرانی‌ها مستقیماً از رادیو تهران پخش می‌شد. دکتر شایگان گفت:

> «خدا نخواست. خداوند چنان هوشیاری به دکتر مصدق داده است که پنج روز قبل، از نقشه‌ی خائنانه‌ی آنها مطلع بود. پیشوای ما همه چیز را می‌دانست. بحمدالله در ظرف ۲۶ دقیقه تمام آن افراد تحت نظر و توقیف دولت درآمدند»[۱].

حسین فاطمی گفت:

> «دیشب وقتی تفنگ‌های گارد شاهنشاهی به طرف من نشانه روی می‌کردند، من چون به اراده‌ی شما ایمان داشتم می‌دانستم که نهضت ملی نخواهد مرد. هموطنان، فرزند آن پدری که قرارداد نفت را شصت سال تمدید کرد علیه نهضت ملی قیام نمود. پدرش بیست سال عامل کمپانی نفت جنوب بود و چهل سال دیگر را برای پسرش

۱ - نگاه کنید به دکتر عزت‌الله همایونفر. از سپاهیگری تا ... صفحات ۲۷۸-۲۷۹.

باقی گذاشت. امروز شما باید نشان بدهید که روی پای خود می‌ایستید و هر کس با شما مخالفت کند او را از بین برمی‌دارید.. هموطنان جنایات دربار پهلوی روی جنایات ملک فاروق را سفید کرده... دربار پهلوی آن چنان منقرض شد که جز اراده‌ی خداوند اراده‌ی دیگری نمی‌توانست. بدون این‌که خون از دماغ کسی بریزد، این کابوس مرگ نابود شد. فرزند عامل قرارداد ۱۹۳۳ می‌خواست به جنگ خدا برود. می‌خواست به جنگ اجتماع و ملت که مظهر اراده‌ی خدا است برود ولی خدا او را آن چنان زمین زد که هیچ‌کس در مخیله‌ی خود تصور نمی‌کرد»[1].

در قطعنامه‌ی پایان تظاهرات که به وسیله‌ی مهندس احمد رضوی خوانده شد «مجازات شدید مسببین کودتا» و تعیین تکلیف رژیم خواسته شده بود. همان شب باختر امروز از شاه با القابی چون «وطن فروش»، «سردسته‌ی جنایتکاران» و از دربار با عنوان‌هایی از قبیل «کانون فساد»، «مرکز فحشا» و «هیولای شهوت» یاد کرد[2].

در روز ۲۷ مرداد، افراد حزب توده کاملاً بر خیابان‌ها و میدان‌های تهران مسلط بودند. بر فراز بسیاری از ساختمان‌ها پرچم سرخ برافراشته شد. تظاهرات وسیعی نیز در بعد ازظهر همان روز انجام گرفت. تعداد شرکت‌کنندگان اقلاً دو برابر تظاهرکنندگان جبهه‌ی ملی و نظم و ترتیب و یک‌پارچگی آنان چشم‌گیر بود. حزب توده قدرت خود را به بهترین وجه نشان داد. در قطعنامه‌ی تظاهرات انقراض سلطنت و «استقرار یک جمهوری دمکراتیک» و «اتحاد همه‌ی نیروهای ضد امپریالیستی» خواسته شد. در این دو روز، حزب توده چند بار از نخست‌وزیر خواست که برای مقابله با

۱ - اطلاعات، ۲۷ مرداد ماه ۱۳۳۲.

۲ - باختر امروز، ۲۷ مرداد ماه ۱۳۳۲.

خطر کودتا دستور به «پخش اسلحه میان مردم» داده شود. ولی دکتر مصدق زیر بار نرفت.

تقریباً همه‌ی مفسران و صاحب نظران عقیده دارند که جریان‌های روز ۲۷ مرداد و قدرت‌نمایی حزب توده، یکی از علل و عوامل اصلی پیروزی حرکت ۲۸ مرداد، یا به قول دکتر ابراهیم عالمی وزیر کار دکتر مصدق «قیام عمومی ۲۸ مرداد»، بود و موجبات نگرانی شدید گروه‌های بسیاری از مردم و جامعه‌ی روحانیت را فراهم آورد. خاصه آن‌که در این روز (۲۸ مرداد) توده‌ای‌ها دیگر از جای خود تکان نخوردند و مصدق نیز خواستار کمک آنان نشد. طرفداران قبلی و سنتی دکتر مصدق نیز میدان را خالی کرده بودند. در نتیجه، عرصه کاملاً برای قیام مخالفان او باز ماند.

در آخرین ساعات روز ۲۷ مرداد، دکتر مصدق خود متوجه این خطر شد. او به ارتش دستور داد که به پراکنده کردن تظاهرات طرفداران حزب توده بپردازد. بدین ترتیب نیروهای انتظامی به سرکوب آنها پرداختند. گاز اشک‌آور بکار بردند و در چند جا به آنان حمله‌ور شدند. در این ساعات غروب ۲۷ مرداد بود که برای نخستین بار پس از ماه‌ها فریاد «زنده باد شاه، نابود باد حزب توده» در اطراف میدان سپه شنیده شد[۱]. سربازان که دستور مقابله با حزب توده را داشتند، با گروه‌های مخالف آن حزب هم‌صدا شدند. بدین ترتیب مقدمه‌ی جریانی که در روز ۲۸ مرداد به پایان حکومت مصدق انجامید، فراهم آمد و میان قوای انتظامی و جناح‌های وسیعی از مردم هم‌آهنگی پدیدار شد.

دکتر کیانوری و همسرش مریم فیروز در خاطرات خود مدعی شده‌اند که در آن شب «قریب به ۶۰۰ نفر از افراد و کادرهای حزب

۱ - باختر امروز، ۲۷ مرداد ماه ۱۳۳۲.

توده که تعدادی از اعضای سرشناس نیز در بین آنها وجود داشتند، بازداشت گردیدند»[۱].

این مطلب بیش‌تر برای توجیه امتناع افراد حزب توده از حمایت از دولت دکتر مصدق عنوان شده. در این‌که دکتر مصدق دستور مقابله با تظاهرات افراد آن حزب و سرکوب آنها را داده بود، تردیدی نیست. اما هیچ مدرکی دایر به توقیف ششصد تن از اعضا و هواداران حزب توده دیده نشده. واقعیت چنین به نظر می‌رسد که دستور این امتناع از سفارت شوروی آمده بود، چنان‌که بعداً این جریان به اثبات رسید و به آن خواهیم پرداخت.

پس از ناکامی اقدام فرمانده گارد شاهنشاهی، دکتر مصدق در مقام یافتن راه حلی برای مساله‌ی سیاسی اصلی روز یعنی غیبت رییس مملکت برآمد.

موضع‌گیری‌هایی نیز می‌شد که از لحاظ سیاسی و برای توجه به جریان بعدی اوضاع شایان توجه است.

آیت‌الله کاشانی که بعد از نهم اسفند در شمار مخالفین دکتر مصدق قرار گرفته بود، نامه‌ی مفصلی به او نوشت:

> «حضرت نخست‌وزیر معظم جناب آقای دکتر مصدق دام‌اقباله... صلاح دین و ملت برای این خادم اسلام بالاتر از احساسات شخصی است و علیرغم غرض‌ورزی‌ها و بوق و کرنای تبلیغات شما، خودتان بهتر از هر کس می‌دانید که هم و غمم در نگهداری دولت جنابعالی است که خودتان به بقاء آن مایل نیستید... بر من مسلم است که می‌خواهید مانند سی‌ام تیر کذایی، یک بار دیگر ملت را تنها گذاشته و قهرمانانه بروید. حرف اینجانب را در خصوص اصرارم در عدم اجرای رفراندوم نشنیدید و مرا لکه‌ی حیض کردید. خانه‌ام را سنگ‌باران و یاران و

۱ - کیهان، ۲۹ مرداد ماه ۱۳۳۲.

فرزندانم را زندانی فرمودید و مجلس را که ترس داشتید شما را ببرد بستید و حالا نه مجلس هست و نه تکیه‌گاهی برای این ملت گذاشته‌اید. زاهدی را که من با زحمت در مجلس، تحت نظر و قابل کنترل نگه داشته بودم، با لطایف‌الحیل خارج کردید...

اگر واقعاً با دیپلماسی نمی‌خواهید کنار بروید، این نامه سندی در تاریخ ملت ایران خواهد بود که من شما را با همه بدی‌های خصوصی‌تان نسبت به خودم، از وقوع یک کودتا به وسیله‌ی زاهدی که مطابق با نقشه‌ی خود شما است آگاه کردم که فردا جای هیچ‌گونه عذر موجهی نباشد. اگر به راستی در این فکر اشتباه می‌کنم، با اظهار تمایل شما، سید مصطفی (پسرش) و ناصرخان قشقایی را برای مذاکره خدمت می‌فرستم. خدا به همه رحم فرماید. ایام به کام باد».

سیدابوالقاسم نامه را در شهر انتشار داد[۱]. در همان روز، ۲۷ مرداد، مصدق پاسخی پر معنی به او نوشت که دست ردی بر سینه‌اش بود و فرستادگانش را نپذیرفت:

«مرقومه‌ی حضرت آقا وسیله‌ی آقا حسن آقای سالمی زیارت شد. اینجانب مستظهر به پشتیبانی ملت ایران هستم. والسلام. دکتر محمد مصدق»

ناصر قشقایی در یک پیام تلگرافی، بدون اشاره به پیشنهاد سیدابوالقاسم کاشانی، به دکتر مصدق نوشت:

«در استماع خبر صبح بیست و پنج مرداد که ریشه‌ی ملیت و استقلال مملکت کهن‌سال ایران را مرتعش می‌سازد، یک

---

۱ - این نامه، در اغلب کتب و رسالات مربوط به آن روزها نقل شده، از جمله نگاه کنید به دکتر عزت‌الله همایونفر، از سپاهیگری تا ... صفحات ۲۵۰ و ۲۵۱ دکتر جلال متینی، نگاهی به ... صفحه‌ی ۳۶۴.

شور و هیجان زایدالوصفی در افراد ایل قشقایی به وجود آمده. اکنون عده‌ی زیادی تجمع کرده. این عده که برق وطن‌پرستی و حریت از پیشانی‌شان می‌درخشد مایلند با کسب اجازه از پیشوای خود، برای حفظ مقدسات ملی و آن یگانه رهبر بزرگ به سوی تهران حرکت و جانبازی کنند»[۱].

پس از ۲۸ مرداد، ناصر قشقایی به میان ایل خود رفت و مشکلاتی برای دولت ایجاد کرد که به سرانگشت تدبیر سپهبد زاهدی موقتا حل شد.

در میان نزدیکان و مشاوران اصلی دکتر مصدق، پیرامون نظام سیاسی آینده‌ی کشور، اتفاق نظر وجود نداشت. گروهی چون حسین فاطمی، مهندس احمد زیرک‌زاده، مهندس احمد رضوی و دکتر علی شایگان در اعلام جمهوریت پافشاری می‌کردند و هوادار تشکیل جبهه‌ی مشترکی با عناصر چپ و حزب توده ایران بودند[۲]. گروهی دیگر از تسلط کمونیست‌ها بر کشور، که ظواهر آن در همه جا پدیدار بود، بیم داشتند و انحراف از قانون اساسی را جایز نمی‌دانستند. مصدق مردد بود، اما سرانجام تصمیم به تشکیل شورای سلطنت گرفت و چون تنفیذ آن مستلزم حضور شاه و توشیح او بود، بر آن شد که در روز سی‌ام مرداد «رفراندمی» در این مورد برگزار شود. دکتر غلامحسین صدیقی وزیر کشور دستور تدارک مقدمات آن را نیز داد. هدف آن بود که تشکیل شورای سلطنت، بدون توشیح شاه، جنبه‌ی غیرقانونی نداشته باشد.

دکتر مصدق در جستجوی شخصیتی برای ریاست شورای سلطنت برآمد که در آن شرایط عملاً مقام نایب‌السلطنه می‌یافت.

---

۱ - دکتر عزت‌الله همایونفر، از سپاهیگری تا ... صفحه ۲۷۹.

۲ - در صفحات آخر کتاب دکتر انور خامه‌ای، از انشعاب تا کودتا، تجزیه و تحلیل جالب و مستند (اما از دیدگاه یک مارکسیست مخالف سلطنت) از این گفتگوها به عمل آمده، سازمان انتشارات هفته، تهران ۱۳۶۳.

ابتدا به فکر شـــاهدخت شمس خواهر ارشد محمدرضا شاه افتاد که همواره مورد احترام و حتی ستایش او بود:

«والاحضرت شـــمس پهلوی یکی از این دودمان است که به هیچ‌وجه در سیاســـت این مملکت دخالت نمی‌کند. این والاحضرت می‌خواهد در راس شـــیر و خورشـــید ســـرخ واقع شود و مثل تمام بانوان خیرخواه دنیا برای مردمان بدبخت و بیچاره تحمل زحمت بکند»[١].

او در پاســـخ به تقاضای شـــاهدخت برای تأمین بودجه‌ی شیر و خورشید ســـرخ، به وزیر بهداری وقت دکتر محمدعلی ملکی گفته بود:

«با همه‌ی تنگ‌دســـتی که داریم اشکالی نمی‌بینم. مخارج شیر و خورشید را بپردازید. این شاهزاده خانم به حقیقت یک خانم است»[٢].

در نهایت، برای اجتناب از عکس‌العمل مخالف جامعه‌ی روحانیت، یا به هر علت دیگر، از این انتخاب صرفنظر شد. صحبت از شاهپور غلامرضا برادر محمدرضا شـــاه پیش آمد که مادرش شـــاهزاده قاجار و به همین ســـبب شاید تا حدی مورد توجه مصدق بود. او هم کنار گذاشته شد، چرا که مصدق می‌دانست که شاه، همواره او را به طرفداری از بازگشـــت دودمان قاجار به ســـلطنت، متهم کرده و نمی‌خواست از این طرف مشکلی داشته باشد و یا متهم به عدم رعایت قانون اساسی شود.

ســـرانجام قرعه‌ی فال به نـــام علامه علی‌اکبر دهخدا زده شـــد. شـــخصیتی که مورد احتـــرام همه و بالاتـــر از اختلاف نظرهای سیاسی بود. با شتاب فراوان ترتیب ملاقاتی میان آن دو داده شد.

١- از سخنان دکتر مصدق در مجلس شورای ملی، پنجشنبه ٤ خردادماه ١٣٢٩، ٢٥ مه ١٩٥٠، مشروح مذاکرات مجلس شورای ملی.

٢ - به نقل از دکتر محمد ســـنجر، شاهزاده محبوب من، لس‌آنجلس ٢٠٠٢، صفحه‌ی ١٩١، مرحـــوم دکتر محمدعلی ملکی دایی دکتر محمد ســـنجر بـــود و این جریان را برایش روایت کرده.

دهخدا پیشنهاد مصدق را پذیرفت. این ملاقات در آخرین ساعات روز ۲۷ مرداد صورت گرفت. چند ساعتی بعد، تاریخ کشور به مسیری دیگر رفت و دیگر فرصتی برای این قبیل راه حل‌ها باقی نماند.

*****

محمدرضا شاه در باره‌ی جریان‌های این سه روز چنین نوشته:

«مصدق برخلاف نص صریح قانون اساسی ایران، به فرمان برکناری خود اعتنا نکرد و به این هم اکتفا ننموده به یک کودتای نظامی دست زد. مأمور اجرای این توطئه کسی جز رییس ستاد نبود. کودتای نظامی مصدق با شکست مواجه شد...

پس از ابلاغ فرمان برکناری مصدق، من که از طرح‌های سیاسی و جاه‌طلبی‌های او کاملاً باخبر بودم، تصمیم گرفتم که برای جلوگیری از هر گونه خون‌ریزی کشور را ترک کنم و ایرانیان را در انتخاب راه آینده کشور آزاد بگذارم. این تصمیم بی‌مخاطره نبود. ولی با تعمق و تامل و سنجش نتایج آن را اختیار کردم...

پس از آن که من ایران را ترک کردم، کشور سه روز دچار فتنه و آشوب بود. به خصوص در دو روز اول در تهران، هواداران مصدق و توده‌ای‌ها تظاهرات وسیع و خشونت‌آمیزی ترتیب دادند... ناگفته نماند که به دستور مصدق ۲۷ چوبه دار در میدان سپه تهران برپا کرده بودند که در ملاء عام تعدادی از مخالفین وی را که تنی چند از آنان یاران سابق خود وی بودند، اعدام کنند»[۱].

بدین ترتیب شاه، در برابر ادعا یا اتهام کودتای نظامی گارد شاهنشاهی که در اعلامیه‌ی دولت مصدق عنوان شده بود.

---

۱ - پاسخ به تاریخ، صفحات ۷۴ و ۷۵.

نظریه‌ی متقابل کودتای نظامی رییس (معزول) دولت و رییس ستاد ارتش را مطرح کرد. در حقیقت نوشته‌ی او پاسخ مستقیمی است به اعلامیه‌ی بامداد ۲۶ مرداد دولت مصدق.
به هنگام ترک ایران شاه قطعاً می‌دانست که طرح برکناری دکتر مصدق، به صورتی که واشنگتن و لندن اندیشیده بودند، دچار شکست شده. شاید اگر او می‌ماند، تحول اوضاع به صورتی دیگر انجام می‌گرفت. برای او که عرصه را خالی کرده بود دیگر یک امکان بیش‌تر وجود نداشت و آن پیروزی زاهدی بود و امید به این که اگر زاهدی پیروز شود، او را به تخت سلطنت بازگرداند.

در سال ۱۳۵۷، که شاه «برای اجتناب از جنگ داخلی» ایران را ترک کرد، قدرت و انسجام ارتش و وفاداری آن، به مراتب بیش از مرداد ماه ۱۳۳۲ بود. پس از کودتای نافرجام ۲۵ مرداد، چنان که خواهیم دید، واشنگتن بار دیگر به سیاست تفاهم با دکتر مصدق تمایل نشان داد. شاید هم بدبینی و نومیدی محمدرضا پهلوی که ملکه ثریا، تنها شاهد عینی آن روزها، به آن اشاره می‌کند، بر همین اساس بود.
ارتش ضعیف بود، توده‌ای‌ها در آن نفوذ بسیار داشتند، که شاه از این نکته غافل نبود و جناحی از آن، هوادار دکتر مصدق و یارانش بودند. در سال ۱۳۵۷، واشنگتن و لندن و نیز پاریس، که نقش آتش بیار را بازی می‌کرد، علناً مخالف او بودند و امریکا که در برابر خود هیچ‌کس را نمی‌دید، ارتش را وادار به اعلام بی‌طرفی کرد که راه برای پیروزی انقلاب و استقرار جمهوری اسلامی گشوده شود، که بعداً بهای بسیار گران این خطای بزرگ تاریخی را پرداخت و هنوز می‌پردازد. در مرداد ماه ۱۳۳۲، در برابر امریکا از یک سو و هواداران افراطی مصدق (و احتمالاً شخص او) از سوی دیگر، یک نیروی سیاسی توانا و واقعی به رهبری زاهدی وجود داشت و این نیرو از پشتیبانی روحانیت، مخصوصاً آیت‌الله

عظمی بروجردی، برخوردار و به بخش وسیعی از ارتش متکی بود.

شاید محمدرضا شاه در ارزیابی توانایی این نیروی سیاسی، مذهبی-نظامی دچار اشتباه شد وگرنه ایران را ترک نمی‌کرد و سرنوشت سلطنتش را تنها در گرو یک تن نمی‌گذاشت. اما تاریخ را نمی‌توان دوباره نوشت و هیچ‌کس نمی‌داند که جز نومیدی شدید ساعات اول بعد از شکست «کودتای نیم‌بند» نصیری و گارد که ملکه ثریا آن را با صداقت بازگو کرده، او واقعاً به چه فکر می‌کرد. شاید دیگر به هیچ چیز جز سرنوشت خود و خانواده‌اش.

زاهدی به او خیانت نکرد؛ توانست اوضاع را با تدبیر و حداقل تلفات و خسارات به وضع عادی درآورد و او را به تخت سلطنت بازگرداند. پس از این ماجراها، محمدرضا شاه دیگر نخواست سلطنت خود را به هیچ کس مدیون باشد. نه به شخصیتی توانا، نه به روحانیت، نه به ارتش، نه به جناح‌های وسیعی از مردم. نظام حکومتی که برقرار شد نگذاشت و نمی‌گذاشت که شخصیت‌های سیاسی بزرگ و دولتمردان واقعی، چون فروغی، قوام، مصدق و زاهدی با همه‌ی مزایا و محاسن و نقاط ضعف‌شان، منبسط شوند و جلوه کنند. او خواست روحانیت واقعی را مهار کند، که نتوانست و دچار جناحی افراطی شد که بازیچه‌ی سیاست‌های خارجی بود. از قدرت ارتش و رهبری مستقل آن و خطر کودتا بیم داشت. ارتشی توانا و مجهز و منضبط بوجود آورد، اما چنان کرد که بدون حضورش این ارتش قدرت تصمیم‌گیری نداشته باشد. سرانجام، چون روز سرنوشت فرا رسید، ارتش بود اما رهبر و تصمیم گیرنده نداشت. مردم پریشان و بی‌تکلیف بودند و شد آن‌چه نمی‌بایست بشود و هر چه در کشور به مدت نیم قرن ساخته شده بود در معرض نابودی قرار گرفت و ایران دچار یکی

از سهمناک‌ترین بلاهای تاریخ خود شد، که قطعاً از آن رهایی خواهد یافت. اما چگونه، به چه قیمت و چه وقت؟

*****

در تاریخ ۱۸ اوت ۱۹۵۳ (۲۷ مرداد ۱۳۳۲) ژنرال بیدل اسمیت قائم مقام وزیر امور خارجه ایالات متحده امریکا در یک گزارش سری به ریاست جمهوری آن کشور نوشت: «عملیات با شکست روبرو شد» و در نتیجه‌گیری خود افزود: «اگر می‌خواهیم چیزی از مواضع خود را در ایران حفظ کنیم احتمالاً مجبور خواهیم شد با هر تدبیری شده خودمان را به مصدق نزدیک نماییم»[۱].

*****

در تاریخ ۲۳ اوت ۱۹۵۳، اول شهریور ۱۳۳۲، کم‌تر از چهل و هشت ساعت پس از بازگشتش به ایران، شاه در ملاقاتی با لوی هندرسن سفیر کبیر امریکا در اشاره به جریان ۲۵ مرداد به او گفت:

«حتماً یک نفر در این میان به افراد ما خیانت کرده است. آیا امکان دارد عوامل انگلیسی این کار را کرده باشند؟

---

۱ – وزارت امور خارجه‌ی ایالات متحده اسناد محرمانه‌ی مربوط به روابط خارجی آن کشور را پس از گذشت مدت زمانی که قانون معین کرده است، منتشر می‌نماید که هم در کتابخانه کنگره و هم در خود وزارت امور خارجه در دسترس می‌باشند. برای این دوره نگاه کنید به:

Foreign Relations of the United States 19521954- volume X, IRAN, 1951-1954, Editor in Chief P. Glemmon, Department of State, Washington 1989.

از آن پس در غالب کتب و مقالات فارسی که نویسندگان آنها به اتفاقات این چند سال پرداخته‌اند، کم و بیش به این اسناد اشاره و ترجمه‌هایی از آنها انتشار یافته است. از جمله نوشته‌های دکتر همایون کاتوزیان، دکتر پرویز عدل، نورمحمد عسکری، دکتر عزت‌الله همایونفر، دکتر جلال متینی ...، بسیاری از این گزارش‌ها و اسناد عیناً در جلد اول خاطرات اردشیر زاهدی نقل و ترجمه شده است. گزارش ژنرال بیدل اسمیت شماره ۳٤٦، ۱۸ اوت ۱۹۵۳.

... برای من باور نکردنی است که چگونه نقشه با شکست مواجه گردید»[۱].

از مجموع گزارش‌های مقامات امریکایی، می‌توان به سه نتیجه رسید:

- نخست آن‌که، شاه با یک «کودتای نظامی» به معنای اخص کلمه که ارتش مصدق را سرنگون کند، موافق نبود. شاید هم چون با وضع آن روز ارتش آشنا بود، خوب می‌دانست که چنین اقدامی مشکل و حتی غیرممکن است. او طرفدار راه حلی در چهارچوب قانون اساسی بود.

در تاریخ ۲۲ فوریه ۱۹۵۳، سوم اسفند ۱۳۳۱ که دیگر اندک‌اندک فکر تعویض حکومت دکتر مصدق مورد قبول لندن و واشنگتن قرار گرفته بود، وی صراحتاً مخالفت خود را با سرلشکر زاهدی به سفیر امریکا اظهار داشت[۲]. او مایل بود که اللهیار صالح را به نخست‌وزیری برگزیند، ولی دو روز بعد دکتر مصدق را برای آخرین بار به حضور پذیرفت و مراتب اعتماد خود را به وی اعلام داشت[۳].

شاه در تاریخ ۱۵ اوریل ۱۹۵۳، ٢٦ فروردین ۱۳۳۲، بار دیگر تاکید کرده بود که «هیچ‌گونه اقدامی به منظور تعویض مصدق به عمل نمی‌آورد. مگر این‌که مجلس به وی رأی عدم اعتماد بدهد و اظهار تمایل نسبت به جانشینی برای وی کند»[٤].

هنگامی که به تصمیم دکتر مصدق، مجلس شورای ملی به حال تعطیل درآمد، در حقیقت چنان‌که بعضی از نزدیکانش چون دکتر غلامحسین صدیقی و دکتر کریم سنجابی پیش‌بینی می‌کردند. راه برای عزل نخست‌وزیر در چهارچوب قانون اساسی گشوده شد.

---

۱ - گزارش شماره ۳۵۳، به کلی سری، مورخ ۲۳ اوت ۱۹۵۳.

۲ - ۲۳/۳۰۲ فوریه ۱۹۵۳.

۳-گاهنامه پنجاه سال شاهنشاهی ایران، جلد دوم صفحه‌ی ٦۰۹.

٤ - ۳۲٤، ۱۵ آوریل ۱۹۵۳..

در این هنگام است که واشنگتن و لندن برای تشویق شاه به برکناری نخست‌وزیر به مداخله‌ی مستقیم پرداختند، طرحی که نام «آژاکس» به آن داده شد. سرانجام محمدرضا پهلوی نیز، علیرغم عدم تمایل شخصی خود، به انتصاب سرلشکر زاهدی که تنها رهبر بلامنازع مخالفان رییس دولت بود، تن در داد.

- دیگر آن‌که در پایان روز ۲۶ مرداد، ۱۷ اوت ۱۹۵۳، و ناکامی علنی طرح برکناری مصدق از طریق اقدامی که مبنای آن مخالف قانون اساسی نبود (چون مجلس در حال تعطیل بود) ولی شکل و ظاهر آن جنبه‌ی کودتا داشت، (یا بر اثر «بی‌کفایتی»[1] مسئول ابلاغ فرمان عزل نخست‌وزیر چنین صورتی پیدا کرد). امریکایی‌ها عملیات خود را مواجه با «شکست»[2] تلقی کردند و در مقام مذاکره‌ی مجدد با دکتر مصدق و برقراری نوعی تفاهم با او برآمدند. و بالاخره ماجرای ۲۸ مرداد، آنان را غافلگیر کرد. سپس کوشیدند بر موجی که پدیدار شده بود سوار شوند و از آن بهره گیرند. برای توجیه این، برداشت‌ها باید اندکی به عقب برگشت.

*****

پس از پایان دوران ریاست جمهوری هاری ترومن در امریکا و روی کار آمدن ژنرال آیزنهاور که از حزب جمهوری‌خواه بود و با وزیر خارجه‌اش جان فوستر دالس معتقد به اعمال قدرت بیش‌تر در برابر توسعه‌طلبی جهانی اتحاد جماهیر شوروی بودند (۱۹۵۳) جوّ سیاسی واشنگتن در باره‌ی نهضت ملی ایران و حکومت دکتر مصدق تغییر یافت. پیش از آن در سال ۱۹۵۱، وینستون چرچیل بار دیگر در انگلستان به قدرت رسیده بود. او نیز از یک طرف هوادار سیاست خشن‌تری در برابر مسکو بود و از طرف دیگر

۱ - داوری سرلشکر زاهدی در باره‌ی طرز عمل سرهنگ نعمت‌الله نصیری.
۲ - گزارش فوق‌الذکر ژنرال بیدل اسمیت.

هنوز سوداهای استعماری امپراتوری بریتانیا را در سر داشت و قیام مردم ایران را در دفاع از حقوق میهن خود در برابر لندن، به سختی تحمل می‌کرد.
نتیجه آن‌که چه در واشنگتن و چه در لندن، رویه و لحن دو دولت ایالات متحده و بریتانیا نسبت به ایران تغییر یافت. چه برای لندن و چه برای واشنگتن، البته به ملاحظات و علل مختلف، تثبیت اوضاع ایران و پایان بحران نفت به صورت یکی از مهم‌ترین اولویت‌های سیاست جهانی درآمد. امریکایی‌ها به خصوص از گسترش نفوذ کمونیسم یعنی اتحاد جماهیر شوروی در ایران و قدرت روزافزون حزب توده سخت نگران بودند.
با وجود تبلیغاتی که مخصوصاً به اغوای لندن در مطبوعات خارجی به عمل می‌آمد و دکتر مصدق را هم‌پیمان و حتی آلت دست کمونیست‌ها عنوان و معرفی می‌کردند، لااقل در محافل رسمی واشنگتن کسی او را کمونیست و عامل مسکو نمی‌پنداشت. اما از مدارای وی با حزب توده نگران بودند.

مصدق شخصاً با کمونیسم شدیداً مخالف بود و در جریان واقعه‌ی آذربایجان و در برابر توقعات شوروی‌ها برای دست‌اندازی بر منابع نفت شمال کشور، رویه و مقاومتی انعطاف‌ناپذیر از خود نشان داده بود. اما چون به حکومت رسید، همواره از «خطر کمونیسم» برای هراساندن دولت‌های غربی و وادار ساختن آنان به قبول خواست‌های ملی ایرانیان استفاده می‌کرد. برای این‌که این خطر را مهم و جدی نشان دهد، در بسیاری از موارد دست توده‌ای‌ها را باز می‌گذاشت و همین رویه که از بسیاری جهات خطرناک بود، بهانه به دست مخالفانش در ایران و مخصوصاً در خارج می‌داد.
اکثر همکاران، مشاوران و نزدیکان مصدق، بدون تردید و علناً مخالف کمونیسم و هوادار ایستادگی در مقابل گسترش نفوذ

شـوروی‌ها در ایـران بودند و همـکاری با حزب تـوده را جایز نمی‌دانستند. در مقابل چند تنی چون دکتر علی شایگان یا حسین فاطمـی بر ایـن گمان نبودند. شـاید آنها نیز مانند بسـیاری از روشـنفکران آن زمان، هنوز به ماهیت واقعی امپریالیسم سرخ و سیاسـت جهانخواری اتحاد جماهیر شوروی پی نبرده بودند. قدر مسـلم این است که در هفته‌های آخر حکومت دکتر مصدق، میان ایـن دو گروه، اختـلاف نظر و رویه وجود داشـت و این خود به تضعیف دولت او کمک کرد و راه را بر مخالفانش گشود. چرا که او هرگز موفق نشـد بر «تناقضـات» و «ماهیت ناپایدار و متزلزل دوسـتان مختلف‌العقیده»ی[۱] خود چیره شـود و رویه‌ی روشنی اتخاذ کند.

در میـان روحانیون که نفـوذ آنان را بر جامعـه‌ی آن روز ایران نباید نادیده گرفت، هراس از تسـلط کمونیسـم بر ایران بسـیار بود. مخصوصاً آیت‌الله عظمی بروجردی، که گذشته از مرجعیت مذهبی یک ایرانی وطن‌پرسـت بود، از این جهت سخت نگران به نظر می‌رسید.

به همین جهات بود که پس از رد آخرین پیشنهاد امریکا و انگلیس و توصیه‌های بانک بین‌الملل در حل مسـاله‌ی نفت ایران، هر دو کشور به فکر جایگزینی مصدق افتادند.

اللهیار صالح سـفیرکبیر ایران در واشنگتن، در گزارشی به تاریخ ۲۱ مرداد ماه ۱۳۳۲، چهار روز پیش از کودتای نافرجام ۲۵ مرداد[۲] نگرانی خود را از این بابت اظهار می‌دارد:

«از تاریخ آخرین مسافرت رسمی ایدن وزیر امور خارجه انگلسـتان به واشنگتن، من احساس می‌کنم که به تدریج

---

۱ – علی میرفطروس، برخی منظره‌ها و مناظره‌ها... منبع ذکر شده، صفحه‌ی ۱٤۳.

۲ – اللهیار صالح هفت روز پیش از کودتای ۲۸ مرداد، گزارش سیاسی اللهیار صالح به دکتر مصدق، ایران‌شناسی، سال نوزدهم، شماره‌ی۳، پاییز ۱۳۸٦، Autommn ۲۰۰۷، صفحات ۵۳۷ به بعد.

یـک نـوع برودت در مناسـبات بین مـا و امریکا حاصل می‌شـود و به جای این که بیش از پیش با یکدیگر نزدیک شـویم و در تشـدید مناسـبات دو کشور کوشش نماییم، متدرجاً شـکافی بیـن ما ایجاد می‌گـردد... پس از عدم موافقت ایران با آخرین پیشنهاد انگلستان، اولیای درجه اول امریکا ظاهراً از خود یک نوع حالت خشم و عصبانیت نسبت به ایران ابراز می‌دارند...».

اللهیار صالح در این گـزارش، که بازگو کننده‌ی مذاکرات وی در همان روز با نفر سـوم سلسله مراتب وزارت امور خارجه ایالات متحـده بود، به دکتر مصدق نوشـته «در صورتی که آقای وزیر خارجه (امریکا) از فعالیت کمونیست‌ها در ایران نگران می‌باشند، منطق ایشان برای عدم کمک به ایرانیان چیست؟ ... چه می‌شود که به جای کمک به چنیـن دولتی (دولت مصدق) و تقویت بنیه‌ی اقتصادی ملت ایران برای مقاومت در مقابل کمونیزم، دولت آمریکا به عنوان وجود فعالیت‌های کمونیستی، ایران را از مساعدتی که اکنون برای نجات خود محتاج به آن می‌باشد محروم می‌کند؟»

پـس از توضیحـات مفصلی در توجیه سیاسـت امریکا و اظهار تأسـف عمیق از رد پیشـنهادهای اخیر دو دولـت در مورد حل مسـاله‌ی نفت، مقام وزارت امور خارجه‌ی آن کشـور به اللهیار صالح اظهار داشت:

«حزب کمونیسـت تـوده، هر چند کـه غیرقانونی اعلام شـده ولی همچنان تحت عناوین مختلف به فعالیت خود ادامه می‌دهد و روز به روز بر قوت آن افزوده می‌شـود و متأسـفانه دولت ایران نه تنها در مقابل آن عکس‌العملی نشان نمی‌دهد. بلکه ادارات انتظامی ایران اجازه می‌دهند که دسته‌های توده رسماً در خیابان‌ها تظاهر بنمایند... برای ما تردیدی نیست که دکتر مصدق میلی به کمونیزم

ندارد و شـخص من از جمله کسـانی هستم که به قدرت رهبری ایشان معتقد می‌باشـم و ایمان دارم که در میان رهبـران خارجی کـه با فعالیت کمونیسـت‌ها در ممالک خود مواجه هســتند، هیچ کس بهتـر از آقای مصدق از عهده‌ی کمونیست‌ها برنمی‌آید. ولی این نکته هم برای ما امریکاییان، به خصوص کارشناسانی که مربوط به تاریخ توســعه‌ی کمونیزم در دنیا هستند، مسلم می‌باشد که تا به‌حال هیچ دسـته یا حزبی که با کمونیست‌ها همکاری نموده، جان به سلامت در نبرده و به علت تشکیلات منظم و تعلیمـات مؤثری که به کمونیست‌ها داده می‌شـود، همیشه موفق می‌شوند کسانی را که قصد همکاری و مماشات با آنها را دارند، مضمحل و خود را بر آنها مسلط می‌سـازند. لذا نگرانی ما از ایـن اسـت که آقای مصدق به این امر پی نبرده و با کمال علاقه‌مندی که به حفظ اسـتقلال کشور خود دارند، ممکن اسـت تدریجاً زمام اختیار را از دست بدهند و کمونیسـت‌ها بر ایران مسلط گردند و البته شما می‌دانید مهم‌ترین مشکل امریکا در دنیای امروز مساله‌ی کمونیزم است و مردم و دولت امریکا از هیچ امری بیش از کمونیزم وحشت ندارند».

این گزارش، صورت مساله‌ی بحران آن روزها را به خوبی بیان می‌کند و گویای این نکته اسـت که تصمیـم دایر به فراهم آوردن موجبات برکناری مصدق، نه الزاماً از طریق یک کودتای نظامی، به مرحله‌ی قطعی رسیده بود. طرحی که اندکی بعد در اجرای آن کوشش شد و نافرجام گردید.

*****

طرح موسـوم به آژاکس در اوایل مرداد مـاه ۱۳۳۲ (اوت ۱۹۵۳)

شکل گرفت[۱]: وینستون چرچیل، نخست‌وزیر وقت بریتانیا، در آن زمان به مناسبت بیماری آنتونی ایدن وزیر امور خارجه، شخصاً کفالت آن وزارت را به عهده داشت. مخالفت شخصی او با دکتر مصدق و عنادش با نهضت ملی شدن نفت بر کسی پوشیده نبود و ظاهراً در اتخاذ تصمیم نهایی پیرامون طرح برکناری نخست‌وزیر ایران نقشی عمده بازی کرد[۲].

در نهایت امر طی این روزها، آلن دالس رییس سازمان مرکزی اطلاعات امریکا C.I.A و همسرش به بهانه‌ی استفاده از تعطیلات تابستانی عازم کوه‌های آلپ در سوییس شدند. ژنرال نرمان

---

۱ - نگاه کنید به
Pierre F. de Villemarest, Exploits et bavures de l' espionnage americain, Tome 3, Editions Famot, Genev, 1978, P. 187et s.

در اوایل سال ۲۰۰۷، هنگامی که نوشتن این کتاب را آغاز کردم یکی از موسسات بزرگ نشر کتاب آنگلوساکسن، متنی از آقای داریوش بایندر، دیپلمات ایرانی و کارمند عالیرتبه‌ی پیشین سازمان ملل را تحت عنوان (موقت)
The CIA.Myth in IRAN, A NEW LOOK OF Events of August 1953 in Iran.
به منظور مطالعه و اظهار نظر (چنان‌که تقریباً در همه‌ی موسسات مشابه مرسوم است) برای من فرستاد. این کتاب که انحصاراً به مدارک و اسناد رسمی امریکایی و انگلیسی و چند بررسی کاملاً موجه مستند است, به نظر من کامل‌ترین و بی‌طرفانه‌ترین تحقیقی است که تا امروز در این زمینه انجام گرفته و در بسیاری از نکاتی که هنوز مورد بحث و گفتگو است، شاید «کلام آخر» به شمار آید. تصاویری هم که ضمیمه‌ی کتاب بود، غالباً برای نخستین بار انتشار می‌یابد و بعضاً می‌توان آنها را به عنوان اسناد قابل وثوق تلقی کرد.

طبیعتاً به رعایت اصول معمول، در این کتاب استنادی به تحقیق بسیار مهم آقای داریوش بایندر و اسناد و مدارکی که فقط در آنجا درج شده، نکرده‌ام. ظاهراً این کتاب در اواخر سال ۲۰۰۸ یا در جریان سال ۲۰۰۹ انتشار خواهد یافت.

در همین زمینه نگاه کنید به:
Sir Eldon Griffiths, Turbulent IRAN, Recollections, Revelations and Plan for peace, SLP, Santa Ana, Ca 2006

نویسنده که نماینده‌ی پارلمان و چند بار وزیر کابینه‌های محافظه کار در انگلستان و از دست اندرکاران سیاست آن کشور در مورد ایران بوده و هست، نقطه نظرهای جالبی در مورد جریان‌های ۲۵ تا ۲۸ مرداد و برکناری دکتر مصدق ابراز داشته (صفحات ۱۳ تا ۲۷).

1- Piere F. de Villemarest. P. 190 Sir Eldon Griffiths, P. 19

شـــوارتزکف امریکایی که در زمان جنگ رییس هیات مستشاری امریکا در ژاندارمری ایران بود، از همان‌جا ســـر درآورد و سپس عازم کراچی - دمشق و بیروت و سرانجام تهران شد. او ماموریت داشـــت با سرلشکر زاهدی تماس بگیرد و از نظریاتش آگاه شود. امریکایی‌ها می‌دانستند که جز زاهدی (که مورد تأیید لندن نبود)، شـــخصیت دیگری در ایران نیست که با اتکای کافی به جناح‌های وسیعی از مردم، از جمله طرفداران مصدق، جامعه‌ی روحانیت و ارتش جانشین دکتر مصدق شود.

شاهدخت اشرف نیز که در فرانسه بود، از آنجا به سوییس رفت[۱]. همچنین لوی هندرســـن، پس از گذراندن دو ماه مرخصی، در راه مراجعت به تهران، ســـری به ســـوییس زد! این چهار تن و شاید کسان دیگری که نامی از آنها نیست، محرمانه با یکدیگر ملاقات کردند. به کرمیت روزولت رییس عملیات C.I.A در خاورمیانه که مقیم قاهره بود. مأموریت داده شـــد که برای «مراقبت در اجرای طرح» به تهران برود. ژنرال شوارتزکف نیز راهی تهران شد. «مأموریت» شـــاهدخت اشـــرف آن بود که محمدرضا شاه را به توشیح فرمان برکناری مصدق وادارد، خاصه آن‌که تعطیل مجلس شورای ملی، محظور قانونی شاه را در این زمینه از میان برداشته بود. هم‌چنین او می‌بایســـت موافقت برادرش را در مورد تفویض قدرت به سرلشکر زاهدی و انتصاب او به ریاست دولت جلب کند.

شاهدخت اشرف، روز ششـــم مردادماه، ۲۸ ژوئیه، با هواپیمای ارفرانس وارد تهران شـــد. گفته شد که گذرنامه‌ی او به نام «بانو شـــفیق» بود. این نکته بعید نیســـت، چرا که به دستور مصدق از

---

۱ - به نوشـــته‌ی ملکه ثریا، مســـافرت شاهدخت اشرف به سوییس و مذاکراتش با مقامات امریکایی به ابتکار خود او و بدون اطلاع محمدرضا شاه بوده.
Le Palais des solitudes, P. 147

ایران اخراج شده و گذرنامه‌ی سیاسی به او داده نشده بود و طبعاً در گذرنامه‌ی عادی، ذکر نام پهلوی و عناوین وی معقول نبود، ناچار با نام شوهرش احمد شفیق مسافرت می‌کرد. در فرودگاه مهرآباد، مأمورین حفاظتی او را شناختند و ورودش را به دفتر نخست‌وزیر اطلاع دادند. دکتر مصدق بلافاصله وی را احضار و گویا با تندی مورد بازخواست و نکوهش قرار داد و از وی تعهد گرفت که به فاصله‌ی چهل و هشت ساعت ایران را ترک کند.

وزارت دربار هم در اعلامیه‌ای ورود شاهدخت اشرف را بدون کسب اجازه‌ی شاه وانمود کرد و یادآور شد که او در ظرف ۲۴ ساعت ایران را ترک خواهد کرد[1].

قدر مسلم این است که دکتر مصدق می‌توانست به بهانه‌ای، یا به استناد ماده‌ی ۵ قانون حکومت نظامی که نیاز به ذکر مورد یا اتهام خاصی نداشت، دستور بازداشت شاهدخت را بدهد که به این ترتیب «گروگانی» گرفته باشد. این رویه، آن هم در مورد یک «شاهزاده خانم» دور از اندیشه‌ی سنتی و منش او بود و نیز به بروز بحرانی شدید با شاه، که هنوز در تهران حضور داشت. منتهی می‌شد. دکتر مصدق در آن موقع متمایل به جستجوی یک رودر رویی علنی با رییس مملکت نبود.

شاهدخت اشرف رضایت برادرش را به صدور فرمان برکناری مصدق و انتصاب سرلشکر زاهدی به ریاست دولت جلب کرد. اما ملاقاتی با زاهدی نداشت و اصولاً در وضع آن روز که نخست‌وزیر آینده‌ی کشور مخفی و شاهدخت تحت مراقبت دایم مأموران امنیتی بود، چنین دیداری قابل تصور هم نمی‌توانست باشد.

کرمیت روزولت نیز به نوبه‌ی خود وارد ایران شد که مدعی است «ستاد» خود را در زیرزمینی مستقر کرده و با کمک چند همکار امریکایی و دو تن ایرانی[2] وارد «عمل» شده.

---

۱ - ابراهیم صفایی، زندگینامه ... صفحات ۱۲۴ و ۱۲۵.

۲ - این دو نفر به قول بعضی از مولفان برادران رشیدیان بودند و به گفته‌ی بعضی

نزدیک به سی سال پس از این ماجرا که اکثر بازیگران اصلی آن از جمله سپهبد زاهدی، در گذشته بودند و شاه نیز در بستر مرگ بود، کرمیت روزولت خاطراتی از این دوران انتشــار داد١ که چاپ اول آن به شــکایت همکار انگلیسی‌اش وودهاوس و حکم محکمه، به عنوان نشر اکاذیب جمع‌آوری و از گردونه خارج گردید٢ و چاپ دوم در دســترس اســت. حتی محقق موجهی چون دکتر محمدعلی موحد که از ســتایندگان دکتر مصدق و طرفدار نظریه‌ی «کودتای ۲۸ مرداد» است، اخیراً در ســخنرانی جالبی٣ «لحن حماسی و رجزخوانی‌هایـی (را) که کرده اســت» ذکر و تاکیــد کرده که این کتاب «به لحاظ تحقیقـی ارزش چندانی ندارد، یک تحقیق تاریخی مهم نیست ولی به لحاظ این‌که سردمدار معرکه آمده و گفته که چه کار کرده جالب توجه است»٤.

این کتاب برای بسـیاری، غالباً بدون آن‌که آن را به دقت بخوانند چنان‌که صاحب نظری دیگر نوشته «بــه مانند قرآن کریم که در سوره‌ها و آیاتش تردید روا نیست» درآمده٥.

بســیاری از نکات مندرج در کتاب از ارزش آن کاســته و آن را به صورت متنی تحقیقاً و یا تقریباً بی‌اعتبار درآورده است٦: در جایی

دیگر دو روزنامه نگار سرشناس آن زمان.
1- Kermit Roosvelt, Countrecoup, The stuurggle for the control of Iran, New Yourk, Mc Graw Hill, 1979

دقیق‌ترین خلاصه و تحلیلی که به فارسـی از این کتاب در دست داریم از نورمحمد عسکری است، شاه ...، صفحات ۳۲۲ الی ۳۳٤.
۲ - دکتر پرویز عدل، خانه‌ی ما ... ، صفحه ۵۰.
۳ - دکتــر محمدعلی موحد، ماجــرای نفت، کودتای ۲۸ مــرداد و پی‌آمدهای آن. سخنرانی ایراد شــده در یکشــنبه ۲۳ مرداد ۱۳۸٤، ایران شناسی، سال هیجدهم شماره‌ی١، بهار ۱۳۸۵، صفحات ۱۳۷ تا ۱۵۱.
٤ - همان منبع، صفحه‌ی ۱٤۲.
۵ - دکتر پرویز عدل، خانه‌ی ما ... صفحه ٤۹.
٦ - دکتر عزت‌الله همایون‌فر نوشته: «به علاوه‌ی او (کرمیت روزولت) که یک امریکایی بوده و ناآشنا با وضع تهران چگونه مانند مهتر نسیم عیار با جامعه‌ی ایرانی از شاه گرفته تا مردم کوچه و بازار ارتباط داشــته. تنها شناخت خیابان‌های شهر تهران

از «اولین ملاقات» با شاه در سال ۱۹۴۷ که «محمدرضا پهلوی ۲۸ ساله و خودش ۳۱ ساله بود» یاد می‌کند. و در جای دیگر با جزییاتی که محتملاً از فیلم‌های هولیوود الهام گرفته[1] از نخستین دیدار خود با محمدرضا پهلوی در روزهای قبل از ۲۵ مرداد (یعنی در سال ۱۹۵۳) سخن می‌گوید. در صفحه‌ای از کتاب نوشته که راه‌آهن سرتاسری ایران از آبادان شروع و از کرمانشاه می‌گذرد و به دریاچه ارومیه می‌رسد و از آنجا به مرز شوروی!. خیابان روزولت تهران را نزدیک به سفارت شوروی قرار داده و سپس به «شوخی» نوشته که این خیابان را برای بزرگداشت رییس جمهور پیشین امریکا نامگذاری کرده‌اند. نه به خاطر او!... و بالاخره از گفتگوی سه ساعته خود به زبان آلمانی «بدون حضور مترجم و یا شخص ثالث» با سرلشکر زاهدی نوشته. او مطلقاً مطلع نبود که زاهدی حتی یک کلمه آلمانی نمی‌دانست. چون شنیده یا خوانده بود که انگلیس‌ها در زمان جنگ، زاهدی را به اتهام طرفداری از آلمان‌ها، ربوده و سپس زندانی و تبعید کرده بودند، یقین داشت که او باید آلمانی بداند و این حکایت را تماماً اختراع کرده. حال آن‌که می‌دانیم که تنها دیدارش با سپهبد زاهدی در زمان نخست‌وزیری

برای امثال او یکی دو سال وقت می‌خواسته تا چه برسد به اینکه بیاید و تمام کارها را روبراه کند و با اشخاص مختلف بحث کند. او می‌توانست کتابش را بلافاصله بعد از ۲۸ مرداد بنویسید... چرا گذاشت سال‌ها بعد که برنامه‌ی سقوط شاه بوسیله‌ی امریکا و انگلیس تدوین شد آن را نوشت...»، از سپاهیگری تا ....، صفحه‌ی ۲۵۳. مولف در این مورد اخیر توجه نداشته که صاحب‌منصبان سازمان‌های مهم اطلاعاتی مجاز نیستند، حتی پس از بازنشستگی، تا مدتی خاطرات خود را منتشر کنند و پس از آن نیز باید متن آن را به نظر دستگاه متبوع سابق خود برسانند. بنابراین می‌توان پنداشت که کتاب کرمیت روزولت در زمان انقلاب اسلامی با تأیید و یا لااقل بدون مخالفت C.I.A و به قصد اضرار به محمدرضا پهلوی نوشته شده باشد.
دکتر محمدعلی موحد نیز که تمام نقاط ضعف کتاب را پذیرفته، برای آن‌که به نویسنده اندک اعتباری بدهد، به روابط وی با محمدرضا شاه و دربار در سال‌های بعد از ۲۸ مرداد اشاره می‌کند، متن ذکر شده، صفحات۱۳۸، ۱۳۹ و ۱۴۰.
۱- دکتر پرویز عدل، خانه‌ی ما... صفحات ۵۵ و ۵۶.

او، آن هم در کاخ سلطنتی و به هنگام صرف چای در حضور شاه صورت گرفته.

مثال‌های بسیار از این قبیل ذکر شده که اعتبار کتاب کرمیت روزولت، به عنوان تنها منبع شناخت و تحلیل حوادث مرداد ماه ۱۳۳۲، ناچیز است و استناد به آن از لحاظ موازین تحقیق، درست به نظر نمی‌رسد، یا لااقل مستلزم احتیاط بسیار است.

*****

در ساعت ٦ بعد از ظهر روز ۲۷ مرداد، لوی هندرسن سفیرکبیر امریکا که پس از دو ماه مرخصی با شتاب از سوییس به ایران آمده بود، به دیدار دکتر مصدق رفت.

معمولاً در همه‌ی کشورها رفت و آمد سفیران در این قبیل موارد، بدون هیچ تشریفاتی انجام می‌گیرد و تنها به اطلاع وزارت امور خارجه کشور مربوط می‌رسد. به هنگام بازگشت لوی هندرسن، برخلاف همه‌ی موازین، دکتر مصدق دستور داد که دکتر غلامحسین صدیقی نایب نخست‌وزیر و وزیر کشور، دکتر ابراهیم عالمی وزیر کار و دکتر غلامحسین مصدق به استقبالش بروند!

گفتگوی مصدق و سفیرکبیر ایالات متحده یک ساعت بیش‌تر به طول نکشید، اما باز به دستور وی، پسرش دکتر غلامحسین مصدق، لوی هندرسن را برای صرف یک فنجان چای و گفتگو درباره‌ی اوضاع دعوت کرد و در همان جا نگاه داشت. نتیجه آن‌که سفیرکبیر امریکا بیش از دو ساعت در اقامتگاه مصدق ماند که در اذهان عمومی بر اهمیت ملاقات افزوده شود و دلیلی بر حسن رابطه میان دو کشور تلقی گردد. خاصه آن‌که در آن ساعات دیگر کسی نبود که از صدور فرمان برکناری دکتر مصدق و انتصاب سرلشکر زاهدی به جای او مطلع نباشد.

در حقیقت دکتر مصدق به شیوه‌های قدیم، می‌خواست این ملاقات را نوعی تأیید ایالات متحده امریکا از حکومت و سیاست خود

جلوه دهد.

سفیر کبیر امریکا در ساعت ۲۲ همان روز گزارش خود را به واشنگتن مخابره کرد که اکنون انتشار یافته و در دسترس است[۱].

«گفتگوی من با مصدق امشب یک ساعت طول کشید. او مرا با لباس کامل (و نه با پیژامای خانه) آن چنان که در مراسم تشریفاتی معمول است به حضور پذیرفت.».

قسمت مهمی از بحث آنها در باره‌ی کمک‌های امریکا به ایران و شرایط کار و زندگی هیات‌های نظامی و اقتصادی امریکایی در کشور بود. مصدق به وی گفت که «خواستار ماندن هیات‌های کمک‌رسانی است و افزود که معتقد است که آنان خدمات ارزنده انجام میدهند و به موضوع امنیت آنان رسیدگی خواهد کرد...»

مذاکرات طولانی دیگری در باره‌ی روابط دو کشور و انتشار مکاتبات میان رییس جمهوری ایالات متحده و نخست‌وزیر ایران صورت گرفت. «آنگاه مصدق رئوس وقایعی را که به انحلال مجلس انجامیده بود برشمرد. روایت او به طور کلی با اطلاعاتی که از جانب سفارت به وزارت خارجه داده شده است، تطبیق می‌کرد»...

پس از گفتگوی مفصلی در این مورد، دکتر مصدق نظر سفیر را «در باره‌ی اقدام خود در انحلال مجلس پرسید» هندرسن نوشته:

«... گفتم تنها نظری که در این باره مایلم ابراز کنم این است که این کار برای ایران اسف‌انگیز است و برای مردم افتخاری ندارد که دولت ایران آشکارا قادر نیست متکی بر

---

۱ - Foreign Relations of... شماره ۳۸٤، ۱۸ اوت ۱۹۵۳، ساعت ۱۰ بعد از ظهر تمام یا قسمتی از این گزارش بسیار مهم در بسیاری از کتاب‌های مربوط به این دوران انتشار یافته، از جمله نگاه کنید به دکتر جلال متینی نگاهی به...، صفحات ۳٦٦-۳٦۷ دکتر عزت‌الله همایونفر، از سپاهیگری تا ... ۲۸٤-۲۸٦، نورمحمد عسکری، شاه ... صفحات ۱۳۹ تا ۱٤۰، اردشیر زاهدی، خاطرات ... جلد اول صفحه‌ی ۲۳٦-۲٤۲.(متن کامل و ترجمه‌ی دقیق)...

پارلمان باشد. ایران در خطرناک‌ترین موقعیت بین‌المللی قرار گرفته است و فکر می‌کنم در صورتی که کلیه‌ی نهادهای مندرج در قانون اساسی می‌توانستند دست‌کم با حداقل همکاری ممکن با همه کار کنند، مطمئن‌تر بود.»

سفیر کبیر در باره‌ی جریان ۲۵ مرداد سوال می‌کند «مصدق گفت در شامگاه روز ۱۵ اوت سرهنگ نصیری به خانه‌ی او آمد و ظاهراً قصد بازداشت او را داشت. اما خود سرهنگ نصیری را بازداشت کردند و عده‌ی دیگری نیز دستگیر شدند. او سوگند خورده بود. او می‌توانست همچنان به عهد خود وفادار بماند. اما روشن بود که شاه نصیری را برای بازداشت او فرستاده بود و شاه را نیز انگلیسی‌ها تحریک کرده بودند».

از مصدق پرسیدم آیا او دلیلی دارد که بپندارد شاه فرمان عزل او را از مقام نخست‌وزیری و نشاندن زاهدی به جای او را صادر کرده است؟ مصدق گفت: که خودش هیچ‌گاه چنین فرمانی را ندیده است و فرقی نمی‌کند اگر می‌دید. موضع او از مدت‌ها پیش این بوده که شاه فقط یک مقام تشریفاتی است و حق ندارد به مسئولیت خود فرمان تغییر دولت را صادر کند. گفتم به ویژه به این نکته علاقه‌مندم و می‌خواهم گزارش دقیقی برای دولت ایالات متحده ارسال کنم. پرسیدم آیا درست فهمیده‌ام که: (الف) او اطلاع رسمی ندارد که شاه فرمانی صادر کرده و او را از نخست‌وزیری معزول کرده است (ب) ولو اینکه اطلاع می‌یافت که شاه چنین فرمانی را صادر کرده است. در اوضاع و احوال فعلی این فرمان را بی‌اعتبار اعلام می‌کرد؟ پاسخ داد: «دقیقاً همین طور است».

پس از مذاکرات مفصل دیگری، مصدق به سفیر کبیر گفت: «نهضت ملی مصمم است قدرت را در ایران حفظ کند و تا آخرین نفس به تلاش در این راه ادامه خواهد داد

> ولـــو این‌که همه‌ی اعضای آن زیر تانک‌های انگلیســـی و امریکایی له شوند. (و هنگامی که سفیر ابروهای خود را علامت تعجب بالا برد) او از ته دل خندید».

در ساعت ٤ و ٤٥ دقیقه سفارت دستورالعملی از واشنگتن دریافت کرده بود:

> «... وزارت امور خارجـــه تأیید می‌کند که گرایش بر این دارد که بکوشد با دادن امتیازات جزیی مناسبات خود را با مصدق بهبود بخشد...»[۱].

مطالعه‌ی دقیق گزارش لوی هندرســـن و تلگرام اخیرالذکر وزارت امور خارجه امریکا و اسناد و مدارک دیگری که در دسترس هستند، بخوبی نشـــان می‌دهد که پس از ماجرای ۲۵ مرداد، امریکایی‌ها مجدداً، تمایل به بهبود روابط خود با دولت دکتر مصدق داشتند و می‌خواستند دفتر طرح آژاکس را هر چه زودتر به بندند.

ماجراهایی که پس از ۲۵ مرداد در ایران روی داد و آن‌چه در حال تدارک و تکوین بود، از حیطه‌ی قدرت و مراقبت آنها بیرون بودند، ولو آن‌که در پایان کار به ملاحظه منافع خود آنها را تأیید کردند.

۱ - واشنگتن، ۱۷۹۰، ۱۸ اوت ۱۹۵۳.

فصل هفتم

۲۸ مرداد

«بامداد نوزدهم اوت، دکتر مصدق کاملاً بر اوضاع مسلط بود و کودتای نظامی سه روز قبل از آن، شکست خورده محسوب می‌شد. همان روز به هنگام ظهر رژیم او سقوط کرد.

تظاهرات جانب‌داری از شاه که گروهی از جوانان آن را آغاز کرده بودند، اندک‌اندک اوج گرفت تا این که چند واحد نظامی که با شتاب از سوی ژنرال زاهدی جمع شده بود، به کمک آنان برسد. به این ترتیب زد و خوردهای خیابانی تبدیل به یک انقلاب شد.

با تحیر عمومی، نه ارتش به حمایت از مصدق برخاست و نه پلیس. انبوه مردم بعد از لحظه‌ای تردید، جانب اقویا را گرفتند یعنی طرفداران شاه را. این تغییر حیرت‌آور ناشی از آن بود که توده‌ای‌ها خود را از بازی بیرون کشیدند.

حتی یک تن چپ افراطی برای دفاع از مصدق به خیابان‌ها نیامد.
سقوط مصدق و دو سال حکومتش، قدرت طرفداران توده را نشان داد. حزب توده از مصدق حمایت می‌کرد و او توفیق می‌یافت. توده حمایت خود را قطع کرد و مصدق سقوط کرد. در حقیقت، از مدتی پیش اندیشه‌ی ناسیونالیسم که مصدق مدافع آن بود، دیگر محتوایی نداشت. تنها سخنان او بر ضد امپریالیسم باقی مانده بود. یعنی همان چیزی که توده‌ای‌ها می‌خواستند.
رهبران تازه‌ی ایران چگونه به حل مشکلات توفیق خواهند یافت...»[۱].

این برداشتی است که ساعاتی پس از وقایع ۲۸ مرداد، روزنامه‌ی لوموند پاریس از ماجرای آن روز کرده. نویسنده‌ی مقاله قطعاً در مورد حمایت مداوم حزب توده از مصدق و نهضت او مرتکب اشتباه شده. گذشته از این نکته، باید گفت که لوموند، که در بین روشنفکران آن زمان اروپا و ایران نفوذ فکری قابل ملاحظه‌ای داشت و از آن پس همواره و با تاکید از «کودتای امریکایی» ۲۸ مرداد سخن گفته و هنوز به این رویه ادامه می‌دهد، در گزارش خود از جریان حوادث آن‌روز، نه به کودتا اشاره‌ای دارد و نه به نقش آمریکایی‌ها در آن.
در ساعت ۱۲ (ظهر) روز ۲۸ مرداد، هندرسن سفیرکبیر امریکا در تهران نخستین گزارش خود را از اوضاع پایتخت به واشنگتن مخابره کرد[۲].

«اندکی پس از ساعت یازده سفارت اطلاع یافت که مقر روزنامه‌های باختر امروز و شورش و حزب ایران به آتش

1-Le Monde, 21 aout 1953

۲ - ... Foreign Relations of شماره‌ی ۳۹۰ - ۱۹ اوت ۱۹۵۳.

کشیده شـــده‌اند... دانشجویان دانشـــکده افسری دست به اعتصاب غـــذا زده‌اند... جمعیت قابـــل ملاحظه‌ای از طرفداران شاه هم اکنون به سوی بازار در حرکت‌اند».

گزارش بعدی در ساعت ۲ بعد از ظهر مخابره شده:[۱]

«جمعیتی حدود ۳۰۰۰ نفر خواستار بازگشت شاه هستند... تعداد نظامیان و افســرانی که منفرداً به هواداران شـــاه می‌پیوندنـــد در حـــال افزایش اســـت... جمعیـــت زیادی در حوالی اداره‌ی رادیو دیده می‌شـــود... ســـفارت هنوز نتوانسته اســـت تشـــکیلات و برنامه‌ی این فعالیت‌ها را کشف کند...»

دو ساعت بعد:[۲]

«... وزارت پســـت و تلگـــراف و اداره‌ی رادیـــو اشـــغال شده‌اند...»

یک ساعت بعد:[۳]

« به موجب گزارش‌های مختلف، از جمله اعضای سفارت و ســـایر مقامات رسمی امریکایی، در شهر حالت تعطیل عمومی حکمفرما است. کلیه‌ی وســـایط نقلیه چراغ‌های خود را به نشـــانه‌ی پیروزی شاه روشـــن کرده‌اند... با این‌که هواداران شاه پیروزی‌هایی به دست آورده‌اند، ولی هنوز خانه‌ی مصدق و ســـتاد ارتش در دســـت هواداران مصدق است».

دو ساعت بعد، هفت بعد از ظهر[٤]:

«در سراســـر روز، تظاهرات به نفع شـــاه در سطح شهر گســـترش یافت... از قـــرار معلوم اکثریـــت خرد کننده‌ی

۱ - همان منبع، ۳۹۸.
۲ - همان منبع، ٤۰۰.
۳ - همان منبع، ٤۰٦.
٤ - همان منبع، ٤۰٦.

طرفدار شـــاه، گروه‌های چپ‌گـــرا را مرعوب و مجبور به سـکوت کرده اسـت... رادیو تهران توسط چند هزار نفر طرفداران زاهدی اشـغال شده اسـت... مرکز شهربانی هنوز در دست مصدقی‌ها است... هنوز هیچ لشکر یا تیپی رسماً به شـاه نپیوسته. ولی سربازان، افسران و چندین تانک به طور انفرادی از زاهدی پشتیبانی می‌کنند».

یک ساعت بعد[1]:

«اطلاعـات موثق حاکی از آن اسـت که نیروهای طرفدار زاهدی، سـتاد ارتش و سایر ادارات انتظامی را در کنترل دارند. خانه‌ی مصدق که در محاصره قرار داشت اشغال و توسط هواداران شاه غارت شده است...»

فـردای آن روز، ۲۰ اوت ۱۹۵۳، ۲۹ مـرداد، سـفیرکبیر امریکا به تفصیل وقایع روز گذشته را خلاصه کرده، نوشت[2]:

«شبانگاه نگرانی زیادی در مورد موضعی که فرماندهان گردان‌هـای ارتش در حومه‌ی شـهر اتخـاذ خواهند کرد وجود داشت. بعضی می‌ترسیدند که این یکان‌های ارتش به فرمان سـرتیپ ریاحی رییس ستاد مصدق، به سوی شهر سرازیر شوند و شهر را شبانه دوباره به نفع مصدق اشغال کنند. هم‌چنین زمزمه می‌شود که وقتی طرفداران شاه از جنب و جوش افتادند، توده‌ای‌ها می‌خواهند ضرب شست خود را نشان دهند.»

در همین گزارش سـفیر کبیر امریکا به تجزیـه و تحلیل دقیقی از علل این وقایع می‌پردازد که «نه تنها طرفداران رژیم مصدق بلکه طرفداران شاه هم از موفقیت آسان و سریع آن در شگفت هستند». و بر جنبه‌ی «خودجوش» آن تاکید می‌کند.

۱ – همان منبع، ۴۱۱.

۲ – همان منبع، ۲۰ اوت ۱۹۵۳ (ظهر) ۱۰۴۱۹-۱-۱.

گزارش‌های سفیر امریکا و اسناد رسمی دیگر وزارت امور خارجه آن کشور بهترین دلایل بطلان افسانه سرایی‌ها و خودستایی‌های کودکانه‌ی کرمیت روزولت محسوب می‌شوند که حتی خاطرات بعدی همکار وی دنالد ویلبرت[1] که تا حد زیادی جدی‌تر و «حرفه‌ای» به نظر می‌رسد، نیز اعتبار گفته‌های او را محل تردید قرار داده.

*****

سرلشکر زاهدی از ماه‌ها پیش خود را آماده‌ی ریاست دولت می‌کرد و از ابعاد بحران سیاسی و اقتصادی و نفوذ عوامل وابسته به حزب توده در دستگاه‌های اداری و حتی ارتش، برداشتی درست و واقع‌بینانه داشت. روابط دوستانه و همدلی او با بسیاری از «ملیون» و نزدیکان مصدق، ارتباطاتی که با رهبران جامعه‌ی روحانیت برقرار کرده بود و شبکه‌ای که دوستان و نزدیکانش در محافل اقتصادی (در آن موقع به خصوص بازار) و حتی روشنفکران به وجود آوردند، او را به صورت تنها شخصیت سیاسی - نظامی درآورد که هم شجاعت و هم قدرت جای‌گزینی مصدق را دارا بود.
علاوه بر همه‌ی این عوامل، سرلشکر زاهدی در ارتش از نفوذی استثنایی برخوردار بود. نه تنها گروهی از برجسته‌ترین افسران بازنشسته چون سپهبد احمدی و سپهبد شاه‌بختی در کنارش بودند و گروه دیگری چون سپهبد یزدان‌پناه و سپهبد امان‌الله میرزاجهانبانی از او حمایت می‌کردند، نه تنها وی رییس کانون بانفوذ افسران و درجه‌داران بازنشسته بود که می‌توانست به

1-Donald N. Wilbert, Adventures in the Middle East, Excursions and incursions, N. J. Darwin Press, Princton, 1986.

دونالد ویلبرت لااقل فارسی می‌دانست، تاریخ ایران را مطالعه کرده و کتب و مقالاتی در این زمینه نوشته بود. حال آنکه به روایت خود کرمیت روزولت به هنگامی که مامور «طرح ایران» شد، مقام مافوقش از او پرسیده بود از ایران چه می‌دانی و او پاسخ داده «هیچ» و بلافاصله به مطالعه‌ی چند دایره‌المعارف و کتاب بنیادی در باره‌ی ایران پرداخته بود!

سرعت افراد زیادی را تجهیز کرده به تظاهر وادارد، بلکه در میان صاحب‌منصبان شاغل و فرماندهان واحدهای ارتشی نیز یارگیری کرده بود. بسیاری از همکاران جوانش به او احترام می‌گذاشتند و اعتماد داشتند. جریان پیروزی بر خزعل و فتح خوزستان، رویارویی بدون خونریزی و مدبرانه با میرزا کوچک خان، پایان غائله‌ی سمتیقو هنوز در خاطره‌ها بود و همه به یاد داشتند که سیاست استعماری بریتانیا با وی چه رفتاری کرده، چگونه وی را ربودند، تبعید کردند و نزدیک به سه سال دور از وطن در زندان انفرادی انگلیس‌ها نگاه داشتند.

در این ماه‌های بحرانی، مخصوصا بعد از نهم اسفند که دیگر برکناری مصدق بر سر زبان‌ها و خطر سلطه‌ی امپریالیسم سرخ بر ایران هر روز بیش‌تر محسوس بود، زاهدی از مواضع مختلفی که داشت، هر روز شبکه‌ی خود را بهتر و بیش‌تر مستقر می‌ساخت. ولی در هیچ یک از گزارش‌های سری سفارت و مقامات امریکایی، کوچک‌ترین اشاره‌ای به این که با مقامات آن کشور تماس گرفته و یاری خواسته باشد. دیده نمی‌شود.

او می دانست که بدون حمایت جهان غرب، ایران طعمه‌ی مسکو خواهد شد، این حمایت را ضروری می‌دانست. اما به نیروی مردم و لااقل به نیروی جناح‌های وسیعی که تجهیز می کرد متکی بود. در تمام این روزها که وی هم‌آورد اصلی میدان سیاست در برابر مصدق و هدف همه‌ی حملات سیاسی بود، جز حسین فاطمی که از فرط زیاده‌روی در دشنام نمی‌توان به نوشته‌های پر از خشم و کینه‌اش اعتباری نهاد، هیچ یک از شخصیت‌های جناح «ملیون» تهمت همدستی با بیگانگان را به او وارد نیاورد.

بدین سان بعد از نافرجامی ماجرای ابلاغ فرمان عزل مصدق که دیگر یقین حاصل شد که وی کنار نخواهد رفت، سرلشکر زاهدی که فرمان نخست وزیری را در دست داشت و خود را رییس قانونی

دولت ایران می‌دانست، دست به کار شد که بدون خون‌ریزی زمام امور را به اختیار بگیرد که اگر ماجرای تاسف‌آور حمله‌ی مردم به اقامت‌گاه مصدق و دفاع شدید و حمله‌ی متقابل گارد محافظ او نبود، این تحویل و تحول با حداقل دشواری و شاید به احتمال قوی بدون خون‌ریزی انجام می‌گرفت.

از مقابله‌ی روایات دکتر غلامحسین صدیقی نایب نخست‌وزیر و وزیر کشور،[۱] اردشیر زاهدی که در این ساعات بحرانی همواره در کنار پدرش بود[۲] و نیز گزارش‌های سفیر کبیر امریکا که در مجموع دقیق و مستند هستند[۳] و مندرجات مطبوعات تهران در روزهای ۲۸ مرداد تا اول شهریور که در گرماگرم حوادث نوشته شده‌اند[٤]، می‌توان جریان کامل ساعت به ساعت و حتی دقیقه به دقیقه‌ی این روز سرنوشت‌ساز را دریافت. نکته‌ی قابل توجه آن است که این منابع مکمل یکدیگرند و در میان آنها تناقض اساسی به چشم نمی‌خورد.

*****

در فاصله‌ی ۲٦ تا ۲۸ مرداد، سرلشکر زاهدی گروهی از همکاران نزدیک خود را که مسئول استقرار نظم در پایتخت بودند برگزید. سرلشکر نادر باتمانقلیچ به ریاست ستاد ارتش منصوب شد، سرتیپ محمد دفتری (که مصدق نیز او را به این سمت برگزیده بود!) به ریاست شهربانی کل و سرتیپ فرهاد دادستان به فرمانداری نظامی تهران. سرهنگ عباس فرزانگان که متخصص مخابرات بود مأموریت یافت که سازمان پست و تلگراف و بی‌سیم پهلوی را در اختیار بگیرد. رضا کی‌نژاد که بازرگانی مورد اعتماد

---

۱ - دکتر غلامحسین صدیقی، آینده، سال چهاردهم، شماره‌های ۳-۵، ۱۳٦۷/۱۹۸۸.

۲ - اردشیر زاهدی، پنج روز بحرانی، منبع ذکر شده، و خاطرات ....، جلد اول.

۳ - در ...Foreigne Relations Of، منبع ذکر شده.

٤ - از جمله گزارش کاملاً دقیق خواندنی‌ها، ۳۱ مرداد ۱۳۳۲.

او و از نزدیکانش بود، مکلف شد با بازار و روحانیون که چشم به راه تغییر اوضاع و آماده برای حرکت در این جهت بودند تماس بگیرد و آنان را تجهیز کند. همچنین به سپهبد شاه‌بختی ابلاغ استانداری آذربایجان داده شد:
همه‌ی این افراد می‌دانستند که چه باید بکنند و وظایف خود را بدون اشکال عمده انجام دادند. با این حال سرلشکر زاهدی پیش‌بینی احتمال مقاومت مسلحانه‌ی یاران مصدق و یا عکس‌العمل شدید توده‌ای‌ها را نیز کرده بود و بر آن بود که اگر امکان در دست گرفتن زمام امور در پایتخت حاصل نشد، به یکی از شهرهای بزرگ ایران برود و از آنجا به اتکای ارتش، به تهران بیاید. حرکتی که به معنای نوعی جنگ داخلی بود و خوشبختانه تحقق نیافت[۱].

*****

از نخستین ساعات بامداد روز ۲۸ مرداد، دکتر مصدق که موافقت علی‌اکبر دهخدا را برای قبول ریاست شورای نیابت سلطنت جلب کرده بود، سرگرم تهیه‌ی مقدمات رفراندومی شد که می‌بایست از دیدگاه او جای‌گزین توشیح شاه شود.
به روایت خاطرات دکتر غلامحسین صدیقی، وی در ساعت شش و نیم صبح به خانه‌ی مصدق فراخوانده شد و در راس ساعت ۷ در آنجا بود: «گفتند (مصدق) که چون شاه از کشور تشریف

۱ - اردشیر زاهدی داوطلبانه در ظرف کمتر از ۲٤ ساعت به اصفهان رفت و برگشت و با سرهنگ ضرغامی معاون فرمانده پادگان آنجا تماس گرفت و موافقت او را جلب کرد. سرهنگ عباس فرزانگان به کرمانشاه رفت و با سرهنگ تیمور بختیار فرمانده تیپ آن شهر تفاهم حاصل کرد. کرمانشاه به علت نزدیکی به موطن زاهدی همدان، از یک سو و به سرحد عراق از سوی دیگر انتخاب شده بود و اصفهان به سبب مرکزیت آن و نزدیکی به مناطق ایل‌نشین که سرلشکر زاهدی در آنها نفوذ داشت. در این گفتگوها هم استقرار زاهدی در یکی از این دو شهر مطرح شده بود هم امکان به دست گرفتن قدرت در آن مناطق و اعزام واحدهای کمکی به تهران، توفیق سریع حرکت ۲۸ مرداد به همه‌ی این ترتیبات پایان داد. (نگاه کنید به اردشیر زاهدی، خاطرات ...، جلد اول، صفحات ۱۷۹-۱۸۸)

برده‌اند و لازم اســـت تکلیف قانونی وظایف مقام ســـلطنت معین شـــود، من با جمعی از آقایان شور کرده‌ام. رای آقایان این است که شورای سلطنتی به وســـیله‌ی مراجعه به آراء عمومی تشکیل بشود. شما به فرمانداران تلگراف کنید که از محل ماموریت خود خارج نشوند و آنان که به مرخصی رفته‌اند به محل مأموریت خود مراجعـــت نمایند تا پس از دادن دســـتور مراجعه به آراء عمومی، ایـــن کار را انجام دهند. گفتم مقـــررات مربوط به رفراندوم در این باب، باید به تصویب هیات وزیران برسد. بهتر آن است که امروز عصـــر آن را در هیات دولت مطرح کنید. پس از آن که هیات دولت تصویب کردند تلگراف مخابره شود. فرمودند چون تاخیر در کار مصلحت نیست بهتر آن است که امروز تلگراف کنید. ساعت هشت به وزارت کشـــور وارد شدم... و دستور تهیه تلگراف را دادم «که بلافاصله مخابره شد.»[1]

از این دســـتور به خوبی پیدا اســـت که نایب نخســـت‌وزیر و وزیر کشـــور، جزو افرادی که در چنین مســـاله‌ی مهمی مورد مشورت دکتر مصدق قرار می‌گرفته نبوده. علاوه بر این مصدق به تصویب قبلـــی هیات وزیران (که حتی رسماً در جریـــان عزل وی نیز قرار نگرفته بود) اعتنایی نداشـــت، مخصوصاً نشـــان می‌دهد که وی دیگر در اقامت‌گاه خود به درستی و دقت از اوضاع پایتخت مطلع نبود و ارتش و قوای انتظامی را مسلط به اوضاع می‌دانست.

*****

روز قبل، اردشیر زاهدی موفق شده بود از فرمان انتصاب پدرش به ریاست دولت در عکاســـخانه‌ی مورد اعتمادی، عکس‌برداری کنـــد. او تصویـــر فرمان را در یـــک دیدار مطبوعاتـــی که با چند خبرنگار خارجی در تپه‌های ولنجـــک ترتیب داده بود، در اختیار

۱- دکتر غلامحســـن صدیقی، آینده، ســـال چهاردهم شـــماره‌های ۳-۵-۱۳٦۷-۱۹۸۸

آنان گذاشت و در شهر نیز پخش کرد.
دو روزنامه صبح تهران نیز (از جمله شاهد) هنگامی که مصدق به فراهم آوردن وسایل مراجعه به آراء عمومی سرگرم بود، تصویر این فرمان را انتشار دادند. سند غیرقابل انکار انتصاب زاهدی دیگر در دست همه بود و در بازار تهران دست به دست می‌گشت و همین امر سبب شروع حرکت‌هایی شد که سرانجام به سقوط دکتر مصدق انجامید.

*****

باز به روایت دکتر غلامحسین صدیقی:

«در این موقع (یعنی اندکی پس از ساعت هشت صبح) یکی از روسای ادارات که از خارج به وزارت‌خانه وارد شده، به اتاق بنده آمد و گفت در میدان سپه، دسته‌ای از مردم زنده‌باد شاه می‌گویند و شعارهایی بر ضد دولت می‌دهند. عده‌ای پاسبان هم که سوار کامیون بودند برایشان دست تکان می‌دادند. به سرتیپ مدبر رییس شهربانی تلفن نمودم و پرسیدم جریان چیست. او اظهار بی‌اطلاعی نمود. در این وقت سرتیپ ریاحی تلفن کرد که بنابر امر جناب آقای نخست‌وزیر حکم ریاست شهربانی سرلشکر شاهنده را صادر کنم. دانستم که اوضاع شهربانی خوب نیست و عمل پاسبان‌ها به اطلاع نخست‌وزیر رسیده. به رییس کارگزینی دستور دادم حکم سرلشکر شاهنده را صادر کند.

در این احوال خبر رسید که در چند جای شهر، دسته‌هایی با همکاری نظامی‌ها، با کامیون‌های ارتشی به تظاهرات بر ضد جناب آقای دکتر مصدق پرداخته‌اند، به نفع شاه و به مخالفت با رییس دولت شعار می‌دهند. خبر رسید جمعیتی به تلگراف‌خانه هجوم برده و می‌خواهند

تلگراف‌خانه را اشغال کنند. دسته‌ای دیگر از خیابان باب همایون به مقابل وزارت دادگستری و از آنجا به میدان جلوی وزارت کشور و بازار آمده‌اند. چون من خود این مناظر را می‌دیدم به فرمانداری نظامی تلفن کردم و از سرهنگ اشرفی پرسیدم که علت این اعتشاش و بی‌نظمی چیست؟ و چرا از حرکت این دسته‌ها ممانعت نمی‌شود؟ او در جواب گفت که ما به سربازان اطمینان نداریم و عده‌ای را که برای جلوگیری از این دسته‌ها می‌خواستیم، با آنها همراه می‌شوند.

در همین موقع (ساعت یازده صبح) آقای نخست‌وزیر با تلفن به من گفتند با مطالعاتی که کرده‌ام مقتضی است دستور بدهید ریاست شهربانی کل را به تیمسار سرتیپ محمد دفتری بدهند و فرمانداری نظامی هم به عهده او واگذار شده است و او فعلاً در شهربانی است. من از تغییر فوری تصمیم نخست‌وزیر و این دستورهای متناقض متعجب و متوحش شدم.»[1]

روایت سرتیپ ریاحی رییس ستاد ارتش از این رویداد، اندکی متفاوت است:

«برای این کار (فیصله دادن به اوضاع و انتقال قدرت) سرتیپ محمد دفتری به میان می‌آید که آتوی بزرگش نسبت نزدیک داشتن با مصدق است. زاهدی که هنوز در اختفا به سر می‌برد حکم ریاست شهربانی او را صادر می‌کند. او نزد مصدق می رود و یک کمدی بازی می کند. کلاهش را زمین می‌زند که قربان مملکت دارد از بین می‌رود. حضرتعالی دستور بفرمایید من رییس شهربانی شوم تا نظم را برقرار کنم. مصدق هم روی اعتمادی که

۱- دکتر غلامحسین صدیقی، همان متن

به قوم و خویشــش دارد تلفـن می کند به من که آقا حُکم ریاست شهربانی سرتیپ دفتری را صادر کنید. تلفنش را همه‌ی حاضرین در اتاقش می‌شــنوند. همین طور جواب مرا که بــه او گفتم هیچ اعتمادی به دفتــری ندارم. از او اصرار و از من انکار. بالاخره به مصدق گفتم در صورتی که می خواهید دفتری رییس شــهربانی بشود حکم او را وزیر کشــور، آقای دکتر صدیقـی، باید صادر کند. گفت نخیــر من اصرار دارم که حکم را خودتان صادر کنید. در مقابل این اصرار من حکم را با اکراه نوشــتم و دفتری از دفتر من با دو حکم خارج شد»[1].

می‌توان پنداشــت که هنگام مذاکره‌ی تلفنی مصدق و صدیقی در باره‌ی انتصاب سرتیپ دفتری، این شخص در شهربانی بود و دو حکمی که ریاحی به آن اشــاره می‌کند، یکی مربوط به فرمانداری نظامی است و دیگری مربوط به ریاست شهربانی کل. در حقیقت ســرتیپ دفتری ســه حکم در جیب یا در دست داشت. سومی از سرلشــکر زاهدی در انتصاب به ریاست شهربانی کل بود و بدین ترتیب دو نخســت‌وزیر معزول و منصوب، دانســته یا ندانسته، تحویل و تحول و انتقال قدرت در نیروهای انتظامی و قوای مسئول پایتخت را انجام دادند.

با ذکر این جزییات، سرتیپ ریاحی به قضاوت در باره‌ی مصدق پرداخته:

«قوه‌ی تشخیص او خیلی ضعیف بود و به حرف این و آن گوش می‌کرد و اغلب نتیجه‌ی انتخابش درســت نبود...، باهــوش نبود و سیاســتمدار بســیار ضعیفی بــود. از مدرسه‌ی قدیم سیاست بود و در سیاست به جای اینکه فکر کند و راه صحیح برای هر کاری پیدا کند مسایل را با

۱- سرتیپ تقی ریاحی، متن ذکر شده، صفحه‌ی ۲۹۲.

تردستی می‌خواست حل کند و اغلب نیز بدون فکر تصمیم می‌گرفت»[۱].

توجیه رفتار و تصمیم دکتر مصدق هر چه بود، انتصاب سرتیپ دفتری و تفویض مسئولیت انتظامات تهران را به او، می‌توان نقطه‌ی پایان حکومتش دانست.

دکتر صدیقی در ادامه‌ی روایت خود نوشته:

«شهردار به من تلفن کرد و گفت جمعی به شهرداری هجوم آورده‌اند... در همین موقع بار دیگر تظاهرات در مقابل وزارت کشور تکرار شد. حدود پانصد نفر به داخل اداره‌ی تبلیغات (ساختمانی در نزدیکی وزارت کشور) هجوم بردند و به اتاق‌ها رفته و دفاتر و اوراق را بیرون می‌ریختند.»[۲]

رییس اطلاعات وزارت خارجه مأمور سیاری به شهر فرستاده بود که آن‌چه می‌بیند از هر جا که ممکن است به وسیله‌ی تلفن به وزارت‌خانه اطلاع بدهد.

«او رفت و به فاصله‌ی کمی خبر داد که عده‌ی کثیری قریب ده‌هزار نفر از جنوب شهر به حرکت درآمده و به سوی شمال (شهر) پیش می‌روند. در هر گذر بر عده‌ی جمعیت افزوده می‌شود و در حالی که عکس شاه را در دست دارند و شعار جاوید شاه می‌دهند در سطح شهر پراکنده‌اند»[۳].

در ساعت ۱۳ به وزیر کشور گزارش شد که:

«جمعی تلگراف‌خانه و مرکز تلفن کاریر را اشغال کرده‌اند.

---

۱ - همان متن، صفحه‌ی ۲۹۱.

۲- دکتر غلامحسین صدیقی، آینده، منبع ذکر شده

۳ - عبدالحسین مفتاح، خاطرات سیاسی، منبع ذکر شده، صفحات ٦٧ و ٦٨.

من به آقای نخست‌وزیر تلفن کردم و جریان اوضاع را گزارش دادم و گفتم امر بفرمایید. به هر ترتیب که ممکن باشد مرکز بی‌سیم و اداره‌ی رادیو را حفظ کنند. زیرا اگر چه تلگراف‌خانه اشغال شده، ولی اگر تظاهرکنندگان به مرکز بی‌سیم و اداره‌ی رادیو رخنه کنند، عمل آنها موجب تشنج و اختلال نظم فوری در سراسر کشور خواهد شد».

دکتر صدیقی به شهربانی تلفن کرده متوجه شد که «در آنجا جنبشی نیست».

در این میان، گویا نزدیک ظهر، جمعی از روسای بازار تهران موفق شدند تلفنی با قم و آیت‌الله عظمی بروجردی تماس بگیرند و تقاضای تعیین تکلیف کنند. وی به آنها اجازه داد که به تظاهر بپردازند. تعطیل کامل بازار علیه دکتر مصدق و ورود انبوه بازاریان به خیابان‌های شهر، شاید همان ده هزار نفری که در گزارش وزارت امور خارجه ذکر شده، تعادل قوا را به طور نهایی به سود مخالفان دکتر مصدق تغییر داد. دو روحانی بانفوذ تهران آن روز، میرسیدمحمد بهبهانی و سیدابوالقاسم کاشانی، از بامداد بیست و هشتم مرداد هواداران خود را به تظاهر دعوت کرده بودند. اما مداخله‌ی آیت‌الله عظمی بروجردی تأثیر دیگری داشت[۱].

در ساعت چهارده و چهل دقیقه، دکتر صدیقی از در پشت وزارت کشور عازم اقامتگاه دکتر مصدق می‌شود:

«سر پیچ خیابان کاخ که رسیدیم، دیدم در اینجا تانک و سرباز ایستاده بود. سربازان مانع پیشرفت شدند. ستوان دوم جوانی پیش آمد. ابراهیم خان (همراه دکتر صدیقی)

۱ - موضع‌گیری آیت‌الله بروجردی را اکثر وقایع‌نگاران این روزها یاد کرده‌اند. (از جمله نگاه کنید به نورمحمد عسکری، شاه ....، صفحه‌ی ۱۰۸ و روایاتی که ذکر نموده پیام‌هایی تلگرافی که در ساعات بعد میان او و شاه رد و بدل شد دلالت به اهمیت نقش مرجع تقلید شیعیان در جریان سقوط دکتر مصدق دارد.

مرا معرفی کرد. افسر با ادب گفت عبور وسایط نقلیه از این محل ممنوع است. پیاده به طرف خانه نخست‌وزیر رفتم. در دو طرف خانه‌ی آقای دکتر مصدق سربازان با چند تانک و کامیون متوقف بودند. چون وارد اطاق نخست‌وزیر شدم، چند دقیقه از ساعت پانزده گذشته بود. نخست‌وزیر پرسید چه خبر دارید؟ گفتم اوضاع خوب نیست ولی ناامید نباشید. آقای دکتر فاطمی گفتند چه باید کرد؟ گفتم آنچه بر هر چیز مقدم است حفظ مرکز بی‌سیم و رادیو است. پرسیدند وضع شهر چطور بود؟ گفتم افسران و سربازان با مردم همکاری می‌کنند. در این موقع صدای هیاهو و جنجال در رادیو اتاق مجاور بلند شد. به آن اتاق رفتیم. معلوم شد مخالفین اداره‌ی رادیو را اشغال کرده‌اند.

پس از چند دقیقه سرود شاهنشاهی متوالیاً پخش می‌گردید. در این وقت گفتند حال آقای نخست‌وزیر به هم خورده، جمعاً به اتاق ایشان رفتیم. دیدیم ایشان با صدای بلند گریه می‌کنند. گفتم آنچه من از ساعت یازده از آن می‌ترسیدم و در فکر آن بودم و به نخست‌وزیر هم تلفن کردم و نباید بشود، شده است. قطعاً اوضاع شهرستان‌ها هم مختل خواهد شد. صدای تیر و تفنگ و توپ متناوباً شنیده می‌شد. تلفن صدا کرد. نخست‌وزیر منگنه‌ی پای تلفن را فشار دادند تا ما هم صدای طرف مقابل را بشنویم. سرتیپ ریاحی رییس ستاد بود، گزارش داد بلواکنندگان نقاط حساس شهر را گرفته و مرکز بی‌سیم اشغال شده. خوب است اعلامیه‌ی دستور ترک مقاومت صادر بفرمایید. آقای نخست‌وزیر گفتند چه اعلامیه‌ای؟ سرتیپ ریاحی با حال گریه‌گونه‌ای با صدای مقطع گفت: حالا تیمسار فولادوند به خدمت جنابعالی

می‌آیند. قول ایشان را مانند قول یک مشاور بپذیرید. ما از نحوه‌ی بیان دانستیم که ستاد ارتش را نیز اشغال کرده‌اند و سرتیپ ریاحی گرفتار است».

در این هنگام حسین فاطمی به اتفاق خواهرزاده‌اش دکتر سعید فاطمی، با اجازه‌ی مصدق، اقامتگاه او را ترک کرد که این آخرین دیدار آن دو تن بود.

دکتر صدیقی در شرح وقایع می‌نویسد:

«در ساعت شانزده و چهل دقیقه سرتیپ فولادوند وارد اتاق شد و گفت با وضع فعلی تیراندازی دو دسته نظامیان به یکدیگر بی‌نتیجه است و موجب اتلاف نفوس می‌شود و برای جنابعالی و آقایان خطر جانی دارد. اعلامیه صادر بفرمایید که مقاومت ترک شود. آقای نخست‌وزیر فرمودند: من در اینجا می‌مانم هر چه می‌شود بشود. بیایند و مرا بکشند. سرتیپ فولادوند از جا برخاست و گفت آقا، جنابعالی به فکر ساکنین اطراف و آقایان باشید. جان اینها در خطر است.»

دکتر صدیقی در جای دیگر گفته:

«سرهنگ عزت‌الله ممتاز، فرمانده تیپ کوهستان که مأمور حفظ انتظام و دفاع در پیرامون خانه‌ی نخست‌وزیر بود وارد شد و به نخست‌وزیر گفت: «قوای مخالفین رو به تزاید است. من مصمم هستم همان‌طور که به من مأموریت داده شده است تا پای جان، وظیفه‌ی سربازی خود را انجام دهم. بیان این افسر در چنین وقت، با وضع خاصی که او مطلب خود را ادا کرد، تأثیر عجیبی در حضار نمود، همگان او را تحسین کردند و او خارج شد...

در ساعت شانزده و چهل دقیقه، بار دیگر سرهنگ ممتاز وارد شد و گفت دو تانک «شرمن» را که قوی‌تر از تانک‌های

ما است و در برابر کلانتری خیابان پهلوی بود، مخالفین تصاحب کرده و به طرف ما آورده‌اند. با این حال مقاومت مشکل است ولی من مأموریت خود را تا جان دارم انجام می‌دهم و شرف سربازی خود را حفظ می‌کنم. چون سلام نظامی داد و خواست برود، آقای نخست‌وزیر که روی صندلی نشسته بودند او را به نزدیک خود خواندند و در آغوش گرفته بوسیدند و او بیرون رفت»[۱].

در حدود ساعت ٤/٥ بعد از ظهر سرلشکر زاهدی از خفاگاه خود خارج شد. به نوشته‌ی اردشیر زاهدی «از سرهنگ خلعتبری که معاون شهربانی بود و به ما پیوسته بود، خواسته شد یک تانک بفرستد. این همان تانکی بود که پدرم سوار شد... عده‌ی زیادی افراد نظامی و غیرنظامی روی این تانک نشسته‌اند. همین که پدرم با تانک در خیابان ظاهر شد، جمعیت هجوم آورد و اینها ریختند روی تانک و در حالی که زنده باد و مرده باد می‌گفتند پدرم را در میان گرفتند. اینها را کسی نمی‌شناخت. در آن ساعت اگر کسی می‌خواست پدرم را بکشد، حتی با یک چاقو می‌توانست به مقصود برسد».

سرانجام سرلشکر زاهدی در حالی که هزاران نفر از مردم و صدها اتومبیل همراهش بودند با تاخیر بسیار به فرستنده‌ی رادیو رسید. خواندنی‌ها می‌نویسد:

«اعلام گردید که سرلشکر زاهدی نخست‌وزیر قانونی ایران به ایستگاه رادیو رسیده‌اند و از بس از طرف مردم ابراز احساسات می‌شود، نمی‌توانند به سرعت خود را به اتاق میکروفن برسانند. پس از چند دقیقه‌ی دیگر پشت میکرفن قرار گرفته متن فرمان اعلیحضرت همایونی دایر

۱- دکتر غلامحسین صدیقی، همان متن

به نخست‌وزیری ایشان قرائت گردید. سپس (سرلشکر زاهدی) به ملت ایران پیام داد که من از طرف اعلیحضرت همایونی مأمور تشکیل دولت می‌باشم و برنامه‌ی خود را قرائت کرد».

در ساعت ۸ بعد از ظهر همین روز، سفیرکبیر امریکا به وزارت متبوعه‌ی خود گزارش داد[۱]:

«اطلاعات موثق حاکی از آن است که نیروهای طرفدار زاهدی ستاد ارتش و سایر ادارات انتظامی را تحت کنترل دارند. خانه‌ی مصدق که در محاصره قرار داشت، توسط هواداران شاه و زاهدی اشغال گردید. اما هنوز اطلاع موثقی در باره‌ی محل اقامت مصدق در دست نیست».

*****

تصرف محل رادیو تهران و پخش پیام نخست‌وزیر جدید سرلشکر زاهدی، در حقیقت نقطه‌ی پایان حکومت مصدق به شمار می‌رود. عمر دولت مصدق دو سال و سه ماه و بیست روز بود.

فردای آن روز (۲۹ مرداد) روزنامه شاهد نوشت:

«خبر تصرف خانه‌ی ۱۰۹ دکتر مصدق به سرعت در شهر انتشار یافت و روحیه‌ی مردم در موقع انتشار این خبر، درست شبیه روحیه‌ای بود که مردم در ساعت ۵/۳۰ روز سی‌ام تیر ۱۳۳۱ داشتند»[۲].

*****

محمدرضا شاه، از این جریان‌ها به اختصار بسیار یاد می‌کند:

«بر اثر یک تیراندازی اخطارگونه مصدق با پیژامه از خانه‌ی خود

---

۱ – ۱۹ اوت ۱۹۵۳/ ساعت ۸ بعد از ظهر/ ٤۱۱

۲– شاهد، ۲۹ مرداد ماه ۱۳۳۲.

گریخت و به زیرزمین یکی از منازل مجاور پناه برد»[۱].

البته جریان به این سادگی نبود، به نوشته‌ی خواندنی‌ها:

«هر چند دقیقه یک‌بار جمعیت (که در خیابان‌های اطراف اقامت‌گاه دکتر مصدق جمع شده بود)، قصد یورش به طرف خیابان، چند تیر به هوا و گاهی نیز به طرف مردم خالی می‌شد و جمعیت موقتاً متفرق می گردید. این وضع تقریباً تا ساعت ۴/۳۰ بعد ازظهر ادامه داشت. در این وقت چند تانک دیگر نیز به کمک تظاهرکنندگان رسید و جمعیت از سه‌راه شاه خود را به اول خیابان کاخ رساندند.

در سر خیابان کاخ که خیابان شاه را قطع می‌کند، ساختمان نوسازی قرار دارد که طبقه‌ی چهارم این ساختمان، از طرف گارد منزل دکتر مصدق سنگربندی شده بود و سرهنگ ممتاز فرماندهی حفاظت خود را از این محل به عهده داشت. در اولین یورش جمعیت، شلیک تیر شروع شد و عده‌ای نقش بر زمین شدند و جمعیت پا به فرار گذاشت...»

*****

اندکی پس از پخش سخنرانی کوتاه سرلشکر زاهدی از رادیو تهران، به پیشنهاد مهندس احمد رضوی، قرار شد اعلامیه‌ای نوشته و خانه‌ی دکتر مصدق «بلادفاع» اعلام شود. دکتر صدیقی می‌نویسد:

«آقایان مهندس رضوی و دکتر شایگان و مهندس زیرک‌زاده به اتاق دیگر رفتند و اعلامیه‌ای به این مضمون نوشتند: جناب آقای دکتر مصدق خود را نخست‌وزیر قانونی می‌دانند. حال که قوای انتظامی از اطاعت خارج

۱ - پاسخ به تاریخ، صفحه‌ی ۷۵

شـــده‌اند، ایشـان و خانه‌ی ایشـان بلادفاع اعلام می‌شود. از تعرض به خانه معظم‌له خودداری شود».

...«پس از قرائت متن اعلامیه و قبول آقای نخســت‌وزیر، چهار نفر آقایان آن را امضا کردند و به سرتیپ فولادوند دادند. مقارن ساعت هفده آقای مهندس رضوی، ملحفه‌ی روی تخت‌خواب آقای نخست‌وزیر را برداشت و بیرون برد و به ســربازان داد که آن را روی بام نصب کنند. در این موقع آقای مهندس رضوی گفت: «حالا که کشته می‌شویم چرا اینجا بمانیم که به دست رجاله بیفتیم. از اینجا بیرون می‌رویم شاید راه نجاتی پیدا شود.»

دکتر مصدق این راه حل را پذیرفت:

«حاضـران از در تحتانی عمـارت وارد حیاط شـدند و نردبانـی یافتند، آن را بلند کرده بر روی دیوار گذاشـتند اول «یکی دو نفر» بالا رفتند «بعد آقای دکتر مصدق را بالا فرسـتادیم». در خانه‌ی همسایه کسی نبود. به زحمت از آنجا به خانه‌ی دیگری و ســرانجام به منزل «یک بازرگان آذربایجانی به نام هریســچی» رفتند. مستخدمی آنها را شـناخت. از آنان با گرمی پذیرایی شد. هوا تاریک شده بود. همگی متوجه شدند «که از خانه‌ی آقای دکتر مصدق شعله‌های آتش زبانه می‌کشد. دکتر مصدق در حال گریه می‌گفت آتش‌ســوزی خانه‌ام چندان مهم نیســت. اما من از روی آن زن که امشــب ســجاده ندارد که روی آن نماز بخواند شرمنده هستم»[۱].

*****

۱- دکتر غلامحســین صدیقی، آینده، منبع ذکر شده. شاهزاده خانم ضیاءالسلطنه همسر دکتر مصدق بسیار دین‌دار ومقید به رعایت موازین مذهبی بود.

امضای اعلامیه‌ای دایر به بلادفاع بودن اقامتگاه دکتر مصدق و برافراشتن تکه پارچه‌ی سفیدی به عنوان تسلیم، نه از شدت دفاع محافظان آن محل کاست و نه از ادامه‌ی یورش‌های مردم که به تدریج از کمک و حمایت گروهی از نظامیان و چند تانک برخوردار شدند. خواندنی‌ها می‌نویسد:

«تقریباً جنگ بین افراد ارتش بود. هر دو طرف شدیداً مقاومت می‌کردند. این جنگ آن‌قدر ادامه یافت تا ظاهراً فشنگ‌های گارد منزل دکتر مصدق که در آن طرف قرار داشتند تمام شد و از طرف تانک‌ها یک‌بار دیگر شلیک شد. بعد از آن که صدای مسلسل‌ها از آن طرف قطع شد، یکی از تانک‌های سنگین به طرف در منزل آقای دکتر مصدق رفت، در را شکسته و وارد حیاط شد».

باز هم داخل خانه نخست‌وزیر پیشین چند تیری شلیک شد که تانک‌ها به آنها جواب دادند.

ساعت ۷/۳۰ صدای تیراندازی از طرف منزل دکتر مصدق قطع شد. ابتدا نظامیانی که آمده بودند، به داخل محوطه رفتند و افراد گارد او را خلع‌سلاح کردند. بعداً مهاجمان وارد خانه شدند.

«هر کس هر چه به دستش می‌آمد می‌برد. خلاصه بعد از چند دقیقه این خانه به کلی ویران و با خاک یکسان شد و دیگر کوچک‌ترین چیزی که در آن جا قابل استفاده باشد وجود نداشت».

خانه‌ی دکتر غلامحسین مصدق که مجاور اقامتگاه پدرش بود، به همین سرنوشت دچار شد. مهاجمین به کاخ کوچکی نیز که آن هم متعلق به دکتر مصدق و در اجاره‌ی اداره‌ی اصل چهار ترومن (مباشر کمک‌های فنی امریکا به ایران) بود و یکی از زیباترین و مجلل‌ترین ساختمان‌های پایتخت محسوب می‌شد، حمله بردند و آن را غارت کردند و به آتش کشیدند. صحنه‌های دلخراش و

شرم‌آور سی تیر بار دیگر تکرار شد. دو روز بعد روزنامه‌ی کیهان شمار مقتولین را ۳۵ و تعداد مجروحین را بیش از ۳۵۰ نفر نوشت[۱]. در روز سوم شهریور، اداره‌ی پزشکی قانونی، تعداد کشته‌گان را چهل و یک تن و زخمی شدگان را هفتاد و پنج تن اعلام کرد[۲]. تقریباً همه‌ی مقتولین و مجروحین از مهاجمان به اقامت‌گاه دکتر مصدق بودند.

*****

سیزده ماه پس از سی‌ام تیرماه ۱۳۳۱، بر سر خانه‌ی دکتر مصدق همان آمد که بر سر اقامتگاه قوام‌السلطنه آمده بود. نه این کار موجب افتخار و ستایش بود و نه آن. همه‌ی آن‌هایی که در این ماجراها جان سپردند، ایرانی بودند. شهدای سی تیر متعلق به گروه خاصی نیستند و شهدای بیست و هشت مرداد نیز به گروه دیگری تعلق ندارند. همه فرزندان ایران بودند و اکنون دها سال بعد، باید در باره‌ی آنها با انصاف و به خصوص با احترام سخن گفت.

*****

دکتر مصدق، دکتر غلامحسین صدیقی و مهندس سیف‌الله معظمی وزیر پست و تلگراف و تلفن و چند تن دیگر شب را در خانه‌ی هریسچی گذراندند و بامداد روز بعد، ساعت پنج، به اقامت‌گاه مادر مهندس معظمی رفتند، دکتر صدیقی می‌نویسد که ساعات بامداد را به مشاوره و تبادل نظر در مورد رویه‌ای که باید اتخاذ شود، پرداختند.

از رادیو اعلامیه‌ی فرماندار نظامی تهران که به «غیرنظامی محمد مصدق» اخطار کرده بود خود را به مقامات مربوط معرفی کند، پخش شد. دکتر صدیقی می‌نویسد «آقای دکتر گفت: با این خبر، من به فرمانداری نظامی خواهم رفت».

---

۱ - کیهان، ۳۱ مرداد ماه ۱۳۳۲.

۲ - ابراهیم صفایی، زندگینامه ... ، صفحه‌ی ۱۵۵.

نخست‌وزیر از اعلامیه‌ی فرماندار نظامی سخت برآشفت. او هیچ‌گونه اسائه‌ی ادب به دکتر مصدق را تحمل نمی‌کرد. بلافاصله اعلامیه‌ی دیگری به امضای شخص سرلشکر زاهدی انتشار یافت که در آن از جناب آقای دکتر مصدق: «درخواست شده» بود خود را معرفی کند. در اعلامیه، امنیت و رعایت احترام نخست‌وزیر پیشین تضمین شده بود.

دکتر متین‌دفتری، سرتیپ دفتری رییس شهربانی که کاری برای حفاظت خانه‌ی مصدق نکرده بود و مهندس شریف امامی که شوهر خواهر دکتر و مهندس معظمی بود، به پادرمیانی پرداختند که تسلیم دکتر مصدق در شرایط شایسته برگزار شود.

روز ۲۹ مرداد در خانه‌ی مادر مهندس معظمی گذشت. به نوشته‌ی دکتر صدیقی:

> «غذای متنوع و پرتکلفی تهیه کرده بودند. ما در ساعت چهارده ناهار خوردیم. ساعت پنج و ربع بعد از ظهر رنگ زدند، مستخدم در را باز کرد و پس از چند لحظه برگشت و به مهندس معظمی گفت که کارآگاهان برای تفتیش خانه آمده‌اند که آنها در حقیقت برای جلب دکتر مصدق و همراهانش آمده بودند.
>
> دو اتومبیل برای انتقال مصدق و همراهانش از فرمانداری نظامی خواسته شد. آنها را ابتدا به شهربانی کل و از آنجا مستقیماً به باشگاه افسران بردند. نخست‌وزیر به همه گفته بود «هر کس به دکتر مصدق بی‌احترامی کند دستور خواهم داد جلوی همین توپ مروارید او را تیرباران کنند»[۱].

هنگام ورود دکتر مصدق، دکتر صدیقی و مهندس معظمی به باشگاه افسران، سرلشکر نادر باتمانقلیچ رییس ستاد ارتش در پای پله‌کان بزرگ باشگاه افسران به استقبال آنان رفت. رییس

۱- روایت اردشیر زاهدی به نویسنده‌ی این کتاب.

ستاد با سلام نظامی به نخست‌وزیر پیشین ابراز احترام کرد و زیر بازویش را گرفت که بدون زحمت از پله‌ها بالا برود. وی را با آسانسور به طبقه‌ای که دفتر نخست‌وزیر موقتاً در آنجا مستقر شده بود بردند و دیگران به اتفاق سرتیپ دادستان و سرتیپ دفتری از طریق پله به آنجا هدایت شدند.

در مقابل دفتر نخست‌وزیر سرتیپ فولادوند و نیز نعمت‌الله نصیری که ساعاتی قبل از زندان آزاد شده و با وجود عدم رضایت سرلشکر زاهدی از نحوه عملش به او درجه‌ی سرتیپی داده بود، منتظر دکتر مصدق و همراهانش بودند. دکتر صدیقی می‌نویسد:

«از میان افسران گذشتیم و به اتاقی که سرلشکر زاهدی در آن بود رسیدیم. سرلشکر در لباس نظامی، با پیراهن یقه باز، آستین کوتاه و شلوار تابستانی افسری و زلفان اندک ژولیده پیش آمد و به آقای دکتر مصدق سلام کرد».

نخست‌وزیر پیشین به جانشین خود گفت: «شما امیرید و من اسیر»[1]. زاهدی به وی پاسخ داد «شما در اینجا میهمان من هستید». مصدق و زاهدی با یکدیگر به گرمی دست دادند. به همه چای تعارف شد. به دستور زاهدی «آپارتمان سلطنتی» باشگاه افسران را در طبقه‌ی سوم عمارت در اختیار دکتر مصدق گذاشتند. به دیگران اتاق‌های مناسبی داده شد.

به نوشته‌ی دکتر صدیقی:

«سرلشکر باتمانقلیچ آقای دکتر را به اتاقش رسانید و برگشت و به ما گفت وسایل راحت آقایان فراهم خواهد شد. هر کدام هر چه می‌خواهید بفرمایید... به اتاق خود رفتم. اتاق‌های ما تلفن داشت. آقای دکتر مصدق با تلفن خود خواستند به محلی تلفن کنند و احوال اعضای خانواده‌ی خود را بپرسند. مرکز داخلی باشگاه تلفن را

---

۱ - خاطرات حسام دولت‌آبادی، به نقل از ابراهیم صفایی، زندگی‌نامه ....، صفحات ۱۳۹ و ۱۴۷.

وصل کرد. ساعت هشت با هم شام خوردیم و ساعت نه و نیم چون خسته بودیم به اتاق‌های خود رفتیم و برای استراحت آماده شدیم».

سرتیپ رضا زاهدی، به عنوان مسئول پذیرایی و حفاظت دکتر مصدق و سرهنگ دکتر مقدم، پزشک و جراح معروف آن زمان، به عنوان طبیب، مأمور مراقبت در سلامت مزاج وی تعیین شدند. به دکتر مقدم دستور داده شد که این کار را به همکاری با دکتر غلامحسین مصدق انجام دهد که از دوستانش بود. در ضمن به وی اجازه داده شد که نامه‌های نخست‌وزیر پیشین را به خانواده‌اش برساند و پاسخ‌های آنان را دریافت و به او تحویل نماید. همراهان مصدق توانستند تلفنی با خانواده‌ی خود تماس بگیرند. اما بعد از یک مکالمه، تلفن‌های آنان قطع شد.

از دکتر مصدق هشت روز در باشگاه افسران پذیرایی شد. سپس وی را به باشگاه افسران لشکر زرهی در سلطنت‌آباد انتقال دادند که در آنجا زندانی شد.

*****

در هیچ یک از این روایت‌ها و روایت‌های دیگر، به ویژه آن‌چه دوستداران و هواداران دکتر مصدق در آن زمان گفتند و نوشتند، اشاره‌ای به دخالت مأموران امریکایی در جریان ۲۸ مرداد به چشم نمی‌خورد.

فرماندهی ارتش که در اختیار هواداران دکتر مصدق بود، اقدامی علیه دولت نکرد. هیچ واحد ارتشی در بامداد و نخستین ساعات بعد از ظهر ۲۸ مرداد به تظاهرات مخالفان مصدق نپیوست. ولی بسیاری از نظامیان به طور پراکنده، چنان‌که دکتر صدیقی نوشته «با مردم» هم‌آواز شدند. عکس‌العمل واحدهای دیگری، چه در شهر و چه در اطراف خانه‌ی شماره ۱۰۹ خیابان کاخ، بسیار شدید بود. آن‌ها به سوی متظاهران مخالف مصدق تیراندازی کردند که

تلفات بسیار وارد آمد.

در سال‌های بعد، تبلیغات جناح چپ در ایران، که خود سهم عمده در ناکامی نهضت دکتر مصدق داشت و بسیاری از نویسندگان و متظاهران به تحقیق و تجزیه و تحلیل مسایل سیاسی در جهان غرب، از حوادث آن روز تصویری به کلی نادرست ارایه دادند حتی نوشتند «چند فاحشه و چند چاقوکش در خیابان‌ها راه افتادند و زنده باد شاه و مرده باد مصدق» گفتند[۱].

یا آن‌که مردم را «اوباش» و تظاهرات آنها را «رجاله بازی» خواندند[۲]... مخصوصاً در فرانسه و امریکا شعبان جعفری را سرکرده‌ی تظاهرات معرفی کردند. حال آن‌که او، چنان که دیدیم، در زندان بود و بعد از پایان کار به دستور نخست‌وزیر آزاد شد و نیز هرگز کسی نخواست بنویسد که وی قبل از نهم اسفند از شهربانی مقرری می‌گرفت و از طرف‌داران پرحرارت مصدق و کاشانی بود و در جشنی که در باشگاهش برپا کرده بود به نوشته روزنامه‌ی باختر امروز بیش از چهل تن از نمایندگان مجلس و رهبران «ملیون» از جمله دکتر شایگان، حایری‌زاده، یوسف مشار، دکتر عبدالله معظمی شرکت کردند و مراسم با سخنرانی مهیج مهندس کاظم حسیبی و فریادهای زنده‌باد مصدق پایان یافت[۳].

در بامداد و نخستین ساعات بعد از ظهر روز ۲۸ مرداد، افراد شبکه‌های دو روحانی متنفذ تهران، سیدابوالقاسم کاشانی و

---

۱ - دکتر فریدون کشاورز، من متهم می‌کنم کمیته‌ی مرکزی حزب توده را، منبع ذکر شده صفحه‌ی ۹۹.

۲ - انور خامه‌ای، از انشعاب تا کودتا...، منبع ذکر شده، صفحات ۴۳۸ و صفحه‌ی ۴۴۱.

۳ - باختر امروز، ۲۹ شهریور ۱۳۳۱، این مراسم در روز چهارشنبه ۲۶ شهریور ۱۳۳۱ برپا شده بود و تصویرهایی از آن در بسیاری از مطبوعات تهران انتشار یافت.

میرسیدمحمد بهبهانی، اعضای چند باشگاه ورزشی، اعضای کانون افسران و درجه‌داران بازنشسته، انجمن‌های محلی پایتخت، انشعابیون حزب توده، اعضای احزابی چون زحمت‌کشان ملت ایران که مظفر بقایی رهبر آن بود، طرفداران آن عده از رهبران جبهه‌ی ملی که از مصدق دوری جسته بودند، چون سیدابوالحسن حایری‌زاده و حسین مکی، در کوچه‌ها و خیابان‌های تهران به تظاهر و نمایش قدرت خود پرداختند و چون حوالی ظهر سردسته‌گان بازار با اجازه‌ی آیت‌الله عظمی بروجردی، دکان‌های خود را بستند و به جمع متظاهران پیوستند، شماره‌ی آنها به ده‌ها هزار نفر رسید. هسته‌ی سیاسی اطرافیان سرلشکر زاهدی این تظاهرات را رهبری می‌کرد.

حزب توده می‌توانست افراد حوزه‌ها و شبکه‌های خود را وارد میدان کند و چند اعتصاب بزرگ کارگری به راه اندازد. حزب توده می‌توانست افسران شبکه‌ی نظامی خود را که بعداً دانسته شد متجاوز از چهارصد و پنجاه تن بودند، فعال کند و چند حرکت نظامی علیه مخالفان مصدق به وجود آورد، اما دستوری از سفارت شوروی نرسید، یا اگر رسید دیر رسید. احتمالاً مسکو سیاست دیگری داشت و می‌خواست برخورد میان دو جناح «بورژوازی» آنها را به کلی ضعیف و بی‌رمق کند و آن وقت افرادش را برای به دست گرفتن قدرت نهایی وارد عرصه نماید. اما، برخلاف انتظار همه، این جریان کمتر از هشت ساعت طول کشید و کار به سرعتی غیرقابل تصور یکسره شد.

قطعاً در میان مردم تهران هواداران مصدق کم نبودند. دکتر مصدق و رهبران جبهه‌ی ملی تا حدود ساعت ۱۴ روز ۲۸ مرداد رادیو تهران را در اختیار داشتند و می‌توانستند از آنان استمداد کنند، اما نکردند. شاید مصدق دیگر امیدی نداشت و ترجیح می‌داد

فدا شود و تاریخ به صورت قربانی از او یاد کند. او می‌توانست از حزب توده یاری بخواهد، گویا به وی پیشنهاد هم کردند. ولی او مردی وطن‌پرست بود و این پیشنهاد را نپذیرفت. خود را فدا کرد، اما ایران را فدا نکرد. اکثریت مردم از کسادی بازار، از دشواری‌های روزافزون زندگی، از بلاتکلیفی سیاسی و ناامنی ناراضی و سردرگم بودند. وحشت از تسلط کمونیست‌ها بر ایران فراگیر بود. در روزهای آخر حکومت دکتر مصدق و در فاصله‌ی بین ۲۵ تا ۲۸ مرداد، رفتار حزب توده، پرچم‌های سرخی که در تهران و شهرستان‌ها برافراشته شد، شعار جمهوری دموکراتیک و درخواست توزیع اسلحه میان مردم، بر این وحشت افزود. شاه در آن موقع دشمنی نداشت و نقطه‌ی اتکایی برای اکثریت مردم بود. چون دانسته شد که سرلشکر زاهدی به ریاست دولت برگزیده شده، رهبری هم پدیدار شد و مردم به دور او جمع شدند. همه‌ی این عوامل باعث شد که کسی به هواداری از دولت مصدق برنخیزد و تعداد اندکی از نظامیان که قلباً با تظاهرکنندگان همراه و خودشان یا فرماندهان‌شان طرف‌دار سرلشکر زاهدی بودند، با آنان همراه و هم‌آواز شدند و بدین‌سان حکومت مصدق به آخر رسید.

*****

ظهر روز ۲۹ مرداد سفیر کبیر امریکا در تهران گزارش مفصلی از اوضاع روز گذشته به وزارت امور خارجه‌ی آن کشور مخابره کرد[۱].

«... صبح روز ۱۹ اوت هواداران شاه به منظور نشان دادن احساسات موافق خود به نفع او در کشور شروع به تظاهرات می‌کنند. تظاهرکنندگان در مقیاس کوچکی از بازار راه می‌افتند. ولی این شعله‌ی سوسو کننده، به

۱ - ۲۰ اوت ۱۹۵۳، ظهر، شماره‌ی ۳۴۹.

زودی به آتش خرمن‌سوز عظیمی تبدیل می‌شود که در طول روز سراسر تهران را فرا می‌گیرد. نیروهای انتظامی که برای پراکندن مردم فرستاده می‌شوند، از فرمان حمله به جمعیت سرباز می‌زنند و حتی بعضی از آنها به تظاهرکنندگان می‌پیوندند و دیگران نیز منفعل می‌مانند و جمعیت در نقاط مختلف شهر به صورت خودجوش انبوه‌تر می‌شود و شروع به حمله به دفاتر روزنامه‌هایی می‌کنند که در چند روز گذشته دشنام‌های سخیفی نثار شاه کرده بودند... کارمندان سفارت فرصت خوبی داشتند تا نوع تظاهرکنندگان را بسنجند. این‌ها بیشتر غیرنظامی بودند که میان‌شان تعدادی از نیروهای مسلح نیز مشاهده می‌شدند. ولی در هر حال به نظر می‌رسید که رهبری جمعیت دست غیرنظامیان است. گزارش‌ها نشان می‌داد این‌ها از اقشار و طبقات مختلف از قبیل کارگر، کارمند، دکان‌دار، کاسب و دانشجو هستند...
نخست‌وزیر (مصدق) از غائله به سلامت جسته و گریخته و پنهان شده. هنوز شب نشده بود که ستاد ارتش به دست دولت زاهدی می‌افتد و سرلشکر باتمانقلیچ خود را رییس ستاد اعلام می‌کند و مشغول کار می‌شود. در همان زمان سرلشکر زاهدی پشت میز نخست‌وزیری می‌نشیند... نه تنها طرفداران رژیم مصدق، بلکه طرفداران شاه هم از این موفقیت آسان و سریع که تا حدود زیادی خودجوش بود، در شگفت هستند».

تعبیر این حوادث به «کودتای نظامی» یا «کودتای امریکایی» منطقی نیست اگر کودتایی بود. همان حرکت ۲۵ مرداد بود که به ابلاغ ناشیانه‌ی یک نامه، رنگ و شکل نظامی داد و آن هم با شکست روبرو شد. خاصه آنکه بر اساس گزارش‌های دونالد

ویلبرت مأمور دیگر ســـازمان مرکزی اطلاعـــات امریکا (C.I.A) در ایران، در همان روز به کرمیت روزولت دســـتور داده شده بود که «عملیات علیه مصدق باید متوقف شـــود[۱]» و مداخله‌ی شخص اخیرالذکر در جریان‌های بعد از ۲۵ مرداد، بیش‌تر به افسانه‌سرایی شبیه است.

ماه‌ها و به خصوص ســـال‌ها بعد، اینجا و آنجا گفتگو از وجوهی شده که امریکایی‌ها (C.I.A) برای برانداختن حکومت دکتر مصدق خـــرج کرده بودند. ارقام مختلفی در این مورد ذکر شـــده از یازده هزار و اندی دلار تا هفتصدهزار دلار که در یک بررســـی جدی‌تر آمده[۲] بـــر این نکته مخصوصـــاً طرف‌داران دکتـــر مصدق تأکید می‌کنند. آیا قابل قبول اســـت که نهضت ملی ریشـــه‌داری را یک ســـازمان جاسوسی خارجی توانسته باشد با یازده هزار یا حتی هفـــت صدهزار دلار واژگون کند! آیا چنین بیانی، خود، اهانت به مردم ایران و به دکتر مصدق نیست؟
اندکی بعد گفته شد که دولت امریکا وجوهی به عنوان حق‌الزحمه میان بانیان و عاملان «کودتای ۲۸ مرداد» تقســـیم کرده. اقلاً در یک مورد و مورد اصلی، نادرســـتی این اتهام به اثبات رسیده که بعداً به آن خواهیم پرداخت.
صاحب نظری، ماجرای ۲۸ مرداد را به تمســـخر «آســـان‌ترین و ارزان‌ترین کودتای جهان» خوانده است[۳].

۱ - Donald N. Wilbert، متن ذکر شده، صفحات ۱۲۴-۱۳۰-۱۳۳-۱۳۵-۱۳۶.
۲ - Pierre de Villemarest، منبع ذکر شده، صفحه ۱۸۸.
۳ - علـــی میرفطروس، برخـــی منظره‌ها و مناظره‌های فکری...، منبع ذکر شـــده، صفحه‌ی ۱۴۷.

فصل هشتم

دولتمرد و سپاهی

نخست‌وزیر جدید در آخرین ساعات روز ۲۸ مرداد ابتدا در شهربانی کل کشور، در همان دفتری که سال‌ها پیش محل کارش بود، مستقر شد. در آنجا نخستین دستورات خود را برای اداره‌ی امور مملکت و مخصوصاً حفظ نظم و آرامش صادر و احکام رسمی گروهی از همکاران خود را که در چهل و هشت ساعت قبل برگزیده و مأمور انجام وظایف‌شان بود امضا کرد.
همان روز، دیرگاه، بیش از هفتاد تن زندانیان سیاسی به دستور او آزاد شدند. سرهنگ نعمت‌الله نصیری، با وجود عدم رضایتی که زاهدی از او نشان داده بود، از روی مصلحت به درجه‌ی سرتیپی ارتقاء داده شد. احکام رسمی فرماندار نظامی تهران، ریاست شهربانی کل و به خصوص ریاست ستاد ارتش صادر شد که صدور این ابلاغ‌ها، ساعاتی بعد، نخستین برخورد را میان محمدرضا شاه پهلوی و سرلشکر زاهدی به وجود آورد.

در همان شب، سرلشکر زاهدی تصمیم گرفت که دفتر خود را به باشگاه افسران منتقل کند و در آنجا مستقر شود. از همین محل، یعنی باشگاه افسران بود که نخست‌وزیر این تلگراف را به شاه مخابره کرد:

«پیشگاه اعلیحضرت همایون شاهنشاه، مردم شاه‌دوست و ارتش فداکار در انتظار موکب همایونی با بی‌صبری دقیقه‌شماری می‌کنند. از خاک‌پای مبارک استدعای تسریع در عزیمت و ابلاغ ساعت نزول اجلال را دارد تا احساسات پاک مردم، مطابق آرزوی خودشان، نثار قدوم مبارک گردد. نخست‌وزیر سرلشکر زاهدی»

البته شاه و ملکه ثریا، قبلاً از پایان حکومت مصدق و استقرار سرلشکر زاهدی در رأس امور کشور اطلاع یافته بودند. ملکه ثریا نوشته:

«روز چهارشنبه ۱۹ اوت - اتاق خود را ترک کرده با خانمی و آتابای برای صرف ناهار به تالار مهمان‌سرا رفته بودیم. تازه سر جای خود نشسته بودیم که خبرنگار جوانی از آسوشیتدپرس دوان دوان به سوی ما آمد و کاغذی را به دست‌مان داد. او چهره‌ای منبسط و خندان داشت. شاه با سوءظن تلکسی را که به دستش داده بودند گرفت و خواند: «مصدق سرنگون شد. نیروهای ارتشی کنترل شهر تهران را در دست دارند. ژنرال زاهدی نخست‌وزیر ایران است»[۱].

همه‌ی روزنامه‌ها بعداً نوشتند که در آن هنگام، ساعت پانزده به وقت رم بود و در حقیقت هنوز وضع روشن نشده بود. ملکه ثریا

۱ - La Palais des solitudes، صفحه‌ی ۱۶۲.

نیز تأیید می‌کند که چند ساعت دیگر به انتظار و با دریافت اخبار ضد و نقیض گذشت. اما سرانجام در پایان روز قطعی شد که کار یکسره شده و سرلشکر زاهدی زمام امور کشور را به دست گرفته است و فردای آن روز نیز خبر تسلیم دکتر مصدق (یا به نوشته‌ی ملکه ثریا «شیر پیر») به شاه و ملکه رسید.

*****

طبق چند روایت قابل وثوق که در کتاب‌ها و تحقیقات مختلف در باره‌ی این ساعات بحرانی درج شده، در همان پایان روز بیست و هشتم مرداد تنی چند از «رجال و معمرین» از جمله سیدحسن تقی‌زاده، عدل‌الملک دادگر، نصرالملک هدایت که در شمار نزدیکان و لااقل مشاوران زاهدی بودند و نیز بعضی از دوستان نزدیکش به وی توصیه کردند که در ارسال پیام خود برای دعوت از محمدرضا شاه پهلوی به مراجعت، شتاب نکند، خودش سررشته‌ی کارها را به دست بگیرد و تغییرات و اصلاحاتی را که لازم است بدون «مزاحمت» انجام دهد و حتی «تغییر رژیم را اعلام نماید»[۱].

در روایت دیگری، هنگامی که شاه، سپهبد زاهدی را از ریاست دولت برکنار کرده و او در راه سفر اروپا چند روزی را در بیروت می‌گذراند، بوسیله نادعلی کریمی نماینده‌ی مجلس که سال‌ها از طرفداران مصدق بود و سپس از وی دور شده و با دربار و به خصوص سپهبد زاهدی نزدیک شده بود، به شاه پیغام داد:

«من برای این‌که احساس حقارت نفرمایید و تصور نشود قصد منت گذاشتن دارم، تاکنون خدمت‌تان عرض نکردم. قبل از مراجعت‌تان دنیس رایت با یک هواپیما به ایران آمد

۱ - ابراهیم صفایی، زندگینامه ...، صفحه ۱۳۷، همچنین نگاه کنید به نورمحمد عسکری، شاه ...، صفحات ۳۱۱ تا ۳۱۸، منصوره پیرنیا، اردشیر زاهدی، فرزند ...، صفحه ۱۸۱.

و بغتتاً اجازه‌ی ورود خواست و به ملاقات آمد و اصرار داشت که مانع حرکت شما بشوم تا با هم در فرصت بهتری تصمیم بگیریم. گفتم این ممکن نیست. زیرا شاه در مقابل شوروی با این مرزهای مشترک بی‌دفاع، کلید استقلال ایران است. او جواب داد کلید کج زنگ زده‌ایست، او یک شخص انتریگان و متلون و بی‌اراده است. رزم‌آرا برنامه‌ی مفید داشت. علاوه بر آن‌که از او حمایت و دفاع نکرد، در کشتنش دست داشت. مصدق را می‌توانست کنترل کند، نکرد. به هیچ قول خودش پابند نیست. شما را هم بعد از چند ماه با وضع موهنی کنار خواهد گذاشت همان قسم که با قوام‌السلطنه رفتار کرد. من به او جواب‌های محکم دادم و اضافه کردم من این خطر را برای منظور شخصی متحمل نشدم و قصدم نجات مملکت از سقوط بوده و به هیچ‌وجه قصد خصوصی ندارم. مخصوصاً که من تربیت شده‌ی پدرش هستم و اهل خیانت و نامردی نبوده و نیستم. در آخر کار گفت بسیار خوب...».

راوی می‌افزاید:

«لدی الورود (بازگشت به تهران)، شرفیاب شدم. تمام مطالب را به عرض‌شان رساندم. به هیچ‌وجه خوشایندشان نبود»[۱].

در سند دیگری مربوط به سفارت کبرای بریتانیا در تهران روایت شده که:

«کاردار (سفارت) از شاه به علت عدم صداقت و توطئه‌گری‌هایش خوشش نمی‌آمد. اما سپهبد (زاهدی)

---

۱ – عین این سند که شامل مطالب دیگری هم هست در جلد اول خاطرات و اسناد اردشیر زاهدی صفحات ۴۱۹ الی ۴۲۳ درج شده. نورمحمد عسکری نیز در کتاب خود تصویر و متن مشابهی را که همان راوی نوشته نقل کرده است. اردشیر زاهدی شخصاً، نفیاً یا اثباتاً، اظهار نظری در این مورد نکرده.

تأکید کرد که شـــاه برای ایران لازم اســـت و نمی‌شود هر وقت آدم خوشش نمی‌آید شاه را عوض کند»[۱].

قدر مسلم این است که سپهبد زاهدی در روزها و هفته‌های بعد از ۲۸ مرداد قدرت و نفوذی داشت که بتواند از مراجعت محمدرضا شـــاه به ایران جلوگیری کند و اختیار امور مملکت را شـــخصاً در دســـت بگیرد، ولی این کار را نکرد. او عقیده داشت که شاه باید سلطنت کند نه حکومت. در ماه‌های بعد، برخوردهای زیادی میان او و شاه پدیدار شد. برای سپهبد زاهدی دیگر دو راه بیش‌تر وجود نداشـــت: یا توسل به کودتای سیاسی و نظامی که شاه را برکنار کند که احتمالاً هنوز می‌توانست. یا عقب‌نشینی‌های پی در پی در مقابل رییس مملکت که ناگزیر از آن شد.

در ماه‌های بعد از حل بحران آذربایجان، در مقتضیات و شـــرایط سیاسی دیگری، قوام‌السلطنه که او هم معتقد به تحدید قدرت مقام سلطنت بود، می‌توانســـت با اتکای به ارتش که سپهبد رزم‌آرا در رأس آن قرار داشت و همواره به وی ابراز وفاداری می‌کرد، شاه را کنار بگذارد. شاید به آن اندیشیده اما دست به کار نشد.

بعد از سی‌ام تیر، دکتر مصدق در حدی از نفوذ و وجاهت ملی بود که هر کار می‌توانســـت بکند. او هم حفظ ســـلطنت را ترجیح داد. شـــاید در روزهای آخر حکومتش بـــه فکر راه حل دیگری بود. اما توفیق نیافت و اگر توفیق می‌یافت و با همکاری حزب توده، چنان که بعضی از یارانش می‌خواستند، به این کار دست می‌زد. ایران اســـتقلال و تمامیت خود را از دست می‌داد و سرانجام به صورت یکی از کشورهای اقماری مسکو درمی‌آمد و خود او به سرنوشت

۱ - متن کامل این گزارش طولانی در کتاب دکتر عزت‌الله همایونفر از سپاهیگری تا ... صفحه‌ی ۳۷۲ تا ۳۷۶ نقل شده است.

دکتر بنش دچار می‌شد.

اگـــر قوام، مصدق و زاهدی در تحدید اختیارات مقام ســـلطنت به آن‌چه در قانون اساســـی مصرح بود موفق می‌شـــدند، اگر قدرت دولت و رییس آن اســـتقرار می‌یافت و معادلات سیاســـی دیگری در روابـــط میان رییـــس مملکت و رییس دولت معمول و مســـتقر می‌شـــد، احتمالاً تحول سیاسی ایران در ســـال‌های بعد مسیری دیگر می‌یافت.
اما تاریخ را نمی‌توان دوباره نوشت.

*****

در پاســـخ پیام نخست‌وزیر جدید، شاه تلگرافی به این شرح از رم به او مخابره کرد:

> «به نام قادر متعال، از پشـــتیبانی مردم ایران نســـبت به خود و دفاع آنها از قانون اساسی صمیمانه سپاسگزارم. من کلیه‌ی افراد ارتش و تمام مأمورین غیرنظامی و همه‌ی مردم ایـــران را به متابعت از اوامـــر جناب آقای فضل‌الله زاهدی که طبق قانون اساســـی از طرف من به ریاســـت حکومت ملی و قانونی ایران تعیین شـــده، دعوت می‌کنم. من بی‌درنگ به ایران و میان ملتم باز می‌گردم. خدا حافظ ایران و مردم ایران».

شـــاه هم‌چنین، پیام‌هایـــی به آیت‌الله عظمی بروجـــردی و آیت‌الله میرسیدمحمد بهبهانی فرســـتاد، که به هر دو بسیار مدیون بود. میرسید محمد، طی پاسخ گرمی به شاه نوشت «همه انتظار زیارت پادشاه محبوب معظم خود را دارند». پاسخ آیت‌الله عظمی، بعد از تعارفات و عناوین معمول، جنبه‌ی سیاسی و لحنی خاص داشت، «با آمدن تو به ایران دین و امنیت در مملکت حفظ خواهد شد»[۱].

۱ – در سال‌های بعد وقایع‌نگاران رسمی این دوران، از جمله گاه‌نامه‌ی پنجاه سال

وزارت امور خارجه ایالات متحده در یادداشتی به رییس جمهوری آن کشور گزارش داد:

«... هنوز خیلی زود است که پایداری یا کیفیت دولت زاهدی را مورد بررسی قرار داد. مع‌الوصف تجربیات وی به عنوان یک افسر تحت رهبری رضاشاه که در منتهای درجه ناسیونالیست بود، مقاومت وی در قبال سیاست‌های انگلیس و شوروی در زمان جنگ که منجر به زندانی شدن وی از طرف انگلیس‌ها شد، همکاری نزدیک وی با جبهه‌ی ملی از سال ۱۹۴۶ تا ۱۹۵۲، همگی موجب تقویت این فرضیه است که نظریات وی مانند مصدق ناسیونالیست خواهد بود»[۱].

در طی روز ۲۹ مرداد نخست‌وزیر، بدون آن‌که منتظر مراجعت شاه بماند، کسانی را که برای عضویت در دولت در نظر گرفته بود، یک یک به باشگاه افسران فراخواند و مسئولیت و مأموریت آنان را ابلاغ کرد. او هم‌چنین به بعضی انتصابات در ارتش و نیروهای انتظامی دست زد، از جمله انتصاب سرلشکر گلپیرا به ریاست ژاندارمری کل. بعد از تعیین سرلشکر باتمانقلیچ به ریاست ستاد، سرتیپ دفتری به ریاست شهربانی کل، سرتیپ دادستان به فرمانداری نظامی پایتخت، عملاً متصدیان مقامات حساس ارتش، بدون توافق قبلی «فرمانده کل قوا» تعیین شده بودند. هم‌چنین زاهدی وزارت جنگ را به سرلشکر عبدالله هدایت تفویض کرد، که این هم معمولاً در حدود اختیارات شاه بود، و سپهبد شاه‌بختی را به استانداری آذربایجان برگزید.

ساعاتی بعد، همه‌ی این‌ها، منجر به نخستین برخورد میان

شاهنشاهی پهلوی، به مبادله‌ی پیام‌های تلگرافی میان شاه و مرجع تقلید شیعیان اشاره کردند. اما متن آن را انتشار ندادند.

۱ - مورخ ۲۱ اوت ۱۹۵۳: ۱) با تغییر اخیر دولت تأثیر آن در وضع ایران چه خواهد بود؟ ۲) دولت امریکا در قبال دولت زاهدی چه رویه‌ای باید اتخاذ نماید؟

محمدرضا پهلوی و فضل‌الله زاهدی شد.

*****

روز ۳۰ مرداد ۱۳۳۲، ۲۱ اوت ۱۹۵۳، شاه به تنهایی از رم عازم تهران شد، ملکه ثریا می‌خواست همراه همسرش به ایران باز گردد. محمدرضا پهلوی در برابر اصرار و حتی ناراحتی همسرش به او گفت که هنوز به ثبات اوضاع در ایران کاملاً اعتماد ندارد و ترجیح می‌دهد که وی را در محیط امن‌تری بگذارد[۱].
قبل از ترک رم، شاه در پیامی خطاب به ملت ایران گفت:

> «سیل احساسات بی‌ریا از هزاران کیلومتر راه، چنان در دل من پرتو افکند که تمام خستگی‌های روحی و نگرانی‌هایی که آن هم ناشی از علاقه‌ی قلبی من به میهن مقدس و ملت عزیز بود در رم مرتفع شد و مجال یک ساعت تأخیر در عزیمت به ایران عزیز و دیدار هم‌میهنان را نداد... با اعتمادی که به لیاقت و شایستگی سرلشکر زاهدی نخست‌وزیر دارم، مطمئنم که در ترمیم خرابی‌ها و اصلاحات لازم اقدامات موثر خواهد کرد. همگی شما را به خدا می‌سپارم و سعادت‌تان را آرزومندم».

شاه که در نخستین ساعات ۲۱ اوت، رم را با هواپیمای خط هوایی K.L.M ترک کرده بود، چند ساعت بعد به بغداد رسید. این بار در فرودگاه از او استقبال پرشکوه و در شأن پادشاه ایران به عمل آمد. نایب‌السلطنه و ولیعهد عراق و همه‌ی اعضای هیأت دولت و مقامات رسمی آن کشور در انتظارش بودند. تشریفات نظامی اجرا شد. مظفر اعلم و اعضای سفارت همه با لباس رسمی به آنجا آمده بودند. شاه از پذیرفتن و دیدار آنان خودداری کرد.
محمدرضا پهلوی شب را در بغداد گذراند و این بار با هواپیمای

---

۱ - Le Palais des Solitudes، صفحه‌ی ۱٦٥.

سلطنتی ایران عازم پایتخت کشور خود شد.
بعد از ظهر ۳۱ مرداد ماه، ۲۲ اوت ۱۹۵۳، محمدرضا شاه پهلوی، که پنج روز قبل از آن به نوشته‌ی همسرش نومید و بدبین و طبیعتاً سخت دل‌شکسته بود، به تهران بازگشت. چرخ بازیگر از این بازیچه‌ها بسیار دارد.

در فرودگاه مهرآباد نخست‌وزیر به اتفاق وزیرانی که هنوز رسماً معرفی نشده بودند، چند تن از اعضای خانواده‌ی سلطنتی، تمام سفیران و نمایندگان سیاسی خارجی و بسیاری از رجال و مردم عادی در انتظارش بودند. در فاصله‌ی میان فرودگاه و کاخ سلطنتی، استقبال مردم بسیار گرم بود و نشان از امیدواری آنان به عادی شدن اوضاع و بازگشت امنیت و رفاه اجتماعی داشت.
به هنگام انجام تشریفات رسمی در فرودگاه مهرآباد، محمدرضا شاه علناً نسبت به دیدار وزیرانی که «رسماً» نمی‌شناخت و به خصوص از این‌که نعمت‌الله نصیری به درجه‌ی سرتیپی ارتقاء یافته تقریباً اظهار عصبانیت و به هر حال عدم رضایت نمود. «کی به تو درجه سرتیپی داده؟» نصیری ساکت ماند. نخست‌وزیر با صدای بلند که سایرین هم سخنانش را شنیدند گفت: «با اجازه‌ی اعلیحضرت همایون شاهنشاه، ابلاغیه صادر شد و نصیری به درجه‌ی سرتیپی نایل گردید»... شاه آهسته به‌طوری که نخست‌وزیر و چند تن از اطرافیان بشنوند گفت: «نمی‌توانستید صبر کنید تا من بیایم؟»[1] و این آغاز دشواری‌هایی میان شاه و نخست‌وزیرش بود.

*****

سرلشکر زاهدی در روز اول شهریور، ۲۳ اوت، وزیران خود را رسماً به شاه معرفی کرد. عبدالله انتظام وزیر امور خارجه بود،

۱ - نور محمد عسکری، شاه ... صفحه‌ی ۱۸۲-۱۸۳.

دکتر علی امینی وزیر دارایی، سرلشکر عبدالله هدایت وزیر جنگ، دکتر علی‌اصغر پورهمایون وزیر اقتصاد ملی، دکتر جهانشاه صالح وزیر بهداری، جمال اخوی وزیر دادگستری، احمدحسین عدل وزیر کشاورزی، علی‌اصغر حکمت وزیر مشاور... کفالت وزارت کشور که نخست‌وزیر می‌خواست بر آن نظارت کامل و دایم داشته باشد به سرتیپ محمدحسین میرزاجهانبانی دوست نزدیک و مورد اعتمادش تفویض شده بود.

شاه انتظار داشت که در انتخاب وزیران قبلاً اظهار نظر کرده باشد. او با ترکیب کابینه موافق نبود و اندکی بعد عدم رضایت خود را به سفیرکبیر امریکا بازگو کرد:

> «... شاه گفت: نسبت به کابینه‌ای که زاهدی در بدو ورود معرفی کرده است، خوشحال نیست. همان قیافه‌های قدیمی که سال‌ها سوار کار بودند کماکان دیده می‌شوند. وی انتظار کابینه‌ای را داشت که موجب تحرک در کشور باشد، به خصوص در میان جوانان. وی گفت امریکایی‌ها اصرار داشتند که امینی به عنوان وزیر دارایی جزو کابینه باشد و قبل از ورود وی، کابینه انتخاب و به وی معرفی شود که در حقیقت وی در مقابل عمل انجام یافته‌ای قرار بگیرد...»[۱].

لوی هندرسن، قویاً دخالت امریکا را در انتصاب دکتر امینی یا در ترکیب دولت، تکذیب کرد. ظاهراً برای تصدی وزارت دارایی، در ابتدا نظر نخست‌وزیر به دکتر حسین پیرنیا، استاد اقتصاد دانشگاه تهران و متخصص سرشناس مسائل نفتی بوده. اما او را در تهران نیافتند و دکتر امینی برگزیده شد[۲].

ناهم‌آهنگی میان شاه و نخست‌وزیر، اندک اندک به صورت یکی از

---

۱ - ۳۵۳، ۲۳ اوت، ۱۹۵۳، ساعت ۱۰ شب.

۲ - اردشیر زاهدی، خاطرات... صفحه‌ی ۳۴۹.

شایعات شهر درآمد و هر بار در شرفیابی‌های سفیرکبیر امریکا مطرح می‌شد. تقریباً سه هفته بعد، او این نکته را با شاه مطرح کرد[1]

«من به شاه گفتم شایعاتی در شهر رایج شده است که وی با زاهدی در باره‌ی ارتش اختلاف نظر دارند. گفته می‌شود از یک طرف زاهدی بدون مشورت با شاه در ارتش اقداماتی به عمل می‌آورد و از طرف دیگر شاه، زاهدی را نادیده گرفته و دستوراتی مستقیم به رییس ستاد ارتش صادر می‌نماید. حزب توده و سایر دشمنان شاه و زاهدی یقیناً از این قبیل حکایت‌ها خیلی خوشحال و در اشاعه‌ی آن کوشا هستند. شاه گفت اگر زاهدی خوب درک نماید که کاری به کار ارتش نداشته باشد، هیچ موردی برای این اختلاف و حتی شایعاتی در باره‌ی این اختلافات پیش نخواهد آمد. خیلی مشکل است زاهدی فراموش نماید که به عنوان نخست‌وزیر، وی اکنون یک فرد غیرنظامی است و نه یک افسر ارتش، او کاملاً متمایل است که زاهدی شخصاً و محرمانه در باره‌ی ارتش با وی صحبت کند. ولی با اجازه دادن به نخست‌وزیر که آشکارا در باره‌ی مسایل مربوط به ارتش توصیه نماید، حاضر نیست سابقه ایجاد کند...».

*****

در نخستین روزهای پس از بازگشت شاه و «عادی شدن» اوضاع، مسائل گوناگون در کشور فراوان بود.

روز سوم شهریور ۱۳۳۲، ۲۵ اوت ۱۹۵۳، شاه سرلشکر زاهدی را که رسماً بازنشسته و «غیرنظامی» بود به درجه‌ی سپهبدی ارتقاء داد که معنای آن نوعی بازگشت وی به کادر شاغل و فعال ارتش

---

۱ - ۳۶۸، ۱۸ سپتامبر ۱۹۵۳.

بود. همان روز به «پاس خدمات صادقانه»اش یک قطعه نشان درجه اول تاج به نخست‌وزیر اعطاء شد.

نعمت‌الله نصیری نیز که به دستور و تصمیم زاهدی در ۲۹ مرداد به درجه‌ی سرتیپی ارتقاء یافته بود، این بار مجدداً به امر شاه سرتیپ شد که شاید این تنها مورد در تاریخ ارتش ایران باشد که شخصی در ظرف پنج روز دوبار همان درجه را دریافت کرده باشد!

روز بعد، چهارم شهریور، نخست‌وزیر با تصمیم شخصی خود دیوان عالی کشور، بالاترین مرجع قضایی مملکتی و دیوان عالی انتظامی قضات را که دکتر مصدق به حالت تعلیق در آورده بود، مجدداً برقرار کرد و بدین ترتیب خلاء موجود در نظام دادگستری از میان رفت.

*****

در نخستین روزهای شهریور ۱۳۳۲، قدرت دولت در سرتاسر کشور مستقر و مورد قبول بود و سپهبد زاهدی بلامنازع امور مملکت را اداره می‌کرد.

قضاوت در باره‌ی این مساله هر چه باشد، باید پذیرفت که ماجرای ۲۸ مرداد، ایران را از خطر استیلای کمونیسم، یعنی حزب توده و اتحاد جماهیر شوروی، نجات داد. احساس همین خطر بود که مردم را یا به طرفداری از قیام سرلشکر زاهدی واداشت و یا به امتناع از تظاهر به نفع مصدق که هنوز بسیاری دوستش می‌داشتند و به او احترام می‌گذاشتند. آیا خود مصدق نیز به این خطر و به بن‌بستی که مملکت به آن رسیده بود وقوف داشت که هواداران خود را به تظاهر فرا نخواند و به خصوص با صراحت دست رد بر سینه‌ی حزب توده زد که گروهی از طرفدارانش، به خصوص حسین فاطمی، گرداننده‌ی اصلی تصمیمات و اقدامات دولت در فاصله‌ی بین ۲۵ تا ۲۸ مرداد، خواهان ائتلاف با آن

بودند؟

تسلط عوامل شوروی به ایران، به هر صورت، چه مستقیماً و چه در چهارچوب یک «جبهه‌ی دموکراتیک ضد امپریالیستی»، معادلات بین‌المللی را به کلی تغییر می‌داد. در این صورت مسکو به آرزوی دیرین خود که رسیدن به «آب‌های گرم» باشد، و یک‌بار قوام‌السلطنه مانع تحقق آن شده بود، می‌رسید و شوروی‌ها بر ثروتی سرشار، یعنی منابع نفتی ایران، دست می‌یافتند. چه بسا جهان غرب، چنان که در یک نشست شورای امنیت ملی امریکا پیش‌بینی شده بود، یک «خط دفاعی در میان سلسله جبال زاگرس[۱]» با حمایت و مداخله‌ی نیروهای نظامی امریکا و پایگاه‌های انگلیسی در عراق، ایجاد می‌کرد. در آن صورت ایران دستخوش جنگ داخلی و ویرانی می‌شد، چنان‌که در همان سال‌ها، یونان، کُره و ممالک هندوچین دچار آن شدند.
ایران از همه‌ی این محنت‌ها و ویرانی‌ها رهایی یافت و استقلال و تمامیت خود را حفظ کرد، که این خود یک پیروزی بزرگ برای «جهان آزاد» در مقابل «کمونیسم بین‌المللی» بود.
قطعاً به همین علت است که سازمان مرکزی اطلاعات ایالات متحده (C.I.A) که آن روزها رو در روی سیاست جهان‌خواری شوروی قرار داشت، کوشید تا این ماجرا را، که مرحله‌ی نهایی آن «خودجوش» بود و در آن دخالتی نداشت، یا دخالتی ناچیز داشت، به حساب خود بگذارد. شوروی‌ها نیز هرگز شکست خود را نبخشیدند و برخی از روشنفکران و روزنامه‌نویسان غرب نیز

۱ – صورت جلسه‌ی مذاکرات یک صد و سی و پنجمین جلسه‌ی شورای امنیت ملی، مورخ ٤ مارس ۱۹۵۳. ژنرال آیزنهاور، رییس جمهوری، ریچارد نیکسون معاون وی، وزیر امور خارجه، وزیر دفاع، رییس سازمان مرکزی اطلاعات، رییس ستاد مشترک و جمعی دیگر از مسوولان امریکایی در این اجلاس حاضر بودند و این صورت جلسه در اسناد دیپلماتیک ایالات متحده، منبع ذکر شده، انتشار یافته است.

به رویه‌ی معمول خود، از آنان پیروی کردند و نظریه‌ی «کودتای ۲۸ مرداد» شکل و قوام گرفت[۱]، که اکنون مورد تردید و انتقاد اکثر محققین و مورخین موجه قرار گرفته.

امروزه که اوضاع جهان و معادلات بین‌المللی به کلی دگرگون شده، جنگ سرد به صورت یک «خاطره‌ی تاریخی» درآمده و همه‌ی اسناد رسمی ایالات متحده در دسترس محققان قرار گرفته‌اند، می‌توان بدون تعصب و بدون پیش‌داوری سیاسی و عقیدتی در باره‌ی این وقایع قضاوت کرد. باید حقایق را گفت و نوشت و در وقایع از دید تاریخی و با انصاف و بی‌طرفی به بحث و داوری و ارزیابی پرداخت.
تحول سیاسی ایران بعد از ۲۸ مرداد هر چه بوده، شبهه‌ای نیست که در آن روز ایران از خطری بزرگ نجات یافت.
۲۸ مرداد یک نقطه عطف در تاریخ معاصر ایران بود و هست. همین حکم در مورد ۲۹ اسفند و ملی شدن نفت به رهبری دکتر مصدق و به همت همه‌ی ملت ایران و همچنین در باره ۲۱ آذر و نجات آذربایجان جاری است و سهم استثنایی که قوام‌السلطنه در آن داشت.

*****

---

۱ - پی آمد حیرت‌انگیز شکست توطئه‌ی دست‌اندازی بر ایران، این بود که لاورنتیف سفیرکبیر شوروی «که در سایر کشورها در انقلاب‌سازی موفق بود» و قطعاً به همین منظور مأمور ایرانش کرده بودند «اقدام به خودکشی کرد». «بعدها شنیده شد که توده‌ای‌ها اظهار کرده بودند که در ۲۸ مرداد غافلگیر شده بودند و گرنه قصد داشتند زد و خورد را تا بامداد روز ۲۹ مرداد بکشانند» و چون اتخاذ این رویه با اجازه یا به دستور سفیرکبیر شوروی بود و با شکست کامل مواجه شد، وی دست به خودکشی زده که «فوراً رییس بیمارستان شوروی به کمک شتافته و وی را از مرگ نجات داده است». لاورنتیف مدت‌ها بعد از این جریان در باغ ییلاقی سفارت شوروی در زرگنده به بهانه‌ی استراحت ممنوع‌الملاقات بود. ولی چندی پس از آن در تهران ماند و به مأموریت سیاسی خود ادامه داد. برای مطالعه‌ی جزییات این جریان نگاه کنید به عبدالحسین مفتاح، خاطرات سیاسی، منبع ذکر شده، صفحات ۶۸ تا ۷۱ که چند جمله از نوشته‌ی او در این حاشیه نقل شده.

سپهبد زاهدی در نخستین روزهای حکومتش با دو مساله‌ی سیاسی مهم روبرو شد.
ناصر قشقایی تلگرافی به «حضور تیمسار سرلشکر زاهدی» که از دید وی نه سپهبد شده بود و نه نخست‌وزیر، مخابره کرد[1]. پیام او ابتدا مملو از تعارفات بود «گمان می‌کنم در ارادت قلبی و دوستی بی‌غل و غش سی و یک ساله‌ام هیچ تردیدی نداشته باشید ... جنابعالی شخصی بودید که در این مملکت، اکثر اهالی نزدیک به اتفاق، به حضرت‌عالی عقیده‌مند بودند و دوست‌تان می‌داشتند و شما را یکی از ذخایر ملی می‌دانستند و امیدها داشتند و قطعاً یکی از آن اشخاص عقیده‌مند خود بنده بودم». او سپس افزود:

> «... بدبختانه امید همه‌ی آزادی‌خواهان مبدل به یأس گردید... تصدیق می‌کنم حضرت آقای دکتر مصدق نخست‌وزیر نسبت به شخص حضرت‌عالی و دو سه نفر از رفقا بسیار بد کرد... ولی بدبختانه و هزار بدبختانه آقا را محلل قرار داده‌اند. طولی نمی‌کشد کاری بر سرتان بیاورند که بر سر هزاران اشخاص شریف آورده‌اند. ولی آن وقتی است که پشیمانی سود ندارد... حالا هم مجال دارید تا قوه در دست‌تان است، می‌توانید قیامی کرده و به ملت ایران ثابت کنید که تیمسار زاهدی همان است که مردم تشخیص داده‌اند و یقین دارم تشخیص مردم غلط نیست... بیش از این مصدع نمی‌شوم. مراد ما نصیحت بود و گفتیم. حوالت با خدا کردیم و رفتیم. دوست قدیم شما محمدناصر قشقایی».

در این پیام رییس ایل قشقایی در حقیقت رییس دولت را به قیام علیه شاه دعوت می‌کرد. اما او به عبارات تند اکتفا نکرد و «نرفت».

---

۱ - متن پیام‌های مبادله شده میان سپهبد زاهدی و محمدناصر قشقایی، در کتاب خاطرات شخصی اخیرالذکر، سال‌های بحرانی، موسسه‌ی خدمات فرهنگی رضا، تهران، ۱۳٦٦ درج شده است.

ولی بلافاصله بعد از ارسال این پیام اعلامیه‌ای نیز خطاب به ملت ایران صادر کرد که در تمام استان فارس و منطقه‌ی بختیاری پخش شد:

«... در این موقع که جیره‌خواران و مزدوران اجنبی، افراد وطن‌پرست و بی‌هراس ایلات و بلوکات قشقایی خطاب به شما ملت غیور و میهن‌خواه ایران که همیشه نگهبان وطن خویش بوده‌اید، به شما برادرانی که در لباس پرافتخار سربازی بوده و برای مبارزه با دشمنان ایران آماده‌اید می‌گویند: اکنون که سوداگران کمپانی غاصب سابق بار دیگر نغمه‌ی شوم و مرگبار خویش را سر داده و می‌خواهند امیال ددمنشانه خود و اربابان را جامه‌ی عمل بپوشانند، ما تا آخرین قطره‌ی خون خود، با نوکران اجنبی و دشمنان ایران می‌جنگیم و از شما ملت وطن‌خواه و بیدار ایران می‌خواهیم که دلیرانه با ما در راه استقلال میهن عزیز همکاری و با لب خندان شربت شهادت بنوشیم... افراد وطن‌پرست ایلات قشقایی و جوانان غیور فارس تا پای جان و تا سر حد آمال خویش، جانبازی کرده با هواداران شرکت غاصب و دشمنان ایران عزیز مبارزه می‌کنند».

این پیام در حقیقت دعوت به تجدید غائله‌ی فارس برای تضعیف حکومت بود. سپهبد زاهدی به پیام پاسخی نداد. به دستور او سرلشکر دولو فرمانده‌ی لشکر اصفهان در ضمن کفیل استانداری فارس، اعلامیه‌ای با هواپیما بر روی نواحی اقامت ایل قشقایی پخش کرد:

«برابر اطلاع رسیده مطالبی به امضای آقای محمدناصر قشقایی در منطقه‌ی سمیرم منتشر شده که خلاصه‌ی مضمون آن، تحریک اهالی و ایلات وطن‌پرست و

شاه‌دوست به مخالفت با دولت قانونی و ملی می‌باشد... لازم دانست یادآور شود که دولت قانونی و ملی با قدرت خلل‌ناپذیر ملت، بر اوضاع مسلط و جز رویه‌ی آسایش و امنیت قاطبه‌ی اهالی در هر نقطه‌ی کشور باشند هدف دیگری نیست. این انتشارات اگر حقیقتاً به امضای آقای محمدناصر قشقایی باشد، اخطار می‌گردد که ایشان و آقایان محمدحسین و خسرو (قشقایی) بدون فوت وقت با اعتراف به گناه خود و تقاضای بخشش به اصفهان بیایند...».

سرلشکر دولو در پایان اعلامیه‌ی خود تهدید کرد که اگر ایلات تحت فرمان ناصرخان به اقداماتی برای سلب امنیت عمومی و حمله به پاسگاه‌های ژاندارمری بپردازند «بدون هیچ‌گونه رحم و با سرعت و شدت از زمین و هوا سرکوب و مجازات ملی» در باره‌ی آنان اعمال خواهد شد.

در پاسخ سرلشکر دولو، ناصر قشقایی اعلامیه‌ی دیگری صادر و طی آن کفیل استانداری فارس و فرمانده لشکر اصفهان را «متهم» کرده بود که پیش از تاریخ ۲۸ مرداد از دکتر مصدق، و پس از آن از شاه و «سرلشکر» زاهدی جانبداری و اطاعت کرده. این نکته کاملاً درست بود. سرلشکر دولو از دولت مرکزی اطاعت می‌کرد و نماینده‌ی آن بود و با وجود اقامت در اصفهان، موقتاً به دستور نخست‌وزیر کفالت استانداری فارس به وی تفویض شده بود.

سپهبد زاهدی نمی‌خواست در نخستین روزهای حکومتش، دچار غائله‌ای در فارس - استانی که آن را می‌شناخت و دوست می‌داشت، بشود و به لشکرکشی بپردازد. پس کوشید چنان‌که با شیخ خزعل عمل کرده بود، از «موضع قدرت» به آرام کردن قشقایی‌ها بپردازد و به آنان بهانه‌ای برای عقب‌نشینی بدون سلب

آبرو بدهد. به دستور او از نخست‌وزیری به سرتیپ جهانگیری فرمانده لشکر فارس ابلاغ شد:

«بر حسب امر جناب آقای نخست‌وزیر به جناب آقای قشقایی اطلاع دهید هیچ گونه نگرانی نداشته باشند. خانواده‌ی قشقایی مثل خانواده‌ی خود ایشان است».

چند روز گذشت، قشقایی‌ها تظاهراتی کردند، اما شدت عملی نشان ندادند. سپهبد زاهدی، احتمالاً با اعزام مأمورین خاص و توسل به وساطت، دریافت که ناصر قشقایی بیش‌تر به سبب ابراز وفاداری نسبت به مصدق و به علت روحیه‌ی جوانمردی و غیرت ایلیاتی دست به این حرکات زده. البته مخالفت دیرین او با خانواده‌ی پهلوی بر کسی پوشیده نبود و روسای ایلات آن منطقه، به طور کلی همواره سعی می‌کردند هر بار با حکومت مرکزی ضعیف روبرو هستند، امتیازاتی بگیرند و به شرارت می‌پرداختند و هر بار با قدرت حکومت و حکومت قدرت روبرو بودند، مطیع و ساکت می‌شدند. در نتیجه خود او تلگرافی برای ناصرخان فرستاد که شاید قبلاً در مورد آن نوعی تفاهم حاصل شده بود:

«جناب آقای محمدناصر قشقایی، ممکن است در این کشمکش اخیر اتفاقاتی رخ داده باشد (اشاره به وقایع ۲۸ مرداد است) ولی جناب آقای هیئت (دادستان کل کشور که قاضی خوش‌نام و محترمی بود و در کابینه‌ی مصدق نیز سمت وزارت دادگستری را داشت) که طرف اعتماد عموم است به استانداری فارس تعیین و حرکت کردند. یقین جلوگیری از هر نوع سوءتفاهمات خواهد شد. اطمینان داشته باشید که در حکومت اینجانب، جز رفاه حال عمومی و بالا بردن سطح زندگی مردم منظور دیگری نداشته و یقین دارم با سوابقی که به اخلاق اینجانب دارید، با کمال اطمینان در پیشرفت کار دولت و رفاه عموم مجاهدت خواهید فرمود».

پیام به امضای فضل‌الله زاهدی نخست‌وزیر بود، نه سپهبد، نه سرلشکر، اشاره‌ای ظریف به قصد خاتمه‌ی مجادله.

علی هیئت به فارس رفت و به اتکای قدرت دولت، با مسالمت به بحران خاتمه بخشید. پس از مدتی برادران قشقایی رهسپار اروپا شدند و ناصرخان دیگر به ایران برنگشت. دولت به تدریج اسلحه‌ای را که در دست ایلات و عشایر بود جمع‌آوری کرد. فارس آرام شد. سال‌ها بعد غائله‌ی دیگر فارس علیه اجرای اصلاحات ارضی پیش آمد، که داستان دیگری است و قبلاً به اختصار اشاره‌ای به آن شده.

تعیین تکلیف دکتر مصدق، مساله‌ی بزرگ دیگر دولت بود. ده روز پس از ۲۸ مرداد، سپهبد زاهدی دفتر کار خود را، مانند قوام‌السلطنه، به وزارت امور خارجه منتقل کرد و برای اجتناب در رفت و آمد در شهر، فقط شب‌ها در باشگاه افسران استراحت می‌کرد. حضور دکتر مصدق در باشگاه افسران، مستلزم تدابیر حفاظتی فراوان بود که با مجالس جشن و رفت و آمدهای دایم در آن محل منافات داشت. در نتیجه او را به باشگاه افسران لشکر زرهی در محوطه‌ی پادگان سلطنت‌آباد انتقال دادند.
از همان روز و شاید ساعتی که دکتر مصدق به باشگاه افسران رفت و به اصطلاح خودش، تسلیم شد، اتخاذ تصمیم در باره‌ی سرنوشت وی و رفتاری که می‌بایست با او بشود، در مراجع عالی دولت و در میان رجال سیاسی آن زمان مطرح شد.
نورمحمد عسکری که در آن موقع روزنامه‌نویس بود و در محافل سیاسی رفت و آمد داشت در این مورد تحقیق و سوالاتی کرده بود که بعد از سال‌ها در کتابش انتشار داده،[1] سپهبد زاهدی که خود وزیر مصدق بود، از همان ابتدا با محاکمه‌ی او مخالفت کرد!

---

۱ - نورمحمد عسکری، شاه، مصدق ...، فصل بیست و دوم صفحات ۲۳۸-۲۳۹.

نه تنها به آن سبب که «همه‌ی ملت ایران، از جمله شاه و خود من در نهضت ملی شدن نفت در کنار او بودیم و از او پشتیبانی کردیم». بلکه به این جهت که «زندانی کردن و محاکمه‌ی دکتر مصدق نه تنها فایده‌ای ندارد، بلکه در وضع حاضر از او یک قهرمان ضد رژیم به وجود خواهد آمد... هر اقدامی در این زمینه تبدیل به اسکاندالی علیه رژیم می‌گردد».

نظر سپهبد زاهدی این بود که مصدق، بدون محاکمه و تشریفات به احمدآباد برود تا در ملک شخصی خود زندگی کند. شاه به علت مخالفتی که سران ارتش با این امر داشتند، این نظر را نمی‌پذیرفت. سرانجام مقرر شد که هیاتی به این مطلب رسیدگی و رای‌زنی کند. شبی در حضور شاه، جلسه‌ای با حضور دکتر محمد سجادی، علی هیئت دادستان کل کشور که وزیر مصدق نیز بود و سرلشکر عبدالله هدایت وزیر جنگ تشکیل شد. سپهبد زاهدی، قطعاً برای اجتناب از برخورد حضوری با شاه، به این جلسه نرفت و به اردشیر زاهدی مأموریت داد که جانشین وی شود. سرلشکر هدایت نظر داد که چون تعدادی از افسران ارتش که زیر نظر و فرمان مصدق بوده‌اند، به جرم انجام دستور ایشان بازداشت شده و تحت تعقیب قرار خواهند گرفت، اگر مصدق آزاد باشد و محاکمه نشود، مشکلات فراوانی به وجود خواهد آمد. جلسه تا ساعت چهار صبح به طول انجامید. ملکه ثریا چندین بار به شاه تلفن کرد که منتظر او است. شاه مصر بود که تصمیم گرفته شود. از رأی نخست‌وزیر با خبر بود و خودش آن را در آغاز جلسه بازگو کرده بود. سرانجام پس از گفتگوهای فراوان، با تأیید شاه، تصمیم به محاکمه‌ی دکتر مصدق «فقط برای اقداماتی که از ۲۵ تا ۲۸ مرداد انجام داده»، گرفته شد و محمدرضا شاه مخصوصاً بر این نکته تأکید کرد.

اردشیر زاهدی که جوان بود و بی‌تجربه، در این جلسه با

برافروختگی گفت: «با این تصمیم تکلیف نخست‌وزیر را هم روشن فرمودید» که البته این سخن خوش‌آیند شاه نبود[۱].

قطعاً سپهبد زاهدی می‌دانست که تصمیم شاه گرفته شده و با آن موافق نبود. در شرایط آن روز و به این بهانه، استعفای وی نیز قابل تصور نبود. در ضمن نمی‌خواست مخالفتش ناگفته و پنهان بماند و فردای آن روز در تهران همه آن را دانستند. او در نهایت امر ناچار به عقب‌نشینی در برابر شاه شد، اما به کلی خود را از هر نوع دخالت و اظهار نظر در مورد جریان محکمه‌ی مصدق کنار کشید و اسمی هم از او در دادگاه برده نشد.

محمدرضا شاه پهلوی، هم مجذوب مصدق بود و هم مرعوب او و شاید می‌خواست با این محاکمه، طلسم محبوبیت وی را در میان بسیاری از مردم ایران بشکند. ولی این مقصود، اگر واقعاً وجود داشت، چنان که خواهیم دید، حاصل نشد.

*****

سپهبد زاهدی، هنگامی که زمام امور کشور را به دست گرفت، شصت ساله بود. اما به علت آثاری که از جنگ‌های گذشته در بدنش مانده بود، سختی‌های دوران سه ساله‌ی اسارت به دست انگلیس‌ها در فلسطین، از سلامت کامل برخوردار نبود. آن‌چه از لابلا و فحوای روایات و خاطرات فراوان درباره‌ی او می‌دانیم، این است که مردی بود علاقمند به ورزش: تنیس، اسب‌سواری، شکار و تیراندازی. مجموعه‌ای از تفنگ‌های قدیمی و جدید، بعضاً مرصع، در خانه‌ی خود داشت که بعداً اسباب زحمت پسرش اردشیر شد[۲].

---

۱ - در پاسخ به پرسش نویسنده‌ی کتاب اردشیر زاهدی، مفاد این گزارش را در مجموع تأیید کرد.

۲ - پس از ماجرای ۲۱ فروردین و تیراندازی به محمدرضا شاه در محوطه‌ی کاخ مرمر، ارتشبد نصیری رییس وقت سازمان امنیت به شاه گزارش داد که شایعاتی

بر سر کار، غالباً با لباس نظامی حضور می‌یافت، اما در غیر ساعات اداری لباس معمولی می‌پوشید و شهرت به خوش‌پوشی داشت. خیاطش شخصی به نام هامبارسوم بود که بسیاری از رجال ایران مشتریانش بودند.

در غیر ساعات کار، بر سر ناهار و مخصوصاً شب‌ها به هنگام صرف شام، غالباً دوستانش در کنارش بودند. دوستی، اعتماد به دوستان، فداکاری برای آنان و توقع هم‌دلی و فداکاری از آنان، یکی از خصایص اخلاقی سپهبد زاهدی بود که بعضی از آن بسیار سوءاستفاده کردند.

در میان دوستان نزدیک و رازدارش، حاج حسین‌آقا ملک، حسن اکبر، عدل‌الملک دادگر، رضا کی‌نژاد، مصطفی تجدد، فاضل‌الملک همراز، سپهبد یزدان‌پناه، سردار سیف افشار و محمدحسین میرزافیروز را نام برده‌اند. با وجود برخوردهای سیاسی، دوستی خود را با خانواده‌ی قشقایی حفظ کرد و از دور و نزدیک تا پایان عمر خود مواظب آنان بود و مخصوصاً به بی‌بی قشقایی (همسر صولت‌الدوله و مادر ناصر خان) احترام بسیار می‌گذاشت.

اهل مطالعه بود و به ویژه کتاب‌های تاریخی و نظامی را دوست می‌داشت. دو تن از دانشمندان نامدار ایران، ذبیح بهروز و نصرالله فلسفی، از مصاحبان همیشگی او بودند و با آنان در باره‌ی تاریخ و ادبیات ایران، گفتگوهای بی‌پایان داشت و گاهی به بازی تخته‌نرد می‌پرداخت.

در باره‌ی تدارک یک کودتا یا شورش بوسیله‌ی اردشیر زاهدی وجود دارد و در خانه‌ی او مقدار زیادی اسلحه پنهان و انبار شده است. کار به بازرسی محل و صورت‌برداری رسمی از این «انبار» اسلحه کشید که همان مجموعه‌ی چند تفنگ (غالباً غیرقابل استفاده و کهنه) سپهبد زاهدی بود!. تمام این جریان، به انضمام اسناد مربوطه، از جمله صورت جلسه‌ی تفتیش اقامت‌گاه اردشیر زاهدی و صورت سلاح‌های یافته شده در آنجا، در جلد دوم خاطرات وی انتشار یافته. از ایشان کمال تشکر را دارم که متن (غیرنهایی) این کتاب را برای مطالعه در اختیارم گذاشتند. این کتاب قرار است در جریان سال ۲۰۰۹ میلادی منتشر شود.

به میهمانی‌ها و پذیرایی‌های شبانه بی‌علاقه نبود. مردی بود به غایت مهمان‌نواز، تا آنجا که دشمنانش وی را غالباً «اهل بزم» می‌خواندند.

به سنتی که در دوران پهلوی اول در باره‌ی امیران ارشد ارتش معمول بود، حتی دوستان نزدیکش وی را «حضرت اجل» خطاب می‌کردند و او هر یک را با عنوانی در حد روابطش و یا شخصیت سیاسی و مملکتی آنان می‌خواند.

هنگامی که از ریاست دولت برکنار شد، ارزش و بازتاب این دوستی‌ها را دید و گویا هرگز وفاداری‌های یاران و دوستانش را در دورانی که دیگر قدرتی نداشت. فراموش نمی‌کرد.

در زندگی شخصی و سیاسی سپهبد زاهدی، پسرش، اردشیر، نقش و سهم استثنایی داشت. پدر و پسر بسیار به یکدیگر نزدیک و واقعاً یگانه بودند. با این حال، او که خصلت نظامی را حفظ کرده و اهل انضباط و رعایت احترام بود، مخصوصاً به هنگام تحصیل اردشیر در ایالات متحده، از توبیخ و سرزنش او اجتناب نداشت و به وی در صورت ضرورت نامه‌های تند و خشونت‌آمیز می‌نوشت که اکثراً انتشار یافته‌اند[1]. گاهی از گشاده‌دستی‌های اردشیر و غالباً از خط بد و ناخوانای وی خشمگین می‌شد و در

---

۱ - پس از انقلاب اسلامی، اقامتگاه خانواده‌ی زاهدی در حصارک شمیران، مانند هزاران خانه‌ی دیگر به وسیله‌ی حکومت اسلامی مصادره شد. بعضی از اسناد و مدارکی که در آنجا یافته شده بود، بعداً به موسسه‌ی مطالعات تاریخی وابسته به وزارت امور خارجه جمهوری اسلامی، انتقال یافت. سال‌ها پس از آن منتخبی از نامه‌های سپهبد زاهدی به پسرش اردشیر در نشریه‌ی تاریخ معاصر ایران (جلد دوم، شماره ۷، سال ۱۹۹۸، صفحات ۱۲۲ تا ۱۸۰) وابسته به همان موسسه با نام و عنوان انگلیسی Institute for Iranian Conterporary Historical Studies. به طبع رسید. قسمتی از این مراسلات، در کتاب جلال اندرمانی‌زاده، زاهدی‌ها در تکاپوی قدرت، چاپ تهران، که قبلاً به آن اشاره کردیم، انتشار یافته است.
نامه‌های سه سال آخر، گذشته از مسائل خصوصی و خانوادگی، نشان دهنده‌ی دلشکستگی سپهبد زاهدی، نگرانی وی از اوضاع ایران و نیز مشکلات مالی دائمی او است.

چند نامه به پسرش درس رسم‌الخط فارسی و لاتین داده!

فضل‌الله زاهدی دوبار ازدواج کرد: نخست، چنان‌که دیدیم، با خدیجه پیرنیا دختر مؤتمن‌الملک (مادر اردشیر و هما زاهدی) و بار دوم با بانویی از خانواده‌ی اتحادیه، که ازدواج اخیر نیز دیری نپایید. شاید سپهبد زاهدی که در توجه به فرزندانش غالباً افراط می‌کرد، اهل زندگی خانوادگی به معنای سنتی کلمه نبود و همین امر به انتقادات کسانی که وی را «اهل بزم» خواندند بسیار کمک کرد.

*****

در آغاز حکومت سپهبد زاهدی، خزانه تهی بود، دولت مقروض، بازار کساد و اقتصاد کشور در حال رکود. در بعضی از سازمان‌های دولتی از سه ماه پیش حقوق و مزایای کارمندان پرداخت نشده بود و هزاران بی‌کار در خیابان‌ها و میدان‌های شهرها سرگردان بودند. اجرای طرح‌های عمرانی معدودی که با دشواری بسیار پس از پایان جنگ جهانی دوم آغاز شده بود، در حال تعطیل یا تعویق بود. دوران کوتاه اقتصاد بدون نفت که بر اثر نوعی محاصره‌ی اقتصادی به ایران تحمیل شده بود، جز تنزل سطح زندگی و نومیدی مردم نتیجه‌ای به بار نیاورد. تنها صادرات غیرنفتی به طور مصنوعی و به خاطر گرانی نرخ دلار در بازار آزاد ارز، افزایش یافته بود که آن هم در مجموع دردی را دوا نمی‌کرد.

اولویت اصلی سیاست اقتصادی دولت، خروج از این بحران فرساینده و خطرناک و به راه انداختن فوری چرخ‌های اقتصاد کشور بود:

در روز چهارم شهریور ماه ۱۳۳۲، ۲۶ اوت ۱۹۵۳، نخست‌وزیر پیامی برای ژنرال آیزنهاور رییس جمهوری ایالات متحده فرستاد و طی آن نوشت:

«بدین وسیله مراتب قدردانی دولت ایران و مردم ایران را از کمک‌هایی که در سنوات اخیر از طرف دولت ایالات متحده‌ی امریکا به ایران شده است به آن حضرت و توسط آن حضرت به ملت امریکا اظهار می‌کنم. مساعدت‌های مزبور به امنیت کشور و بالا بردن سطح ترقیات فنی آن کمک‌های بسیار کرده است... برای این‌که کشور از این وضع اقتصادی و مالی رهایی یابد محتاج کمک فوری اقتصادی و مالی است... که بتواند برنامه‌هایی را که حکومت برای توسعه‌ی کشاورزی، صناعت و بهره‌برداری از منابع سرشار ... به موقع اجرا بگذارد».

دو روز بعد ژنرال آیزنهاور پاسخی گرم و مثبت به این پیام داد:

«... مردم امریکا همواره به استقلال ایران و آسایش و رفاه مردم ایران علاقه عمیق دارند... برای این‌که به حل مشکلات آتی دولت آن جناب کمکی شده باشد، به «هندرسن سفیر کبیر اجازه دادم در خصوص تهیه و تنظیم برنامه‌های معاضدت ما به ایران، با آن جناب تبادل نظر کند»[۱].

پس از دیدارهایی با سپهبد زاهدی و دکتر امینی وزیر دارایی، در روز پانزدهم شهریور ۱۳۳۲ یک هیات اقتصادی عالی‌مقام امریکایی، مبلغ چهل و پنج میلیون دلار به عنوان «کمک مالی فوری و استثنایی» در اختیار دولت ایران قرار داد. شصت میلیون دلار نیز به عنوان کمک نظامی، به منظور تقویت و تجهیز ارتش به تصویب رسید. پس از آن در چند نوبت به عناوین مختلف و گاهی با تشریفات و در حضور خبرنگاران، اعتباراتی از محل کمک‌های اصل چهار که فعالیت‌های معمول خود را نیز دنبال می‌کرد یا فصول دیگر، در اختیار دولت ایران گذاشته شد. یکی از این وجوه

۱ - به دستور نخست‌وزیر متن‌های این پیام‌ها در جراید تهران انتشار یافت.

که به صورت چک در حضور وزیر دارایی، رییس کل بانک ملی، خزانه‌دار کل کشور و چند تن دیگر از رجال به خود نخست‌وزیر تسلیم شده بود (۲۷ مهرماه ۱۳۳۲- ۱۹ اکتبر ۱۹۵۳) و مبلغ آن پنج میلیون دلار بود، ماه‌ها بعد هنگامی که سپهبد زاهدی معزول و مقیم اروپا بود، هیاهوی بزرگی به وجود آورد. بعضی جراید داخلی و سپس خارجی آن را تعبیر به «پاداش» کردند که برای سپاسگزاری به نخست‌وزیر وقت داده شده. تشنجی سخت میان سپهبد زاهدی و دربار و دولت پدیدار و نامه‌هایی مبادله شد، چنان که بعداً به آن اشاره خواهیم کرد. البته وجه آن چک، مستقیماً به خزانه‌داری کل منتقل شده بود. اما، بدون شک عمداً، کسی در آن موقع یادآور نشد که «رشوه» به صورت علنی و رسمی آن هم در حضور چند شاهد و نمایندگان مطبوعات پرداخت نمی‌شود! به شخص سپهبد زاهدی مانند هر فرد سیاسی مهم دیگر، انتقادات بسیار شده ولی حتی دشمنانش نیز او را هرگز متهم به نادرستی نکرده‌اند. البته این بار هیاهوی سیاسی از جانب دشمنان نبود و در تهران ریشه داشت!

قدر مسلم این است که کمک‌های مختلف دولت امریکا به ایران، در فاصله‌ی سقوط دولت دکتر مصدق تا آغاز بهره‌برداری مجدد از منابع نفتی جنوب و صدور آن، باعث جلوگیری از واژگونی اقتصاد کشور شد و به اتکای آن‌ها دولت توانست با دشواری، چرخ‌های اقتصاد و فعالیت‌های عمرانی را به راه بیاندازد. تغییر نرخ رسمی، تغییر دلار از حدود سی و دو ریال به حدود هفتاد ریال، در حالی که دلار، در بازار آزاد (یا سیاه) ارز، در حدود یکصد یا حتی یکصد و پنجاه و حتی دویست ریال مبادله می‌شد، تدبیر عاقلانه‌ی دیگر دولت بود که هم تا حد زیادی به چند نرخی اسعار خارجی و نتایج نامطلوب اقتصادی و مالی آن پایان داد و هم دست خزانه را از لحاظ امکانات ریالی باز کرد. چرا که

هر دلاری که معامله می‌شد، امکان مالی بیش‌تری در اختیار دولت می‌گذاشت. نرخ تسعیر دلار تا انقلاب اسلامی، ابتدا رسماً و سپس هم عملاً و هم رسماً در همین حدود (هفتاد ریال با اندکی افزایش) باقی ماند و از لحاظ ثبات واحد ملی پول، ایران، همواره در میان معتبرترین کشورهای «جهان سوم» و حتی دنیا تلقی می‌شد.

نقطه‌ی اوج روابط ایران و ایالات متحده‌ی امریکا در این دوران، سفر رسمی معاون ریاست جمهوری ریچارد نیکسون و همسرش به تهران است.

نیکسون و همسرش در روز ۱۸ آذرماه ۱۳۳۲، ۹ دسامبر ۱۹۵۳، از کراچی وارد تهران شدند. سپهبد زاهدی در فرودگاه، رسماً از آنان استقبال کرد. آنها با شاه و ملکه ثریا یک ناهار خصوصی صرف کردند. اما نخست‌وزیر شامی مجلل در باشگاه افسران برای‌شان ترتیب داد. در مذاکرات طولانی دو شخصیت (نیکسون - زاهدی) فقط سفیر امریکا و اردشیر زاهدی شرکت داشتند. اردشیر نقش مترجم بین پدرش و معاون رییس جمهوری امریکا را ایفا می‌کرد. نیکسون در مراسم نظامی روز ارتش، ۲۱ آذر، به عنوان میهمان شاه و زاهدی شرکت کرد. وی در جلسه‌ی ۲۳ دسامبر شورای امنیت ملی امریکا، گزارشی از سفر طولانی خود به کشورهای آسیایی ارائه داد و در باره‌ی نخست‌وزیر ایران گفت:

> «طی مسافرت‌مان به ایران، من به زاهدی اعتقاد فوق‌العاده‌ای پیدا کرده‌ام. وی مرد مقتدری است. وی مطالب جالبی گفت. از جمله موقعی که شما به طرف ایران نظر می‌افکنید، با ما مثل فقرا رفتار ننمایید، بلکه مانند منسوبین محترم که دچار ستمی شده‌اند، رفتار کنید»[1].

از این زمان، تا آغاز ریاست جمهوری جیمی کارتر، روابط ایران و امریکا، البته با نشیب و فرازهایی، همواره دوستانه بود. ایران

---

۱ - ۲۳ دسامبر، ۳۸۹/۱۹۵۳.

متحد اصلی ایالات متحده در منطقه محسـوب می‌شد و امریکا، نقطه‌ی اتکاء سیاسـت خارجـی ایران در مقابـل اتحاد جماهیر شوروی بود. ریچارد نیکسون نیز از پایدارترین دوستان امریکایی ایران و محمدرضا شاه پهلوی به شمار می‌آمد. وی تنها شخصیت برجسته‌ی امریکایی بود که در تشییع جنازه‌ی محمدرضا پهلوی در قاهره شرکت کرد و علناً شرمساری خود را از سیاست رسمی کشـورش در باره‌ی ایران بیان داشت. دوستی شخصی او نیز با خانواده‌ی زاهدی، پدر و پسر، تا پایان عمرش ادامه یافت.

*****

پس از ۲۸ مرداد، برخلاف انتظار بسـیاری از مفسـران، روابط ایران و شـوروی به سرعت رو به بهبود نهاد. مسکو دریافته بود که حکومت جدید ایران مقتدر و پابرجاسـت و دیگر در کوتاه‌مدت به حزب توده امیدی نداشـت. در نتیجه، مطابق معمول، مصالح ملـی و مملکتی را بر گرایش‌های مرامی و عقیدتی ترجیح داد و با سپهبد زاهدی روابطی دوستانه برقرار کرد. چند روز بعد از سقوط دکتر مصدق، ناگهان مذاکرات تجارتی بین دو کشور که ماه‌ها به درازا کشـیده بود به انجام رسـید و موافقت‌نامه‌ی جدیدی در ۱۲ شهریور ماه، ۲ سپتامبر امضا و مبادله شد.

در ۲۱ دی ماه ۱۳۳۲، ۱۱ ژانویه ۱۹٥٤، مذاکرات دو کشور در مورد اختلافـات مرزی و مالی که مدت‌ها بـه حالت تعلیق درآمده بود، مجدداً از سر گرفته شد. در دهم تیر این مذاکرات به نتیجه‌ای کاملاً موفقیت‌آمیز رسید. مسکو پس از سال‌ها پذیرفت که یازده تُن طلای مورد مطالبه‌ی ایران را مسترد دارد. همچنین مقرر شد که معادل هفت میلیـون دلار کالاهای مورد نیاز ایران، به نرخ بین‌المللی در ازای طلـب دولت ایران تحویل شـود. تصفیه‌ی این دو رقم به یک اختـلاف نظر و مجادله‌ی طولانی کـه در پایان جنگ جهانی دوم

آغاز شده بود، پایان بخشید. در زمان جنگ، هزینه‌های اقامت سربازان ارتش سرخ در ایران از طرف بانک ملی تأمین و پرداخت می‌شد و مسکو پذیرفته بود که بر اساس ضوابطی معادل این وجوه را به طلا، بلافاصله بعد از پایان مخاصمات بازپس دهد، که نداده بود. این تفاهم مقدمه‌ی گشایش بزرگی در سیاست پولی ایران شد و عاملی مهم در تقویت پشتوانه‌ی اسکناس و تحکیم ریال بود. مسکو کاری را که می‌توانست برای دولت مصدق انجام دهد، نکرد. ولی در مقابل دولتی که علناً مخالف کمونیست‌ها اما محکم و قاطع بود، تسلیم شد.

دو روز بعد، دوازدهم تیرماه، مسکو اولین پروتکل تحویل زندانیان ایرانی در شوروی را پذیرفت و این موافقت‌نامه به امضای نمایندگان دو کشور رسید.

تغییر نرخ دلار و تفاهم در باره‌ی استرداد طلاهای متعلق به ایران، به دولت امکان و اجازه داد که لایحه‌ی تثبیت پشتوانه‌ی اسکناس را که آن هم سال‌ها مورد لزوم و انتظار بود، به تصویب مجلس برساند که این کار در ۱۷ تیرماه ۱۳۳۳، ۸ ژانویه ۱۹۵٤ به انجام رسید.

توافق‌های پیاپی در مسائل مختلف با مسکو، مانع آن نشد که شوروی‌ها شدیداً به همکاری نظامی ایران با جهان غرب، اعتراض کنند. اما مانع آن هم نشد که یکی از موارد اختلاف دیرین دو کشور که واگذاری محل کنسول‌گری‌های سابق آن کشور به ایران بود، سرانجام حل و فصل شود. همچنین موافقت‌نامه جدیدی، که شرایط آن کاملاً به نفع ایران بود، برای افزایش صادرات شرکت ملی شیلات ایران به شوروی میان دو کشور به امضا رسید.

نقطه‌ی اوج بهبود روابط ایران و شوروی، که یک پیروزی بزرگ کشور محسوب می‌شد، تحویل رسمی یازده تن طلای متعلق به ایران بود که در روز ۱۰ خرداد ماه ۱۳۳٤، اول ژوئن ۱۹۵۵ در مرز جلفا به انجام رسید. کاروانِ حامل یک صد و نود و یک جعبه

طلای تحویلی، با حراست مأموران در روز ۱۸ خردادماه به تهران رسید و بانک ملی ایران آنها را تحویل گرفت.

سپهبد زاهدی دیگر بر سر کار نبود و طبیعتاً کسی از او و کوشش‌های دولتش برای احقاق این حق مسلم ایران که هشت سال به طول انجامیده بود، یادی نکرد.

*****

تجدید روابط سیاسی با بریتانیای کبیر مساله‌ای دیگر بود با جنبه‌های عاطفی و سیاسی.

در هفتم آذرماه ۱۳۳۲، ۲۸ نوامبر ۱۹۵۳، سپهبد زاهدی نامه‌ای از آنتونی ایدن وزیر امور خارجه انگلستان، حاکی از ابراز تمایل به تجدید روابط سیاسی میان دو کشور که در زمان دکتر مصدق قطع شده بود، دریافت داشت. ایدن قبلاً در مجلس عوام نیز گفته بود که دولت وی هیچ مانعی برای برقراری مجدد روابط دوستانه و متعارف میان دو کشور نمی‌بیند.

نخست‌وزیر نامه را در جلسه‌ی نهم آذرماه هیات دولت مطرح کرد و اجازه گرفت که موضوع را تعقیب و بررسی کند. او سپس با چند تن از رجال سال‌خورده که همواره جزو مشاورینش بودند، چون تقی‌زاده، عدل‌الملک دادگر و نصرالملک هدایت به رای‌زنی پرداخت. آنان نیز ضرورت تجدید این روابط را با احتیاطات لازم تأیید کردند. نخست‌وزیر، نظر سناتورها را هم خواستار شد، از نمایندگان غیرمستعفی دوره‌ی هفدهم نیز دعوت کرد که به کاخ وزارت امور خارجه بیایند و در این مورد بحث و گفتگو کنند. تبادل نظرهای نمایندگان طولانی و پرالتهاب بود ولی آنها هم تجدید روابط سیاسی با انگلستان را غیرقابل اجتناب دانستند.

در شب چهاردهم آذرماه ۱۳۳۲، سپهبد زاهدی در یک پیام رادیویی تجدید رابطه با بریتانیای کبیر را به اطلاع مردم رساند.

همان روز، ۵ دسامبر، ۱۹۵۳ لندن نیز با انتشار اعلامیه‌ای تجدید روابط سیاسی با دولت ایران را اعلام داشت و سپس دولتین در این زمینه اطلاعیه‌ی مشترکی انتشار دادند.

لندن، دنیس رایت، دیپلمات ورزیده و ایران‌شناس، اما سخت متأثر از روحیه‌ی سنتی سیاست بریتانیا را به سمت کاردار، مأمور گشایش دوباره‌ی سفارت خود در تهران کرد و سپس سرراجر استیونس به سمت سفیرکبیر در دربار شاهنشاهی برگزیده شد.

از تهران، امیرخسرو افشار، با سمت کاردار، مأمور بازگشایی سفارت ایران در لندن گردید و سپس نخست‌وزیر پیشین علی سهیلی، دیپلماتی متشخص و مجرب، به سفارت ایران در انگلستان برگزیده شد که بعداً محسن رییس جای او را گرفت.

در سال‌های بعد، دنیس رایت به سفارت انگلستان در تهران منصوب شد و امیرخسرو افشار به سفارت ایران در لندن...

در بیستم آذرماه، ۱۱ دسامبر، آیت‌الله سیدابوالقاسم کاشانی، در یک جلسه‌ی مصاحبه‌ی مطبوعاتی که خبرنگاران خارجی و داخلی در آن حضور داشتند و بازتاب وسیعی در داخل و خارج کشور داشت، گفت:

> «ملت شریف ایران هرگز تن به این ذلت نخواهد داد و هر روزی که دولت، اعلام تجدید رابطه بدهد (که پنج روز پیش این اعلامیه داده شده بود) روز عزای ملی است و باید مردم نوار سیاه به سینه خود نصب کنند».

موضع‌گیری آیت‌الله کاشانی علیه تجدید روابط با انگلستان، آغاز مبارزه‌ی علنی او با سپهبد زاهدی بود. در حقیقت کاشانی، مانند سیدحسن مدرس در سال‌های قبل از سلطنت رضاشاه، سودای حکومت بر ایران را داشت و می‌خواست نخست‌وزیران، مطیع و بازیچه‌ی او باشند. ابتدا، در نهضت ملی شدن نفت با دکتر

مصدق همراهی و همکاری کرد، اما چون مصدق، آلت دست وی نشد، به مخالفت با او پرداخت و در تضعیف و سقوطش سهم بزرگی داشت. مدتی با سپهبد زاهدی همراه بود و به دربار نیز نزدیک شد. زاهدی هم مانند مصدق می‌خواست حکومت کند و مرد اطاعت از سیدابوالقاسم نبود. او به عوام‌فریبی‌های سید در باره‌ی «اجرای احکام شریعت مقدس» در جامعه نیز کوچک‌ترین اعتنایی نکرد. تضاد میان آن دو بالا گرفت و دو ماه بعد، به مناسبت انتخابات مجلسین به اوج رسید. ولی سپهبد زاهدی که معتقد به برتری قدرت حکومت بود بر سیدابوالقاسم فائق شد.

تجدید رابطه با لندن، برای عادی شدن موقعیت ایران در سیاست جهانی و ترتیب حل مساله‌ی نفت، ضروری بود. اما، چنان‌که خواهیم دید، به بدگمانی و مخالفت سیاست انگلستان نسبت به نخست‌وزیر پایان نداد.

****

معضل دیگر سپهبد زاهدی، وضع قوه‌ی مقننه بود. سنا با یک طرح قانونی، که در انطباق آن با موازین حقوقی و قانون اساسی تردید فراوان وجود داشت، تعطیل شده بود. پس از برکناری مصدق، سناتورها دور هم جمع شدند و از شاه و نخست‌وزیر خواستند که فعالیت خود را از سر بگیرند. مشکل در آن بود که طرح قانونی تعطیل سنا به توشیح شاه رسید. و بی‌اعتنایی به آن معقول به نظر نمی‌رسید.

وضع مجلس شورای ملی متفاوت بود. با استعفای اکثریت نمایندگان منتخب مجلس که به دستور دکتر مصدق صورت گرفت، مجلس از فعالیت باز مانده و عملاً به حال تعطیل در آمده، اما قانوناً و رسماً منحل نشده بود. سی و چند تن نمایندگان

مخالف مصدق که استعفا نداده بودند و چند تن از مستعفیان که اظهار ندامت می‌کردند، دور هم جمع شدند و به نخست‌وزیر پیشنهاد کردند که در همه‌ی حوزه‌هایی که انتخابات آنان اصولاً انجام نشده بود و نیز در شهرهایی که وکلای آن مستعفی بودند، عملیات اخذ آراء صورت بگیرد و پس از تعیین نمایندگان، مجدداً مجلس هفدهم آغاز به کار کند. این نظر به استقرار مجلسی نیم‌بند و کوتاه مدت منتهی می‌شد و خالی از اشکال و ایراد نبود.

سرانجام، پس از رایزنی‌های فراوان، سپهبد زاهدی تصمیم به انحلال رسمی مجلسین گرفت. اما رابطه‌ی غیررسمی خود را با مجلس سنا و باقی‌مانده‌ی نمایندگان مجلس شورای ملی همچنان حفظ کرد و حسام‌الدین دولت‌آبادی، معاون پارلمانی نخست‌وزیر مأمور این کار شد و در همه‌ی مسائل به طور خصوصی از آنان کسب نظر می‌کرد.

نتیجه آنکه، «بنا به پیشنهاد دولت» و «طبق اصل ٤٨ اصلاحی قانون اساسی» فرمان انحلال هر دو مجلس در ۲۸ آذر ماه ۱۳۳۲، ۱۹ دسامبر ۱۹۵۳، به توشیح شاه رسید و رسماً به دولت ابلاغ و وزارت کشور مأمور انجام انتخابات دوره‌ی هجدهم شد.

جریان رأی‌گیری زیر نظر سرتیپ بازنشسته محمدحسین میرزا جهانبانی معاون و کفیل وزارت کشور که از نزدیکان نخست‌وزیر بود، طبق نظر دولت و در آرامش تقریبی انجام شد.

در ۱۲ بهمن ماه آیت‌الله کاشانی، در مصاحبه‌ای با خبرنگاران مطبوعات داخلی و خارجی، از انتخابات دوره‌ی هجدهم در تهران و شهرستان‌ها به شدت انتقاد کرد و گفت که:

«دولت عملاً در انتخابات دخالت می‌کند و از تمام حوزه‌ها کاندیداهای دولتی با استفاده از نفوذ دولت، از صندوق‌ها بیرون می‌آیند».

به مناسبت همین انتخابات. مظفر بقایی نیز که از کرمان داوطلب

نمایندگی مجلس بود، به مخالفت شدید با دولت برخاست. بدین ترتیب یاران پریروز مصدق و دیروز سپهبد زاهدی، از نخست‌وزیر دوری جستند.

روز ۱۸ بهمن سرتیپ فرزانگان، وزیر پست و تلگراف و تلفن، در مقام سخنگوی دولت به مصاحبه‌ی آیت‌الله کاشانی پاسخ شدیداللحنی داد و او را «شخصی بدنام سیدابوالقاسم کاشی» نامید.

مظفر بقایی و تنی چند از یارانش نیز به رأی «کمیسیون امنیت اجتماعی» استان کرمان و بدون رأی و تصمیم مراجع قضایی، از آن منطقه تبعید، به جزیره هرمز فرستاده شدند. او اجباراً تا پایان انتخابات در آنجا ماند و سپس به دستور سپهبد زاهدی آزاد شد.

سرانجام، در ۲۷ اسفند ماه ۱۳۳۲، ۱۸ مارس ۱۹۵٤، شاه با تشریفات متعارف، هجدهمین دوره‌ی مجلس شورای ملی و دومین دوره‌ی سنا را در کاخ بهارستان افتتاح کرد و «دوران فترت» به پایان رسید.

اگر در ماه‌های پیش از ۲۸ مرداد، دکتر مصدق مجلسین را به حال تعطیل در نیاورده بود، به احتمال قریب به یقین، تحول اوضاع سیاسی ایران جهت و مسیری دیگر می‌یافت. اما تاریخ را نمی‌توان دوباره نوشت.

*****

پس از انتقال دکتر مصدق از باشگاه افسران به محل پادگان لشکر زرهی و استقرارش در «کاخ سلطنت‌آباد»، یا به قول خود او در اتاقی شش در چهار، بازپرسی از او زیر نظر دادستان ارتش، سرتیپ حسین آزموده، به وسیله‌ی سرهنگ کیهان‌خدیو آغاز شد. در یازده مهرماه، دادستان، ادعانامه‌ی خود را صادر کرد. اتهامی که به دکتر مصدق و سرتیپ تقی ریاحی وارد شده بود «قیام بر ضد حکومت قانونی و رژیم مملکت و قصد بر هم

زدن سلطنت مشروطه و ترتیب وراثت تاج و تخت» بود. دادستان برطبق ماده‌ی ۳۱۷ قانون دادرسی و کیفر ارتش، برای هر دوی آنها تقاضای اعدام کرد[۱].

در مرحله‌ی بدوی که روز ۱۷ آبان ماه آغاز شد ریاست دادگاه را سرلشکر مقبلی عهده‌دار بود و سرتیپ حسین آزموده مقام دادستان را داشت.

دکتر مصدق بلافاصله به صلاحیت دادگاه اعتراض کرد که محاکمه‌ی وزیران و نخست‌وزیر در باره‌ی جرایمی که در هنگام تصدی مقامات خود به آنها متهم می‌شوند، باید طبق قانون در دیوان عالی کشور انجام شود. دادگاه این استدلال را رد کرد، چرا که از دید دادرسان از ساعت وصول فرمان عزل خود، او دیگر نخست‌وزیر نبود.

دکتر مصدق وکیلی برای خود برنگزیده بود. دادگاه، سرهنگ جلیل بزرگمهر را به عنوان وکیل تسخیری او انتخاب کرد. عکس‌العمل مصدق شدید و همراه با دشنامی ناشایسته بود که بعداً از آن معذرت خواست. از آن پس میان مصدق و بزرگمهر دوستی و اعتماد کامل برقرار شد و سرهنگ بزرگمهر در شمار مریدان و معتقدان موکل خود درآمد.

رفتار دادگاه با دکتر مصدق، محترمانه بود که جز این نمی‌توانست باشد. دادستان نقش خود را تا آنجا که میسرش بود انجام داد. رودررویی با ناطقی زبردست و حقوق‌دانی مسلم، کاری آسان نبود. در هر دو مرحله‌ی دادرسی، سرتیپ آزموده در مقابل

۱ - برای مطالعه‌ی جریان محکمه‌ی مصدق، بهترین منبع همان تندنویسی کامل و دقیق مذاکرات و گفتگوهای دادگاه است که بعداً در دو جلد به همت سرهنگ جلیل بزرگمهر در مجموعه‌ی نشر تاریخ ایران انتشار یافت، منبع ذکر شده. سپهبد حسین آزموده قبل از فوتش (پاریس ۱۹۹۸) بخش‌هایی از خاطرات خود را در ماهنامه‌ی پرتو ایران، چاپ کانادا انتشار داد، شماره‌های ۶۸-۶۹-۷۰ و ۷۱ به سال‌های ۱۹۹۷ و ۱۹۹۸. این خاطرات شامل بر نکات جالبی پیرامون محکمه‌ی مصدق است.

حملات سیاسی و حقوقی مصدق ایستادگی کرد. او دکتر مصدق را «متهم» خطاب می‌کرد و مصدق وی را «آن مرد»! دادستان می‌خواست دادگاه را در چهارچوب اتفاقات روزهای بیست و پنجم تا بیست و هشتم مرداد نگاه دارد. مصدق صحنه‌ی دادگاه را تبدیل به یک منبر سیاسی و بین‌المللی کرد. با حضور خبرنگاران داخلی و خارجی، برای افکار عمومی دنیا و برای تاریخ سخن می‌گفت. فریاد می‌کشید، می‌خوابید، می‌خندید، گریه می‌کرد. مرکز همه چیز بود. از کهن‌سالی و بیماری‌اش به بهترین وجه استفاده می‌کرد. در ساعات تنفس با خبرنگاران داخلی و به خصوص خارجی مذاکره داشت و تمام جریان محاکمه‌اش، بازتابی جهانی پیدا کرد.

پیش‌بینی سپهبد زاهدی درست بود و این جریان خیلی زود به جای آنکه «طلسم» محبوبیت دکتر مصدق را در میان بسیاری از مردم ایران بشکند، او را به یک قربانی تبدیل کرد. با ترتیب این محاکمه که طی آن دادستان و قضات، وظیفه‌ی خود را با رعایت موازین حقوقی انجام دادند و بر آنان ایرادی وارد نبود، «رژیم» مرتکب یک اشتباه سیاسی بزرگ شد که دیگر راه برگشت نیز نداشت.

«گرچه دادستان در سخنرانی اول خود (ادعانامه) سطح بالایی را حفظ کرده و رییس دادگاه در جلسات روز اول و دوم به خوبی و با ظرافت و شوخ طبعی از عهده برآمد، از ۱۰ نوامبر به بعد... تاکتیک‌های مصدق به او کنترل زیادی بر دادگاه داد و هیچ اقدامی برای بی‌اثر کردن اعلام او بر اینکه این، یک دادرسی سیاسی است و او می‌باید اجازه یابد در موضوعات سیاسی صحبت کند، نشده است... سفارت امریکا در تهران بر این عقیده است که دادرسی مصدق با این همه سر و صدا، ممکن است خطایی جدی باشد. پوشش مطبوعاتی گسترده با عکس، می‌تواند افکار

عمومی را به سود او برگرداند. به نظر مردم این دادرسی به او اجازه می‌دهد که مقام تمام‌عیار حکومت را در اختیار بگیرد و به مقدار زیاد به سود او تمام شود.

به نظر می‌رسد که ژنرال زاهدی از این موضوع آگاه است و به آقای هندرسن در ۱۱ نوامبر گفته است که هیچ کنترلی بر دادگاه ندارد که زیر نظر مقامات نظامی و مسئولیت رییس ستاد ارتش و در نهایت امر شاه است. یکی از منشیان ویژه‌ی شاه به یک کارمند سفارت امریکا گفته است که کوشیده شاه را متقاعد کند تا نظرش را تغییر دهد و جریان دادرسی را سریع‌تر کند، ولی موفق نشده است».[۱]

به تقاضای دادستان چهارده شاهد به دادگاه فراخوانده شدند که اکثر آنان از همکاران و نزدیکان مصدق بودند. رفتار بعضی از آنان ناشایست بود. در جریان محاکمه، سرتیپ ریاحی همواره کوشید که خود را مأمور و معذور و مسلوب‌الاختیار نشان دهد. عبدالعلی لطفی وزیر دادگستری به رییس پیشین خود تاخت، مصدق به گریه افتاد و او خود را منفعل نشان داد. مهندس احمد رضوی نایب رییس مجلس هفدهم، از مصدق به عنوان «پیشوای تاریخی ملت ایران» یاد کرد. دکتر علی شایگان در مقام رییس پیشین دانشکده‌ی حقوق و علوم سیاسی دانشگاه تهران، سعی کرد از دیدگاه قانون اساسی، عزل مصدق را به وسیله‌ی شاه نادرست و خلاف اصول و موازین نشان دهد. دکتر غلامحسین صدیقی نایب نخست‌وزیر و وزیر کشور، به محض ورود به جلسه‌ی دادرسی با خضوع و خشوع به مصدق تعظیم کرد و با شهامت مسئولیت همه‌ی تصمیماتی را که در این دو سمت اتخاذ کرده، و غالباً جز اجرای دستورات رییس دولت نبود،

---

۱ - ۱۳ نوامبر ۱۹۵۳، با امضای س.تی.کندی.

به گردن گرفت. هنگامی که صدیقی دادگاه را ترک می‌کرد، دکتر مصدق با چشمان اشک‌آلود و به صدای بلند گفت «اوستاس»، استاد است. چندی بعد، سرتیپ آزموده شبانگاه در زندان به دیدارش رفت و مردانگی و وقار او را تبریک گفت که پس از آن میان آن دو نوعی احترام متقابل برقرار شد[۱].

چند روز قبل از پایان محاکمه، یوسف مشار (مشار اعظم) که از بنیان‌گذاران جبهه‌ی ملی و دوست و وزیر مصدق بود و در ضمن حسن رابطه‌ای با دربار داشت، از شاه وقت شرفیابی خواست و به دیدارش رفت. او با صراحت اثرات نامطلوب جریان دادرسی را به محمدرضا شاه بازگو کرد و یادآور شد که خدمات مصدق در چهارچوب نهضت ملی ایران، همواره با پشتیبانی شخص شاه صورت گرفته، در این صورت چگونه می‌توان اکنون او را به محاکمه کشید؟

> «روا نیست که دکتر مصدق با آن همه زحمات و مرارت و تبعیدها و با آن همه خدماتی که به مملکت انجام داده است، زندانی و محاکمه و محکوم شود».

مشار از شاه خواست که «محاکمه‌ی دکتر مصدق را متوقف نموده و احمدآباد را برای سکونت دایمی او انتخاب نمایند». شاه نیز در پاسخ گفت «به هر ترتیبی که دکتر مصدق راضی شود، محاکمه قطع شده و به احمدآباد تبعید خواهد شد». سپس به وی توصیه کرد که با سرهنگ بزرگمهر وکیل مصدق تماس بگیرد و او ترتیب این کار را بدهد. بعد از مذاکرات مفصل سرهنگ بزرگمهر با موکلش، که وسواس جنبه‌های حقوقی این کار را داشت، به این نتیجه می‌رسند که پزشکان ارتشی، یک «معافیت فرمایشی» به دکتر مصدق بدهند و بر طبق ماده‌ی ۱۹۹ قانون دادرسی و کیفر ارتش، دادرسی قطع شود و سپس «اعلامیه بدهند که تاریخ

۱ - روایت دکتر غلامحسین صدیقی و سپهبد حسین آزموده به نویسنده‌ی کتاب.

محاکمه، مجدداً به اطلاع ملت ایران خواهد رسید». مصدق به وکیلش گفت: «این هم نیرنگ و دام جدیدی است که تدارک می‌بینند».

مطالب به مشاراعظم بازگو شد[۱]. آیا او توانست با شاه مذاکره مجددی داشته باشد؟ نمی‌دانیم. ولی پنج روز بعد، سی‌ام آذرماه ۱۳۳۲، رای دادگاه صادر شد.

پیش از پایان رسیدگی‌ها، نامه‌ای به این شرح از وزارت دربار شاهنشاهی به رییس دادگاه رسید و در جلسه خوانده شد: «به فرموده‌ی اعلیحضرت همایون شاهنشاه، به پاس خدمات آقای دکتر محمد مصدق در سال اول نخست‌وزیری خود در امر ملی شدن صنعت نفت که خواسته‌ی عموم ملت ایران و مورد تأیید ذات ملوکانه بوده و می‌باشد، آن‌چه نسبت به معظم‌له گذشته است، صرفنظر فرمودند».

در نتیجه پس از ۳۵ جلسه دادرسی و «با توجه به نامه‌ی وزارت دربار» دادگاه، دکتر مصدق را به سه سال حبس مجرد و سرتیپ تقی ریاحی را به دو سال حبس تادیبی محکوم کرد. دکتر مصدق و رییس ستادش هر دو تقاضای تجدیدنظر کردند.

در ۱۹ دی ماه، نخستین جلسه‌ی دادرسی دادگاه تجدیدنظر تشکیل شد. این بار ریاست دادگاه را سرلشکر رضا جوادی به عهده داشت که بسیار مبادی آداب بود و غالباً «متهم» را «جناب آقای دکتر مصدق» خطاب می‌کرد. در دادگاه تجدید نظر، باز همان مطالب دادگاه بدوی تکرار شد از جمله صلاحیت یا عدم صلاحیت دادگاه، مساله‌ی ابلاغ فرمان عزل مصدق و انطباق آن با قانون اساسی...

در جلسه‌ی دوم دادگاه تجدیدنظر، مصدق به غیبت تماشاچیان

---

۱ - این جریان به تفصیل در صفحات شانزده، هفده، هجده و نوزده جلد دوم، محاکمه‌ی مصدق، ذکر شده. نقل قول‌ها از آن صفحات است.

اعتراض کرد و گفت: «این دادگاه عملاً سری است. تماشاچی نیست. قرق‌چیان نگذاشتند اشخاص صندلی‌ها را تصرف کنند. از طرف دیگر، مذاکرات باید در روزنامه‌ها چاپ شود، تحریف نشود. من از خود دفاع نمی‌کنم و از ظهر امروز اعتصاب غذا می‌کنم»، و در جلسه‌ی بعد از ظهر حضور نیافت.
دکتر غلامحسین مصدق که همواره مراقب سلامت پدرش بود، نگران شد و موضوع را با حشمت‌الدوله والاتبار، برادر ناتنی مصدق، که از محارم شاه بود در میان گذاشت و خواهش کرد که به اتفاق وی به زندان بروند و از «جانب اعلیحضرت» از مصدق درخواست کنند که به اعتصاب غذایش پایان دهد. حشمت‌الدوله تلفنی از شاه کسب تکلیف کرد. شاه دستور داد «اللهیار صالح برود» به همین ترتیب عمل شد و دکتر مصدق اعتصاب غذای خود را شکست[۱]. تماشاچیان و روزنامه‌نگاران ایرانی دوباره به دادگاه بازگشتند.

در ۲۱ اردیبهشت، دادگاه تجدیدنظر پایان پذیرفت. رأی صادره در باره‌ی مصدق تایید شد و محکومیت سرتیپ تقی ریاحی از دو سال حبس تادیبی به سه سال حبس مجرد افزایش یافت.
دکتر مصدق بلافاصله تقاضای فرجام کرد، که چون رأی محکومیتش از طرف یک دادگاه نظامی صادر شده بود، می‌بایست به تصویب شاه برسد. بعد از موافقت شاه، پرونده مصدق به دیوان عالی کشور ارسال شد و در ١٦ اسفند ماه ١٣٣٤ حکم دادگاه تجدیدنظر نظامی در شعبه نهم دیوان عالی کشور به ریاست غلامحسین فرهت تأیید شد.
دکتر مصدق مدت سه سال محکومیت خود را در همان محل لشکر زرهی گذراند. در پایان این دوره، که دیگر سپهبد زاهدی هم بر سر کار نبود، او را به احمدآباد که دهی متعلق به خودش بود انتقال دادند، که البته کاری خلاف قانون بود. در آنجا خانواده‌اش،

۱ - خاطرات دکتر غلامحسین مصدق، صفحات ١٣٨ تا ١٤١.

بدون کم‌ترین محدودیت و بعضی دیگر از نزدیکانش با اشکال، به دیدارش می‌رفتند[۱].

ابوالفتح آتابای، میرآخور سلطنتی، که دست پرورده‌ی زمان قاجار و مواظب همان آدابی بود که مصدق آنها را رعایت می‌کرد. گه‌گاه (و قطعاً با اجازه و با دستور شاه) برای «عرض سلام و بوسیدن دست آقا» به دیدارش می‌رفت. متأسفانه روایتی از گفتگوهای این دو مرد سالخورده در دست نیست[۲].

مصدق اوقات خود را به نوشتن خاطراتش می‌گذراند که بعد از انقلاب اسلامی به همت استاد ایرج افشار در تهران به طبع رسید. به مطالعه‌ی کتاب‌های حقوقی (بیش‌تر به زبان فرانسه) و طبی علاقمند بود و می‌گویند به معالجه‌ی روستاییان نیز می‌پرداخت. ظاهراً آزادانه با افراد بسیاری مکاتبه داشت حتی با شخصیت‌های خارجی، که بعضی از این مکاتبات انتشار یافته[۳].

در آبان ماه ۱۳۴۵، علایم سرطان فک در دهان مصدق مشاهده شد. اندکی بعد او را به تهران انتقال دادند. دکتر غلامحسین

---

۱ - نگاه کنید به شیرین سمیعی (عروس دکتر غلامحسین مصدق) در خلوت مصدق لس‌آنجلس، شرکت کتاب، ۲۰۰۶ میلادی.

۲- روایت ابوالفتح آتابای به نویسنده، اندکی قبل از درگذشت مصدق.

۳ -از جمله نگاه کنید به ایرج افشار، مصدق و مسایل حقوقی و سیاست، منبع ذکرشده. محمدرضا جلالی نائینی (سناتور سابق و عضو مؤسس جبهه‌ی ملی) نامه‌های مصدق به جلالی نائینی، ماهنامه‌ی حافظ، چاپ تهران، شماره‌ی ۴۳، شهریور ۱۳۸۵. محمدرضا جلالی نائینی که چند نامه‌ی نوشته شده در احمدآباد را انتشار داده، می‌نویسد: «زنده‌یاد دکتر مصدق چون فرصت مصاحبه و نشر افکارش را نداشت، همیشه در پاسخ نامه‌های خصوصی از موقعیت استفاده می‌کرد و از ظلمی که بر او رفته بود سخن به میان می‌آورد». شیرین سمیعی نیز در کتاب خود، بعضی از مکاتبات وی را در این زمان انتشار داده، منبع ذکر شده. ژنرال ورنن والترز نیز در خاطرات خود به مکاتباتی که طی چندین سال پس از پایان حکومت مصدق با وی داشته، اشاره کرده است:
Vernon A. Walters, Services discrets, op.cit p.151-152

مصدق به وسیله‌ی پروفسـور یحیی عدل از شاه درخواست کرد که پدرش را برای معالجه به خارج ببرد که بلافاصله موافقت شد. اما مصدق نپذیرفت. در هفته‌های آخر در بیمارستان نجمیه تهران، که موقوفه‌ی مادرش خانم نجم‌السلطنه بود، بستری شد و روز ۱٤ اسفند ۱۳٤٥ در بیمارستان درگذشت.
او وصیت کرده بود که در کنار قربانیان سـی‌ام تیر در گورستان ابن‌بابویه دفن شـود. باز پروفسـور عدل به وسـاطت رفت، اما شـاه با این امر موافقت نکرد. در نتیجه مراسـم تشییع جنازه و خاکسـپاری در احمدآباد با حضور خانواده و جمعی از یاران و دوسـتانش انجام شد و جنازه‌ی او را در یک تابوت فلزی در اتاق ناهارخوری اقامت‌گاهش در احمدآباد به خاک سـپردند که هنوز هم در همان‌جا مدفون است.

*****

بیش‌تـر یاران و همـکاران و وزیران مصـدق در روزهای بعد از بیست و هشـتم مرداد بازداشت و طی روزها، هفته‌ها یا ماه‌های بعد از آن از زندان آزاد شـدند که سرنوشـت آنها معلوم است و بارها نوشته شده. یک‌سـال و نیم بعد، غیر از خود او و سرتیپ ریاحی دیگر کسـی از آنها در زندان نبود. اما حسـین فاطمی و مهندس احمد رضوی و دکتر علی شایگان ماه‌ها در اختفا بودند. شـایگان و رضوی در ۲٤ مـرداد ماه ۱۳۳۳ از طـرف مأمورین انتظامی بازداشت شدند.
چند ماه پیش‌تر در ۲۲ اسفند ۱۳۳۲، حسین فاطمی بازداشت شد که به «حزب توده پناه آورده»[۱] و در تجریش در خانه‌ی ستوان یکم دکتر منزوی عضو سـازمان نظامی آن حزب پنهان بود و حفاظت می‌شد.
هنگامی که حسـین فاطمی را به شـهربانی کل انتقال می‌دادند،

۱- دکتر فریدون کشاورز، من متهم می‌کنم...، صفحه‌ی ۹۸.

چند تن به ســـرکردگی شــعبان جعفری به وی حمله بردند و چند ضربـــه چاقو به وی زدند. این موضوع مشـــاجره‌ای طولانی بین نخست‌وزیر و شاه به وجود آورد[۱]. سپهبد زاهدی خواستار محاکمه و تنبیه مأموران همراه فاطمی و نیز شناســـایی آمران این قضیه شد. شاه اصرار داشت که قضیه مسکوت بماند. سرانجام روزی سلیمان بهبودی یکی از روسای دربار به دفتر نخست‌وزیر رفت و اظهار داشـــت که عامل و آمر سوءقصد به فاطمی او بوده و هیچ کس اطلاعی نداشته. به تقاضای سپهبد زاهدی، بهبودی را توبیخ کردند و قضیه مسکوت ماند. عملی بسیار ناشایست انجام شد و بار دیگر نخست‌وزیر چاره‌ای جز سکوت نداشت.

محاکمـــه‌ی علنی دکتر علی شـــایگان، مهنـــدس احمد رضوی و حســـین فاطمی در روز هفتم مهرماه آغاز و در هجدهم همان ماه (۱۰ اکتبر ۱۹۵٤) به پایان رســـید. حسین فاطمی محکوم به اعدام شـــد و شـــایگان و رضوی هر یک به حبس ابد. هر سه تقاضای تجدید نظر کردند.
در روز ششم آبان ماه ۱۳۳۳، دادگاه تجدیدنظر حکم اعدام حسین فاطمـــی را تأیید کرد و احکام مربوط به دکتر شـــایگان و مهندس رضوی را به ده ســـال زندان تقلیل داد. در این فاصله سیدحسن تقی‌زاده، عدل‌الملک دادگر و جمال امامی متفقاً نزد سپهبد زاهدی رفتند و از او خواســـتند که از شـــاه خواستار عفو حسین فاطمی شود. نخست‌وزیر به اردشیر زاهدی، که روزی چند بار بین دفتر او و کاخ سلطنتی رفت و آمد داشت، مأموریت داد که شرفیاب شود و قضایا را توضیح دهد و بگوید که خود او (نخست‌وزیر) نیز با نظر آقایان تقی‌زاده، دادگر و امامی موافق است. ظاهراً شاه هم روی

۱- نورمحمد عسکری، شـــاه...، صفحات ۲٤۰ تا ۲٤۳. نورمحمد عسگری خود در روزنامه‌ی باختر امروز از همکاران حسین فاطمی بود.

خوش نشان داد[۱].

چند روز بعد، هنگامی که اردشیر زاهدی برای شرفیابی رفته و در اتاق انتظار شاه بود، مشاهده کرد که سپهبد یزدان‌پناه، سرتیپ نصیری فرمانده گارد و چند تن دیگر از سران ارتش ایستاده‌اند و تصاویری از مراسم اعدام حسین فاطمی را تماشا می‌کنند و دانست که سحرگاه همان روز، ۱۹ آبان ماه ۱۳۳۳، ۱۰ نوامبر ۱۹٥٤، وزیر امور خارجه‌ی پرهیاهوی دولت دکتر مصدق، در میدان تیر لشکر دو زرهی تیرباران شده است. بعداً دانسته شد که حسین فاطمی شجاعانه مرده و تقاضای عفو هم نکرده.
هنگامی که اردشیر زاهدی نزد شاه رفت وی بدون مقدمه گفت:

«متأسفانه قبل از آن‌که دستور ما به مقامات ابلاغ شود، امروز سپیده‌دم فاطمی را اعدام کرده‌اند».

اردشیر زاهدی از شاه خواست که شخصاً جریان را به پدرش اطلاع دهد. او بیم آن را داشت که سپهبد زاهدی به وی بدگمان شود که در رساندن پیام رجال نامبرده و خودش، تساهل کرده.
شاه به او گفت که:

«رییس ستاد شخصاً با نخست‌وزیر صحبت کرده و قضیه را به ایشان گفته»[۲].

در این ماجرا دربار، شاه، شاهدخت اشرف که گویا دست‌اندرکار بود و اطرافیان آنها، مرتکب یک خطای انسانی و یک اشتباه سیاسی فاحش شدند. قطعاً سخنان و نوشته‌های حسین فاطمی در روزهای بین ۲٥ تا ۲۸ مرداد زشت و ناپسند بود. نزدیکی وی با حزب توده که وی را ماه‌ها پناه داده و حفظ کرده بود، سوءظن به او را افزایش می‌داد. با همه‌ی اینها مستوجب اعدام نبود و افکار عمومی این عمل را محکوم کرد.

---

۱ - در پاسخ به پرسش نویسنده، اردشیر زاهدی این جریان را تأیید کرد.
۲ - همان منبع.

اعدام حسین فاطمی، به طور غیرمستقیم به رهایی مهندس رضوی و دکتر شایگان، که با وی محکوم شده بودند، کمک کرد. هر دو با نوشتن نامه‌هایی عفو و آزاد شدند.

دکتر شایگان در ۲۳ اسفند به شاه نوشت:

«چاکر با رجاء واثق به عطوفت و مراحم ملوکانه، بدین وسیله از پیشگاه اعلیحضرت همایون شاهنشاه استدعای عفو می‌نماید و امیدوار است که بندگان اعلیحضرت همایونی مراحم عالیه‌ی خود را که از هیچ کس دریغ نمی‌فرمایند، چاکر را هم مشمول مراحم شاهانه قرار دهند. بقاء عمر و عزت و توفیق ذات همایون شاهنشاه را در ترقی کشور و اعتلای نام ایران از خداوند جلیل منان مسئلت دارد.»

گویا نامه‌ی مهندس رضوی کوتاه‌تر و ساده‌تر بود. متن نوشته‌ی رییس پیشین دانشکده‌ی حقوق و علوم سیاسی دانشگاه تهران به جراید داده شد و انتشار یافت[1]. هر دو در شب عید مورد عفو قرار گفتند و آزاد شدند. با اخذ گذرنامه، شایگان رهسپار ایالات متحده‌ی امریکا شد و در همان جا اقامت گزید و مهندس رضوی، که بیمار هم بود، به فرانسه رفت[2].

رو در رویی با شبکه‌ی توانایی که حزب توده طی چند سال به وجود آورده و در سرتاسر کشور رخنه یافته بود، به مراتب از

۱ - کیهان، ۱۳۳۴/۱۲/۲۸.

۲ - در نخستین روزهای شهریور ۱۳۳۲، اللهیار صالح که سفیر ایران در امریکا بود از کار خود کناره گرفت. سپهبد زاهدی با لحنی بسیار مودبانه از او خواست که از تصمیم خود صرفنظر کند و بر سر کارش باقی بماند: «جناب آقای صالح، جنابعالی برای مملکت خدمت می‌فرمایید نه برای شخص. لذا استدعا می‌کنم استعفای خود را مسترد داشته و کماکان در مقام سفارت ایران در واشنگتن به خدمات ارزنده‌ی خود ادامه دهید». صالح پوزش خواست و نپذیرفت. اما به ایران بازگشت و همواره مورد احترام شاه بود. در دوره‌ی بیستم نیز به نمایندگی مجلس شورای ملی انتخاب شد.

مسائل مربوط به همکاران و یاران دکتر مصدق که هدف انقلابی نداشتند و دست نشانده‌ی سیاست‌های خارجی نبودند، دشوارتر بود. به دستور دولت، سازمان‌های انتظامی و فرمانداری نظامی تهران به مبارزه جدی با حزب توده برخاستند.

نخستین شبکه‌ای که در روز سوم شهریور ۳۲ کشف شد در خانه‌ی صلح و محل سازمان جوانان بود. مقداری زیادی اسلحه و مهمات، پرچم‌های سرخ با علامت داس و چکش، جداول رمز در محل این دو سازمان انبار شده بود. سازمان‌های انتظامی و امنیتی، موفقیت‌های دیگری هم در این زمینه به دست آوردند. در ۲۰ شهریور ۱۳۳۳، ۱۱ سپتامبر ۱۹۵٤ رسماً اعلام شد که «توطئه‌ی بزرگی» در ارتش کشف شده است و گروه مهمی از افسران ارتش، ژاندارمری و شهربانی در آن شرکت داشته‌اند.

بعداً دانسته شد که کشف این شبکه، در پی بازداشت اتفاقی افسری به نام ستوان ابوالحسن عباسی بوده. تحقیقاتی که از او به عمل آمد و «همکاری» وی با دستگاه‌های انتظامی روشن کرد که نزدیک به شش صد تن از افسران قوای مسلح، در سازمان نظامی حزب توده عضو بوده‌اند. از آن جمله، کسانی در گارد شاهنشاهی، در گروه محافظ خانه‌ی دکتر مصدق و سپس در میان محافظان سپهبد زاهدی، در شهربانی کل، در بهداری ارتش، سروان توپخانه خسرو روزبه، مغز متفکر این سازمان محسوب می‌شد. هیچ یک از امرای ارتش عضو این سازمان نبودند. اسامی درجه‌داران وابسته به سازمان هرگز به دست نیامد.
نزدیک به چهارصد تن از اعضای سازمان نظامی حزب توده، تسلیم دادگاه‌های نظامی و بیست و هفت تن آنان تیرباران شدند.
کشف وسعت و اهمیت شبکه‌ی سازمان نظامی حزب توده، بازتابی جهانی یافت و موجب تحیر محافل رسمی در همه‌ی

کشورهای «جهان آزاد» گردید.
احتمالاً هدف شوروی‌ها این بود که مقدمات یک کودتای نظامی چپ‌گرا در ایران فراهم شود. در سال ۱۹۲۷، گویا استالین چنین طرحی را برای سرنگون کردن رضاشاه داشت، اما توفیق نیافته بود[۱]. پس از جنگ جهانی دوم در چند کشور در حال توسعه، از جمله در عراق، مسکو این برنامه را با موفقیت به مرحله‌ی اجرا درآورد.
اندکی پس از بازداشتش، سروان عباسی به پاداش «همکاری» موثری که با دستگاه‌های امنیتی و انتظامی داشت مورد عفو قرار گرفت و آزاد شد. ارتش، ترتیب مسافرت او را با نام و صورتی دیگر به ایالات متحده‌ی امریکا داد و دیگر رد پایی از او یافته نشد[۲].

محمدرضا شاه در خاطرات خود اشاراتی جالب به این جریان دارد:

> «محاکماتی که بعد از سقوط مصدق انجام یافت، حقایق شگفت‌انگیزی را پیرامون سال‌های ۱۳۲۰ تا ۱۳۳۲ بر همگان روشن کرد. از جمله آن که شماره‌ی افسران قوای مسلح که عضو حزب توده بودند، در این مدت از یک صد و ده تن به شش صد تن رسیده بود. نقشه‌ی حزب توده آن بود که از مصدق برای برکناری من استفاده کند و سپس خود او را دو هفته بعد از رفتن من از میان بردارد. حتی کمونیست‌ها تمبرهای جمهوری خلق ایران را که می‌بایست پس از برکناری مصدق اعلام شود، آماده و

---

۱ - خاطرات Andrei Bajanov منشی مخصوص استالین، نگاه کنید به
Dr. Clifford A. Kiracofe Jr. Kremlin, Iran and Histony, Manchester (New Hampshire), Union leadr July, 10, 1980

۲ - روایت سپهبد حسین آزموده رییس وقت دادرسی ارتش که بر این کار نظارت داشت، پاریس ۷ نوامبر ۱۹۸۵.

چاپ و انتشار کرده بودند که من این تمبرها را به چشم خود دیدم»[۱].

در پایان نخستین سال دولت سپهبد زاهدی، ایران روابط بین‌المللی عادی و متعادل خود را دوباره به دست آورد و به خصوص از خطر سقوط به حیطه‌ی تسلط روسیه‌ی شوروی رهایی یافته بود.

محاکمه و محکومیت دکتر مصدق و اعدام حسین فاطمی خطاهای سیاسی بزرگی بود که نخست‌وزیر نتوانست مانع ارتکاب آنها شود. حُسن تدبیر او از بروز بحران شدیدی با ایلات جنوب و تواناترین آنها یعنی ایل قشقایی جلوگیری کرد. کشور آرامش و ثبات خود را بازیافته بود، اما تنش‌ها و برخوردهایی غالباً غیرمنتظره در انتظار نخست‌وزیر بود که شاید از همان روزهای اول حکومتش آغاز شد.

---

۱ - پاسخ به تاریخ، صفحه‌ی ۷۶.

فصل نهم

امنیت، اقتصاد و سیاست

از سال دوم دولت دکتر مصدق، دشواری‌های اقتصادی کشور همواره در حال افزایش بود. تقریباً اجرای همه‌ی طرح‌های عمرانی متوقف شد. و حتی به علت تنش‌های سیاسی، بهره‌برداری از طرح‌هایی که اجرای آنها به پایان رسیده بود، امکان نداشت. نخست‌وزیر و همکارانش از این مسئله غافل نبودند، ولی خزانه تهی بود و سازمان‌های دولتی نابسامان بودند. تا آنجا که حقوق و مزایای کارمندان دولت با تاخیر زیاد، آن هم به کمک بانک ملی پرداخت می‌شد که این خود راه حلی کاملاً موقت بود.

یکی از نخستین گام‌های دولت زاهدی آن بود که طرح‌های آماده برای بهره‌برداری مورد استفاده قرار گیرند. این اقدام هم اثر روانی داشت، چرا که مردم تغییر و تحول را می‌دیدند و لمس می‌کردند و هم اثر اقتصادی به خاطر ایجاد کار و فعالیت و جنب وجوش.

به این ترتیب:

- در روز دوازدهم شهریور، رادیو نفت ملی ایران که در خوزستان شنوندگان و علاقمندان بسیار پیدا کرد، افتتاح شد.

- یک هفته بعد بهره برداری از بیمارستان مسلولین شیراز آغاز شد.

- در ۲۷ مهرماه، ۱۹ اکتبر ۱۹۵۳، یک کشتی باربری ایرانی به نام «پرت پهلوی» از بندر پهلوی عازم بادکوبه شد و بدین ترتیب با تبلیغاتی فراوان، نخستین خط کشتی ایرانی، میان این دو شهر بندری گشایش یافت.

- در پنجم آبان، با حضور شاه و نخست‌وزیر ساختمان مجلل جدید بانک سپه افتتاح شد. سپهبد زاهدی به شیوه‌ی قوام‌السلطنه در کنار شاه راه می‌رفت، تصاویر روزنامه‌ها نشان دهنده این رفتار بود، که محمدرضا شاه نمی‌پسندید.

- در روز ۲۱ آبان ماه، بر اثر فشار شدید سپهبد زاهدی که برنامه‌های خانه‌سازی را ضروری و دارای اولویت می‌دانست، ساختمان پانصد دستگاه خانه‌ی ارزان قیمت در جنوب تهران به منظور اسکان زاغه‌نشینان آغاز شد.

- در ۲۳ آذر هیات وزیران تصمیم به تأسیس دانشکده‌ی نفت آبادان گرفت که در سال‌های بعد به صورت یکی از بهترین موسسات مشابه در میان همه‌ی کشورهای نفت‌خیز جهان درآمد. این دانشکده در روز اول مهرماه سال بعد به کار آغاز کرد.

- در آغاز اردیبهشت ۱۳۳۲، یکی از برنامه‌هایی که شاه و سپهبد

زاهدی به آن دلبستگی بسیار داشتند و مورد علاقه‌ی خاص مردم بود، بالاخره به انجام رسید و آن مراسم بزرگداشت ابوعلی سینا و جشن هزاره‌ی او بود. کنگره‌ی بین‌المللی این بزرگداشت را نخست‌وزیر در تالار دانشکده‌ی پزشکی دانشگاه تهران گشود و به همین مناسبت این تالار ابن‌سینا نام گرفت. دو روز بعد، ۸ اردیبهشت شاه و سپهبد زاهدی، باز هم در کنار یک‌دیگر، از مجسمه‌ی دانشمند بزرگ ایرانی در همدان پرده برداشتند و سپس آرامگاه باشکوهش را که به کوشش انجمن آثار ملی ساخته شده بود، گشودند. در همین روز مهمان‌سرای بوعلی همدان نیز آغاز به کار کرد. علی‌اصغر حکمت رییس انجمن آثار ملی و وزیر مشاور دولت زاهدی در طی شش ماه قبل از این مراسم، برای به انجام رساندن این چند طرح بزرگ و مقبول مردم کوشش بسیار کرده بود.

- در ۲۸ اردیبهشت، در حضور سپهبد زاهدی ساختمان سیصد و پنجاه دستگاه مدرسه‌ی جدید آغاز شد.

- در روز ۲۴ خرداد، ۲۴ لکوموتیو جدید در بندرشاهپور تحویل بنگاه راه‌آهن دولتی ایران شد. این لکوموتیوها مدت‌ها پیش خریداری شده و همه در انتظار تحویل آنها بودند که تحرکی در راه آهن کشور ایجاد شود.

- در روز ۲۹ خرداد ماه ۱۳۳۳، ۱۹ ژوئن ۱۹۵۴، با پافشاری نخست‌وزیر، لایحه‌ی قانونی که مطلقاً جنبه‌ی عمرانی نداشت. اما جبران یک بی‌عدالتی فاحش و غیرقابل توجیه دولت قبلی بود، به تصویب مجلسین رسید و آن لغو قانون مصادره‌ی اموال احمد قوام بود.
- در روز ۲۸ تیرماه فروشگاه تعاونی مصرف کارمندان دولت

شـــروع به کار کرد. همان روز قرارداد خرید پانصد دستگاه تراکتور از طرف بانک کشـــاورزی با یک شرکت انگلیسی به امضا رسید. دولت مقرر داشت که تراکتورهای خریداری شده به اقساط سه ساله، به کشاورزان واگذار شود. برنامه‌ای که بعداً در مقیاس به مراتب وسیع‌تری به مرحله‌ی اجرا درآمد.

- در شانزده شهریور، طرح افزایش سرمایه بانک رهنی ایران، کـــه آن هم مورد علاقه خاص نخســـت‌وزیر بـــود، به تصویب رسید.

- در روز ۱۴ دی مـــاه، بانک کشـــاورزی، پانصد تراکتور دیگر برای فروش به کشاورزان خریداری کرد.

- در روز اول اسفند ۱۳۳۳، ۲۰ فوریه ۱۹۵۵، ساختمان کارخانه شیر پاستوریزه تهران آغاز شد.

- در روز سوم اسفند، ریل‌گذاری راه‌آهن شاهرود به مشهد که زیرسازی آن قبلاً به اتمام رسیده بود، آغاز شد...

ممکن اســـت همه‌ی این اقدامات در مقام مقایســـه بـــا آنچه طی ســـال‌های بعد در ایران به انجام رســـید، ناچیز به نظر آید، ولی در آن روزهای تنگ‌دستی و دشـــواری، گام‌هایی بزرگ محسوب می‌شد.

*****

پس از کشـــف ســـازمان نظامی حزب توده، مراکز فعالیت سری این حزب یکی پس از دیگری، به دســـت مأموران ســـتاد ارتش و فرمانداری نظامی افتادند؛ از جمله در چهارم مهرماه چاپخانه‌ی بزرگ حزب در محله‌ی داوودیه، در یازدهم همان ماه، مرکز پخش انتشـــارات آن حزب، ســـه روز بعد چاپخانه‌ای دیگر که تحت نظر

سازمان جوانان حزب اداره می‌شد و یک کارمند عالی‌رتبه‌ی سازمان برنامه مسئولیت آن را داشت، در روز نوزدهم، یک موسسه‌ی گراورسازی که مأمور تهیه و تکثیر عکس‌ها و اوراق مصور حزب بود، و نیز در روز ۱۵ آبان، انبار اسلحه‌ی حزب در نزدیکی محله‌ی «چهارصد دستگاه» کشف شد. در این انبار صدها قبضه تفنگ برنو، شصت سلاح کمری، یک صندوق بازوکا و چندین صندوق نارنجک نگاهداری می‌شد.

حزب توده خود را برای یک شورش مسلحانه، یا مقاومت در برابر قوای انتظامی آماده کرده بود. در روز دوم بهمن ماه، شبکه‌ی مخفی حزب توده و پایگاه‌های آن در شهرهای استان مازندران کشف شد و در روز دوازدهم، مأموران انتظامی توانستند به سازمان اطلاعات و جاسوسی حزب و مخصوصاً به صورت اسامی کلیه‌ی اعضای آن در وزارتخانه‌ها و سازمان‌های دولتی دست یابند.

این آخرین ضربت بزرگ بنیادی به سازمان حزب توده بود که تا انقلاب اسلامی دیگر قد راست نکرد. اما وسعت شبکه‌هایی که کشف شد، نشان می‌داد که قدرت دستگاه‌های آن تا به چه حد رسیده و چه خطری ایران را تهدید می‌کرده است. رسیده بود بلایی، ولی به خیر گذشت.

رهبران حزب، همه به خارج گریختند، جز خسرو روزبه؛ بسیاری از اعضای آن، از نظامی و غیرنظامی، در راه آرمان خود جان باختند. آرمانی که محتوای پلید آن اندک اندک بر همه‌ی جهانیان پدیدار شد و سرانجام «بهشت شوراها» فروپاشید. قطعاً بیشتر کسانی که در این ماجرا جان خود را از دست دادند، حُسن نیت داشتند و به فردای بهتری برای میهن خود می‌اندیشیدند. آنان را باید در شمار سی یا چهل میلیون تن قربانیان کمونیسم شمرد.

*****

در روز ششم شهریور ماه، ۲۸ اوت ۱۹۵۳، دولت اعلام داشت که بررسی‌ها و سپس مذاکرات لازم را برای حل مساله‌ی نفت آغاز خواهد کرد.

در سی‌ام مهرماه، ۲۲ اکتبر ۱۹۵۳، هربرت هوور کارشناس عالی‌مقام مسایل نفتی و مشاور رییس جمهوری ایالات متحده، به دعوت دولت ایران و برای آماده ساختن زمینه‌ی مذاکرات بعدی وارد تهران شد. وی با شاه و نخست‌وزیر و دکتر علی امینی وزیر دارایی و بعضی دیگر از مقامات ایرانی ملاقات کرد و به مشاوره پرداخت. نخستین پیشنهاد یا لااقل نظر هوور این بود که برخلاف قراردادهای قبلی نفتی، دست «دولت‌ها» از بهره‌برداری نفت کوتاه شود و شرکت‌های نفتی خارجی این کار را به دست بگیرند، یا به عبارت دیگر «طرف» ایران باشند. او نظر داد که نه یک شرکت، بلکه چند شرکت بزرگ نفتی متعلق به کشورهای «متحد و دوست ایران» در این کار شریک و سهیم گردند. مفهوم پیشنهاد، پایان موقعیت انحصاری بریتانیای کبیر در بهره‌برداری نفت ایران و مشارکت امریکایی‌ها در آن بود.

البته هوور عقیده داشت که برای اجتناب از رو در رویی مستقیم شرکت‌های بزرگ انگلیسی و امریکایی که در عرصه‌ی بازار نفت جهان، هم رقیب بودند و هم غالباً شریک، هلندی‌ها و فرانسوی‌ها نیز در این برنامه مشارکت جویند. لندن، در ابتدا به این طرح نظر خوشی نشان نداد. سر ویلیام فرایزر، رییس شرکت نفت ایران و انگلیس، A.I.O.C، علناً مخالفت خود را بیان کرد و همین سبب شد که وی را از ریاست هیات نمایندگی شرکت‌های غربی در مذاکرات کنار بگذارند.

ظاهراً مخالفت انگلیس‌ها جنبه‌ی سیاسی هم داشت: سفیر ایالات

متحده در گزارشی به وزارت متبوع خود نوشت[1]:
«رویه‌ی انگلیس به نظر ما در اینجا نسبت به دولت زاهدی روشن به نظر نمی‌رسد. ما واقفیم که در تابستان گذشته، اطمینان کامل به ما داده شد که در صورتی که جانشینی به جای مصدق روی کار بیاید، همکاری نزدیکی با وی خواهد شد. مع‌الوصف از آن زمان تاکنون به نظر ما از جانب مقامات انگلیسی یک رویه‌ی محافظه‌کارانه و «صبر کنیم ببینیم چه خواهد شد» در پیش گرفته شده است. دولت انگلیس به طور کلی حدود پیشنهادات خود را در مورد نفت سخت‌تر نموده‌اند... ایرانی‌هایی که مدت‌ها است شهرت دارند که قویاً طرفدار انگلیس‌ها نیستند، به انتقاد از رژیم زاهدی همچنان ادامه می‌دهند... دولت امریکا مسئولیت اخلاقی بزرگی به عهده خواهد داشت که از این پس مراقبت نماید دولت انگلیس هیچگونه اقدامی در داخل ایران به عمل نیاورد که موجب تضعیف در اصل موجودیت دولت شود».

سفیر کبیر امریکا از دولت خود می‌خواهد که مخالفت خود را «با هر اقدام یک جانبه‌ی دولت انگلیس به منظور تضعیف یا ساقط نمودن دولت زاهدی» به لندن تفهیم کند.

این گزارش به روشنی نشان می‌دهد که انگلیس‌ها علناً با دولت زاهدی مخالف بودند. در یک متن داخلی سفارت کبرای بریتانیا در تهران، نام کسانی که «قویاً طرفدار انگلیس‌ها هستند» آمده و رفت و آمدها و اقداماتشان علیه زاهدی به تفصیل ذکر شده[2].

---

۱ - ۱۹ نوامبر ۱۹۵۳، ظهر، شماره‌ی ۳۸۸.
۲ - نگاه کنید به دکتر عزت‌الله همایونفر، از سپاهی‌گری تا ... صفحات ۳۷۲ تا ۳۷۶.

با وجود همه‌ی این مشکلات، مذاکرات نفتی بر اساس پیشنهاد یا طرح هوور آغاز شد و ادامه یافت. دولت ایالات متحده، به پنج شرکت بزرگ نفتی امریکایی استثنائاً اجازه داد که یک «اتحادیه» برای هم آهنگ کردن فعالیت‌های خود در ایران و مشارکت در کنسرسیوم نفت تشکیل دهند. بدین سان در روز نهم مارس ۱۹۵٤، ۱۸ اسفند ۱۹۵٤، تشکیل «کنسرسیوم بین‌المللی توزیع نفت ایران» در لندن اعلام شد، شرکت انگلیسی **B.P** (بریتیش پترولیوم) ٤۰٪ سهام این کنسرسیوم را در اختیار داشت. پنج شرکت امریکایی ٤۰٪ دیگر را، شرکت هلندی شل ۱٤٪ و شرکت نفت فرانسه **C.F.P** معادل ٦٪.

تشکیل این کنسرسیوم طی اطلاعیه‌ای در تهران نیز به اطلاع مردم رسید. مرحله‌ی نهایی مذاکرات نفتی رسماً در ۲۵ فروردین ۱۳۳۳، ۱٤ آوریل ۱۹۵٤ تحت عنوان نخستین جلسه‌ی کنفرانس نفت در کاخ ابیض (محل نخست‌وزیری) آغاز شد. ریاست هیات نمایندگی ایران را دکتر علی امینی وزیر دارایی، به عهده داشت. مطبوعات خارجی تاکید کردند که دکتر امینی وزیر دولت دکتر مصدق نیز بوده. غرض آن بود که به وی نوعی وجهه‌ی ملی بدهند.
توافق‌نامه‌ی نهایی در روز پنجم اوت ۱۹۵٤، ۱٤ مرداد ماه ۱۳۳۳، سال‌روز اعلام مشروطیت، در تهران، به زبان فارسی و در لندن به زبان انگلیسی، انتشار یافت. آخرین مشکل مذاکرات تطابق در متن فارسی و انگلیسی بود که از دو طرف، چندین استاد دانشگاه در آن شرکت کردند.
در این توافق‌نامه شصت و چهار صفحه‌ای، اصل ملی شدن و ملی بودن صنایع نفت ایران، رسماً شناخته شد. دولت ایران پذیرفت که غراماتی را که مدت‌ها در باره‌ی آن بحث شده بود بپردازد. اما پرداخت نخستین قسط آن به پنج سال بعد، ۱۹۵۸ موکول شد. در این متن، همه‌ی ترتیبات فنی، اقتصادی، حقوقی و تجاری

در زمینه‌ی استخراج، تصفیه، حمل و نقل و فروش نفت ایران و فعالیت‌های جنبی آن دقیقاً پیش‌بینی شده بود.

شرکت ملی نفت ایران که در زمان حکومت دکتر مصدق ایجاد شده و ریاست هیات مدیره‌ی آن همچنان با سهام‌السلطان بیات بود، به عنوان مالک و فروشنده‌ی نفت مستخرجه در ایران شناخته شد. توافق شد که ۲۵٪ منافع کنسرسیوم، به دولت ایران متعلق خواهد بود که شرکت سابق نفت فقط ۲۰٪ آن را، آن هم بدون هیچ نظارتی در حساب‌هایش می‌پرداخت. به علاوه مالیاتی معادل ۲۵٪ در قرارداد منظور شد که مجموع این دو رقم، همان اصل «پنجاه - پنجاه» معروف بود.

علاوه بر اینها، پیش‌بینی شد که پالایشگاه کوچک کرمانشاه، از همان زمان راساً به وسیله‌ی ایرانیان اداره شود؛ که نفت مورد احتیاج کشور، بدون هیچ گونه شرطی در مقدار و حجم آن، به قیمت تمام شده در اختیار شرکت ملی نفت ایران قرار گیرد و توزیع نفت در داخل کشور با این شرکت باشد. همه‌ی این اصول کمک بزرگی به تسریع در توسعه‌ی اقتصادی ایران بود. همچنین توافق شد که هر سال مقدار فزاینده‌ای از نفت استخراج شده در ایران، برای صدور به هر قیمت و به هر شرایط، در اختیار شرکت ملی نفت ایران باشد.

سه سال پیش از امضای این قرارداد، چنین توافقی موجب رضایت و خشنودی کامل ایرانیان می‌شد. این بار کسی شادی نکرد. دکتر مصدق در یک نامه‌ی سی هزار کلمه‌ای به شاه، نخست‌وزیر، وزیر دارایی، رییس هیات مدیره‌ی شرکت ملی نفت ایران و روسای مجلسین، ایرادات و مخالفت خود را بیان داشت. متن نامه در جراید انتشار نیافت. اما در تهران کسی هم از آن بی‌اطلاع نماند[۱]. قرارداد کنسرسیوم، کمال مطلوب نبود. حتی طرح پیشنهادی بانک جهانی و احتمالاً آخرین پیشنهاد امریکا و انگلیس که دکتر مصدق

---

۱ - ابراهیم صفایی، زندگی‌نامه ...، صفحه‌ی ۱۸۷.

هــر دو را رد کرده بود، امتیازات بیش‌تری را شــامل می‌شــدند. دکتر مصدق همه چیز را می‌خواســت و با تمام پافشاری که کرد، ســرانجام به بُن‌بست رسید. ســپهبد زاهدی و دولتش بر اساس اصل «سیاست هنر ممکنات است» عمل کردند و خود به آن اذعان داشتند.

در روز ۳۰ شــهریور ۱۳۳۲ قرارداد نفت به وســیله‌ی وزیر دارایی تقدیم مجلس شورای ملی گردید.
نخســت‌وزیر در پیامی گفت: «حل مشــکل نفت راه را برای انجام اصلاحــات باز می‌کند» وی در مجلس شــورای ملــی نیز اظهار داشت:

«امتیازی به کسی داده نشده، عهدنامه‌ای تنظیم نگردیده. ایران سرپرســت صنعت عظیم نفت خود می‌باشــد. این قرارداد، کلید گشایش همه‌ی مشکلات ما خواهد بود»[۱].
سخنان دکتر امینی صریح‌تر بود:
«قرارداد برای ملت ایران ایده‌آل نیست. با اوضاع کنونی ما توانستیم این قرارداد را بدین طرز تنظیم و امضا کنیم. این قــرارداد بهترین قراردادی اســت که ایــران در حال حاضر می‌تواند منعقد کند»[۲].
سال‌ها بعد محمدرضا شاه در مصاحبه‌ای گفت:
«در آن هنگام ما راه چاره دیگری نداشتیم. کشور به کلی در ورشکستگی بود، بینوایی کامل بود. در بیمارستان‌ها حتی بانــد و مرکورکوروم پیدا نمی‌شــد. ما در چنان وضع نابهنجاری بودیم و خودمان نمی‌توانستیم نفت را بفروشیم و بایستی آن قرارداد را امضا می‌کردیم»[۳].

۱- مشروح مذاکرات مجلس شورای ملی.
۲- همان منبع.
۳- کیهان، ۲ آذر ماه ۱۳۵۳.

لایحه‌ی قرارداد در یک کمیسیون مشترک هجده نفری مجلسین با حضور دکتر امینی مورد بررسی قرار گرفت و پس از یک‌ماه رسیدگی و مطالعه، مجلس شورای ملی آن را ضمن یک ماده‌ی واحده در روز ۲۹ مهرماه ۱۳۳۳، ۲۱ اکتبر ۱۹۵٤ با یک صد و سیزده رأی موافق و چهار رأی مخالف از صدو بیست تن نماینده‌ی حاضر در جلسه، تصویب کرد. مجلس سنا نیز روز ششم آبان ماه، ۲۸ اکتبر آن را به تصویب رساند.

روز بعد، قانون به توشیح شاه رسید.

در روزهای بعد کنسرسیوم مبلغ ۵۰ میلیون دلار برای به راه انداختن تاسیسات نفتی و پالایشگاه آبادان تأمین اعتبار کرد.

روز هجدهم آبان، سپهبد زاهدی در یک مصاحبه‌ی بزرگ مطبوعاتی در باره‌ی نتایج قرارداد نفت گفت:

«سعی وافی دارم درآمد نفت، تماماً صرف بهبود زندگی مردم شود. در مورد مالیات سعی خواهم کرد از فشار به طبقه‌ی سوم و طبقه‌ی تولید کننده کاسته شود. قسمتی از درآمدهای عمومی هم به کارهای عمرانی اختصاص داده خواهد شد».

سرانجام پس از قریب سه سال و چهار ماه توقف یا رکود، استخراج، تصفیه و صدور نفت ایران در مقیاس بین‌المللی از سر گرفته شد.

پس از آن ایران و شاه به کوشش‌های خود برای نیل به «کمال مطلوب» ادامه دادند. هر بار که ایران قدمی به پیش می‌رفت، بحران سیاسی و تحریکات عوامل نفتی در ایران پدیدار می‌شد. در سال‌های ۱۹۷۳ - ۱۹۷٤ سرانجام کشور به «کمال مطلوب» رسید و شاید همین، مقدمه‌ی آماده‌سازی حوادثی شد که با بهره‌برداری از نارضایی‌های داخلی و ضعف حکومت‌ها و تحریکات بعضی از

اطرافیان محمدرضا پهلوی، به دست خارجیان برنامه‌ریزی گردید و «انقلاب اسلامی» نام گرفت.

*****

سپهبد زاهدی در مجلس شورای ملی گفته بود: «این قرارداد کلید گشایش همه‌ی مشکلات ما خواهد بود» و می‌خواست «درآمد نفت تماماً صرف بهبود زندگی مردم شود».

اجرای قرارداد، گشایشی در امور اقتصادی و مالی به وجود آورد، ولی سرآغاز دشواری‌های سیاسی فزاینده‌ای برای نخست‌وزیر شد و در سطح بالای مدیریت کشور تنش‌هایی پدیدار گردید که سرانجام آن، برکناری اجباری وی از ریاست دولت بود.

به هنگام مسافرت ریچارد نیکسون به ایران شاه به وی گفته بود:

> «وقتی مساله‌ی نفت حل شود، من رهبری را شخصاً به دست خواهم گرفت»[۱].

اندکی بعد، ریچارد نیکسون بار دیگر به مساله‌ی دولت در ایران اشاره کرد:

> «زاهدی با مسایل جدی روبرو است. موقعیت زاهدی در نتیجه‌ی بدگمانی ذاتی شاه از یک نخست‌وزیر نیرومند، در معرض مخاطره قرار دارد»[۲].

نخستین و شاید جدی‌ترین مورد اختلاف نظر شاه و سپهبد زاهدی در مورد ارتش بود، همان مساله‌ای که به بحران میان مصدق و محمدرضا پهلوی انجامید و قیام سی‌ام تیر و حوادث بعد از آن را باعث شد.

---

۱ – شورای امنیت ملی، یک صد و هفتاد و هفتمین نشست ۲۳، دسامبر ۱۹۵۳/ شماره‌ی ۳۹۸.

۲ – نشست سوم ژانویه ۱۹۵٤.

اختلاف نظر شاه، فرمانده‌ی کل قوا و نخست‌وزیر، که می‌خواست چون قوام و مصدق رییس قوه‌ی مجریه باشد و حکومت کند، در مورد ارتش، دو جنبه داشت: یکی در مورد سیاست تسلیحاتی و نقش سیاسی و بین‌المللی آن بود و دیگری در مورد انتصابات در قوای مسلح و رهبری آنها.
یک ماه بعد از سقوط دکتر مصدق، شاه دل‌مشغولی خود را از وضع ارتش، در هر دو مورد به سفیرکبیر امریکا بازگو کرد[1].

«مهم‌ترین اولویت این است که ارتش بی‌درنگ از لحاظ روحیه و تجهیزات تقویت شود... وضع مالی پرسنل ارتش مخصوصاً درجه‌داران و افسران تا درجه‌ی سروان تحمل‌ناپذیر است. اگر اقداماتی به فوریت صورت نگیرد او نخواهد توانست وجود ارتشی با روحیه‌ی قوی را تضمین کند. اگر روحیه‌ی ارتش قوی باشد خواهد توانست اگر مجلس مطابق میلش نبود آن را منحل سازد و حکومت دیکتاتوری برقرار نماید».

شاه چند روز بعد[2]، مجدداً موضوع را با سفیر امریکا در میان گذاشت و گفت:

«باید نظرات امریکا و انگلیس را در مورد استفاده از ارتش بداند. آیا امریکا و انگلیس مایل‌اند ارتش صرفاً برای حفظ نظم و امنیت داخلی به کار برده شود، یا این که مایل‌اند در صورت تهاجم شوروی در دفاع از یک سنگر پس از سنگر دیگر به عملیات معطل کردن بپردازد..؟ شاه در مورد این که ارتش باید نقش دفاعی داشته باشد و چه نیازهایی خواهد داشت به تفصیل سخن گفت... تانک‌هایی که قادر به رویارویی با تانک‌های روسی (باشند) توپ‌های ضد

۱ - گزارش مورخ ۱۸ سپتامبر ۱۹۵۳ لوی هندرسن به وزارت متبوعه.
۲- گزارش مورخ ۱۹ سپتامبر ۱۹۵۳.

هوایی، ضد تانک...».

محمدرضا پهلوی طرف‌دار ارتشی نیرومند و مجهز به بهترین اسلحه بود که مهره‌ای در مجموع سیاست دفاعی جهان آزاد باشد و عقیده داشت که باید قسمت مهمی از بودجه‌ی کشور به هزینه‌های دفاعی اختصاص داده شود. او در سال‌های بعد، هنگامی که به این مقصود رسید و نیروهای مسلح ایران را به تواناترین ارتش در خاورمیانه، و نیروی هوایی را به یکی از سه یا چهار قوی‌ترین در دنیا مبدل ساخت، به اتکای این ارتش که مطلقاً رسالت مداخله در امور داخلی را نداشت، خواست ایران را از قید قیمومیت نظامی و بین‌المللی جهان غرب، یعنی عملاً امریکا، خارج کند و خود، رکن اصلی امنیت در منطقه‌ی خلیج فارس و اقیانوس هند باشد.

اندیشه‌ای بود دور و دراز و آرزویی زیبا. اما «جهان غرب» تحمل نمی‌کرد که قدرت نظامی ایران در منطقه حتی برتر از اسراییل باشد و این کشور سوداهای دیرین خود را بازیابد و بر سر میز قدرت‌های بزرگ نظامی و اقتصادی جهان بنشیند. لازمه‌ی اِعمال چنین سیاستی، استحکام وضع داخلی و یک اتکای مردمی بود که در سال‌های آخر، رهبری ایران آن را اندک اندک، هم بر اثر اشتباهات پی در پی حکومت‌ها و هم به علت ضعف آنها، از دست داد. در بیان علل انقلاب اسلامی و چگونگی حمایت سیاست‌های غربی از آن، این نکته را نیز نباید فراموش کرد، که جای بحث در باره‌ی آن، در این کتاب نیست.

برخلاف شاه، سپهبد زاهدی معتقد بود که باید به تأمین امنیت داخلی اولویت داد:

> «امریکایی‌ها اصرار داشتند که بودجه‌ی وزارت جنگ را زیاد کنیم و اسلحه خریداری کنیم و قشون را مجهز به اسلحه جدید بکنیم. تیمسار (زاهدی) سوال می‌کنند با

کدام پول؟ آنها در جواب می‌گویند مالیات‌ها را زیاد کنید و از بودجه‌ی سایر وزارتخانه‌ها کسر کنید و به بودجه‌ی وزارت جنگ اضافه نمایید. تیمسار زیر بار نمی‌رود. می‌گویند نه مردم می‌توانند مالیات بیش‌تری بپردازند و نه صلاح مملکت هست که از بودجه‌ی سایر وزارتخانه‌ها کسر کنیم... من تعهد می‌کنم با همین قشون، امنیت سرتاسری ایران را حفظ کنم... وقتی شاه تیمسار را تحت فشار می‌گذارد، به شاه می‌گویند، اگر امریکایی‌ها پول بدهند ما اسلحه می‌خریم... روزی شاه ارتشبد هدایت (در آن موقع ارتشبد نبود، بعداً شد) و سپهبد باتمانقلیچ را (در آن موقع سرلشکر، رییس ستاد ارتش که منصوب زاهدی هم بود) احضار می‌کنند و دستور می‌دهند که بودجه‌ی پیشنهادی امریکایی‌ها را ببرند تا شاه آن را پاراف فرمایند. اتفاقاً تیمسار زاهدی از قضیه مطلع می‌گردد، می‌رود به قصر و یکسره می‌رود به اتاق دفتر شاه، می‌بیند که هدایت و باتمانقلیچ آنجا هستند می‌گویند فوراً از اطاق خارج شوند و خطاب به شاه می‌گوید، من برای شما و برای ایران زحمت می‌کشم،... صلاح نیست نخست‌وزیری را بیاورید که چشم بسته دستور امریکایی‌ها را انجام دهد...»[۱].

نخست‌وزیر با بینشی معطوف به مشکلات فوری و انحصاراً داخلی به مساله نگاه می‌کرد و می‌خواست بعد از حل معضل نفت، هر چه زودتر «گشایشی» در وضع زندگی مردم پدیدار شود. شاه، از همان زمان در اندیشه‌ی آن بود که هم قدرت سیاسی خود را به

۱ – روایت رضا کی‌نژاد، نماینده‌ی وقت مجلس شورای ملی که از مشاوران و محارم سپهبد زاهدی بود متن کامل و تصویر این روایت بسیار مفصل در کتاب نورمحمد عسکری شاه... صفحات ۳۰۹ تا ۳۱۴ درج شده. جریان این برخورد از قول سه شخصیت حاضر در دفتر شاه (زاهدی، هدایت، باتمانقلیچ) با اندک تفاوت‌هایی در مآخذ و منابع مختلف درج شده است.

اتکای ارتش تحکیم کند و هم نیروهای مسلح را به صورت عامل اصلی حفاظت منطقه و قدرت و نفوذ بین‌المللی ایران درآورد.

هر دو شاید حق داشتند. ولی در آن زمان و در ماه‌های پر تنش بعد از ۲۸ مرداد، این اختلاف نظر موجبی برای پیدایش شکاف میان شاه و نخست‌وزیرش شد، خاصه آن که سپهبد زاهدی بر آن بود که چون قوام و مصدق، در راهبری امور ارتش دخالت و نظارت داشته باشد. قوام در این زمینه کاملاً توفیق یافت و به رعایت احترامات ظاهری و تشریفاتی رییس مملکت و فرمانده کل قوا اکتفا کرد.

ایران در آن روز وضع دیگری داشت، شاه ضعیف و ارتش عملاً در اختیار سرلشکر رزم‌آرا بود که او به قوام ارادت می‌ورزید و احترام می‌گذاشت. در نهایت امر در برابر خطر خارجی و بیم از تجزیه و نابودی کشور، هر سه، شاه، قوام و رزم‌آرا هر سه میهن‌دوستان، یگانه و همراه شدند و آذربایجان را نجات دادند.

بحران رهبری ارتش، چنان که دیدیم، در زمان مصدق به ماجرای سی‌ام تیر ختم شد. با همه‌ی پی‌آمدهایی که ۲۸ مرداد نقطه‌ی پایان آنها بود.

با سپهبد زاهدی، نظامی باتجربه و محبوب در ارتش، که شاه را دوباره بر تخت سلطنت نشانده بود، صورت مساله جنبه‌ای خاص یافت. سفیرکبیر امریکا که در آن روزها همواره به دیدار شاه و نخست‌وزیر می‌رفت. وضع را به خوبی خلاصه کرده[۱]:

> «برخی می‌گویند زاهدی بی‌مشورت با شاه در ارتش اقداماتی می‌کند... دیگران می‌گویند شاه بی‌مشورت با زاهدی دستورهای مستقیمی به رییس ستاد ارتش می‌دهد... شاه (گفت) اگر نخست‌وزیر دریابد که ارتش

---

۱ - گزارش مورخ ۲۲ سپتامبر ۱۹۵۳.

هیچ ارتباطی به او ندارد، هیچ اختلافی در کار نخواهد بود. ظاهراً برای زاهدی به یاد آوردن این که او به عنوان نخست‌وزیر، یک غیرنظامی است، نه یک افسر ارتش، دشوار است. شاه گفت آماده است به هر چه زاهدی شخصاً و محرمانه در باره‌ی ارتش بگوید گوش فرا دهد. ولی اجازه نمی‌دهد که نخست‌وزیر مشورت‌های خود را علنی کند... شاه گفت، به عنوان فرمانده کل قوا می‌تواند بدون مراجعه به نخست‌وزیر به رییس ستاد ارتش دستور بدهد)».

همان مسایلی که میان شاه و مصدق پیش آمده بود، تکرار می‌شد. اما سپهبد زاهدی نه می‌توانست در آن شرایط استعفا دهد و جا خالی کند، نه می‌توانست از مردم، علیه شاه کمک بخواهد و نه طبیعتاً دست به کودتا بزند. مردِ تسلیم مطلق هم نبود. بنابراین جنگ فرسایشی میان این دو شخصیت آغاز شد که به حکم اجبار کاملاً رعایت ظواهر و تشریفات را می‌کردند. اما اندک‌اندک شکاف میان آنان آشکار شد.

در زمینه‌ی مسایل اقتصادی نیز توافق و تفاهم کافی میان رییس مملکت و رییس دولت وجود نداشت و این موضوع به خصوص بعد از حل مساله‌ی نفت، که گشایشی در کار کشور حاصل کرد، علنی گردید. زاهدی، هوادار برنامه‌های کوتاه‌مدت و مردمی بود. بهبود و اصلاح وضع راه‌های کشور، ساختمان خانه‌های ارزان‌قیمت برای گروه‌های اجتماعی کم درآمد، کمک به کشاورزان به منظور افزایش تولیدات... دل‌مشغولی او گسترش بی‌کاری در میان مردم بود و هزاران تنی که هر روز در میدان‌ها و خیابان‌ها به دنبال کار پرسه می‌زدند. او می‌خواست قبل از حل مساله‌ی نفت اقلاً یک صدهزار نفر را در برنامه‌های راه‌سازی مشغول کند. از

تعطیل کارگاه اتصال راه‌آهن تهران به مشهد و به تبریز خشمگین بود، که سرانجام سرلشکر گرزن وزیر راه توانست کار را به راه اندازد. او شاید، چندان به طرح‌های بزرگ، لااقل در آن زمان، عقیده نداشت. همه‌ی این‌ها در گزارش‌های سفیر امریکا که دیگر رازدار شاه و نخست‌وزیر شده بود منعکس است.
شاه دید دیگری داشت و به برنامه‌های درازمدت، چون سدسازی، ذوب‌آهن، توسعه‌ی صنایع سنگین... می‌اندیشید و غالباً برنامه‌های کوتاه‌مدت را از یاد می‌برد. این بینش تا پایان سلطنتش نقطه‌ی ضعف او بود.

بحث و تضادی بنیادی که در آن زمان میان همه‌ی رهبران کشورهای جهان سوم و متخصصان توسعه‌ی اقتصادی به چشم می‌خورد و منحصر به ایران نبود.

بازگشت ابوالحسن ابتهاج به صحنه‌ی سیاست و اقتصاد ایران، موجبی شد که این دوگانگی فکری و در نهایت امر سیاسی علنی گردد.
ابوالحسن ابتهاج که سال‌ها با نهایت قدرت در راس بانک ملی ایران قرار داشت و آن سازمان را اداره می‌کرد، در زمان مصدق به سفارت پاریس برگزیده شده و سپس جای خود را به باقر کاظمی وزیر امور خارجه و نایب نخست‌وزیر داده بود.
از همان نخستین روزهای بعد از برکناری مصدق، امریکایی‌ها اظهار علاقه می‌کردند که از مدیریت و کاردانی ابتهاج برای سر و صورت دادن به وضع اقتصادی کشور استفاده شود[1].
ابوالحسن ابتهاج در خاطراتش حکایت می‌کند که پس از سقوط دکتر مصدق و حل مساله‌ی نفت و «روشن شدن میزان درآمدهای

۱- منبع فوق الذکر.

ایران از آن محل[۱]» به ایران برگشته:

> «سه روز پس از مراجعتم به دیدار شاه رفتم و دلایل خود را برای بازگشت شرح دادم. به او گفتم آمده‌ام که موی دماغ کسانی باشم که قصد دارند درآمد نفت را تلف کنند و با همه‌ی قوا و در هر موقعیتی که باشم با آنها خواهم جنگید»[۲].

ابوالحسن ابتهاج افزوده که شاه، ریاست سازمان برنامه را به او پیشنهاد کرد و گفت: «موضوع را با نخست‌وزیر مطرح کنید»[۳]. به گفته‌ی ابتهاج، دیدار او با نخست‌وزیر در شرایط مطلوبی گذشت. ولی وی مدت‌ها بعد یعنی در ۱۱ شهریور ۱۳۳۳ با تصویب‌نامه‌ی هیات وزیران، به ریاست سازمان برنامه منصوب شد.

اردشیر زاهدی از این جریان، روایتی به کلی مخالف نوشته‌ی ابوالحسن ابتهاج دارد. او می‌نویسد که ساعاتی بعد از درگذشت ابوالقاسم پناهی رییس سازمان برنامه، شاه از سپهبد زاهدی نظرش را در باره‌ی جایگزینی او خواست و چون شرفیابی به پایان رسید و نخست‌وزیر مرخص شد، علاء وزیر دربار شاهنشاهی وی را به کناری کشید و گفت «ابتهاج چطور است؟».

> «وقتی (سپهبد زاهدی) این حرف را شنید برافروخته شد و گفت جنازه‌ی همکار من هنوز روی زمین است و من تا چهلم او اقدامی نخواهم کرد. مهندس راجی (معاون سازمان برنامه) وارد است و کارها را اداره می‌کند»[٤].
>
> اردشیر زاهدی می‌افزاید «اصرار اعلیحضرت برای ریاست سازمان برنامه ابتهاج، اختلاف (بین شاه و نخست‌وزیر) را به نهایت رساند».

۱- خاطرات ابوالحسن ابتهاج، جلد اول، منبع ذکر شده، صفحه‌ی ۳۳۳.

۲ - همان منبع، همان صفحه.

۳ - همان منبع، صفحه‌ی ۳۳٤.

٤ - خاطرات اردشیر زاهدی، جلد اول، صفحه‌ی ۳۳۷.

با توجه به روایت‌های دیگر و تاریخ‌های برگشت ابتهاج به ایران، درگذشت پناهی (که ابوالحسن ابتهاج از آن سخنی نمی‌گوید) و انتصاب جانشین او، روایت اردشیر زاهدی درست و نوشته‌ی ابوالحسن ابتهاج نادرست به نظر می‌رسد. تشنجی که از آن پس میان نخست‌وزیر و رییس سازمان برنامه پدیدار شد و شخص اخیر در شمار مخالفان دایم و شدید رییس دولت قرار گرفت، موید نظر اردشیر زاهدی است.

چنان که خود ابتهاج نیز پذیرفته، او طرف‌دار استفاده از مهندسان مشاور خارجی (به خصوص امریکایی)، پیروی از توصیه‌های بانک بین‌الملل و به خصوص اجرای طرح‌های بزرگ بنیادی بود و سپهبد زاهدی مخالف همه‌ی اینها. در نتیجه تنش میان رییس دولت و رییس سازمان برنامه که به او تحمیل شده بود، مشکلی بر مشکلات افزود:

> «زاهدی عقیده داشت که طرح‌های کوچک مثل خانه‌های ارزان، راه‌ها، سدهای کوچک، مدرسه و بیمارستان که به سرعت می‌شود انجام داد و رفاه و رضایت مردم را فراهم می‌کند بر طرح‌های بزرگ مرجح است، و نظر ابتهاج برعکس بود. ابتهاج هر بار که مواجه با مقاومت‌ها و مخالفت‌های زاهدی می‌شد نزد شاه می‌رفت و شاه بیش‌تر طرف ابتهاج را می‌گرفت و زاهدی ناراحت می‌شد»[۱].

*****

محمدرضا شاه و ملکه ثریا در روز چهاردهم آذرماه ۱۳۳۳، ۵ دسامبر ۱۹٥٤ برای انجام یک مسافرت رسمی رهسپار ایالات متحده‌ی امریکا شدند. سپهبد زاهدی، احتمالاً برای آرامش خاطر و خوش‌آیند شاه، به این مناسبت اعلامیه‌ای منتشر کرد:

> «... امیدوارم همان طوری که منظور شاهانه است، در

۱- دکتر عزت‌الله همایونفر، از سپاهیگری تا ... صفحه‌ی ۳۸٦.

مدت غیبت شاهنشاه کلیه‌ی امور، جریان عادی خود را طی نموده و با کمک و همکاری مجلسین محترم سنا و شورای ملی، نقشه‌های وسیع اقتصادی و عمرانی را بدون هیچ‌گونه اشکالی اجرا نماییم. سلامت آن وجود مقدس را که جز اعتلای کشور و آسایش فرزندان خود فکر و آرزویی ندارند، در این سفر از خداوند مسئلت می‌نمایم و عموم هم‌وطنان را در این تمنی شریک می‌دانم».

اقامت محمدرضا شاه پهلوی و ملکه ثریا در امریکا تا ۲۱ بهمن ماه ۱۳۳۳، ۱۰ فوریه ۱۹۵۵ به طول انجامید. استقبال رسمی و برخورد مقامات دانشگاهی و اقتصادی با زوج سلطنتی ایران در همه جا گرم و باشکوه بود و به قول یکی از مفسران، شاه دیگر، شاهنشاه شده بود و از موضع قدرت و با اعتماد به نفس سخن می‌گفت.

ظاهراً در همین سفر بود که محمدرضا شاه موافقت مقامات عالی‌رتبه‌ی امریکایی را نسبت به برکناری سپهبد زاهدی و این که «خود امور را در دست بگیرد» جلب کرد.

شاه و ملکه از نیویورک با کشتی اقیانوس‌پیمای «کویین ماری» عازم انگلستان شدند و روز ۲۷ بهمن ماه، ۱۶ فوریه به آنجا رسیدند. استقبال انگلیس‌ها نیز از شاه باشکوه و محترمانه بود. شاه مذاکراتی طولانی با وینستون چرچیل نخست‌وزیر بریتانیا داشت.

زوج سلطنتی ایران از لندن به آلمان رفتند و در روز چهارم اسفند در فرودگاه هامبورگ فرود آمدند. در آلمان نیز استقبال رسمی از شاه و ملکه پرشکوه بود. مخصوصاً به ملکه ثریا که مادرش آلمانی بود، محبت و احساسات فراوان نشان داده شد.

شاه و ملکه دو هفته در آلمان غربی اقامت کردند و از آنجا رهسپار بغداد شدند. گویا در بغداد، برای نخستین بار به طور جدی و

رسمی موضوع الحاق ایران به «پیمان بغداد» مطرح شد که این نیز خشم سپهبد زاهدی را برانگیخت. او هم مخالف این کار بود و هم مذاکرات بین‌المللی را بدون حضور و تنفیذ وزیر امور خارجه جایز نمی‌دانست[۱].

شاه همراه ملکه در بیست و یکم اسفندماه ۱۳۳۳، ۱۲ مارس ۱۹۵۵ از طولانی‌ترین مسافرت خارجی دوران سلطنت خود به تهران بازگشت.

دو روز بعد، ۲۳ اسفند، سپهبد زاهدی دیداری طولانی با شاه داشت و با او ناهار خورد، اما هنوز صحبتی از استعفای او نبود.

*****

به هنگام غیبت شاه از ایران، تحریکات مخالفین نخست‌وزیر علیه او به اوج رسید. گروهی مرکب از عبدالله انتظام وزیر امور خارجه؛ دکتر علی امینی، وزیر دارایی؛ ابوالحسن ابتهاج، رییس سازمان برنامه؛ مهندس جعفر شریف‌امامی که سناتور شده بود و امیراسدالله علم، دوست نزدیک و رازدار شاه؛ علناً به مبارزه با رییس دولت برخاستند[۲]. حسین علاء وزیر دربار شاهنشاهی نیز در کنار آنان بود و خیلی زود به عنوان داوطلب جانشینی رییس دولت وارد این بازی شد که گویا خود از ابتدا در مرکز آن بود.

در تهران، همه از این جریان گفتگو می‌کردند، ولی کسی آن را باور نداشت.

سلام نوروزی سال ۱۳۳٤ با شکوهی بیش از حد معمول در کاخ گلستان برگزار شد. شاه و ملکه ثریا برای استفاده از تعطیلات

۱- خاطرات اردشیر زاهدی، جلد اول، صفحه‌ی ۳۳۳-۳۳٤.

۲ - شرح این ماجرا به تفصیل در خاطرات اردشیر زاهدی آمده است. جلد اول صفحات ۳۳۳ تا ۳۵۵ و نیز: دکتر عزت‌الله همایونفر، از سپاهیگری تا ...، صفحات ۳۹۰ الی ٤۳۰ نورمحمد عسکری، شاه ...، صفحه‌ی ۳۰۵ تا ۳۱۲، ابراهیم صفایی، زندگی‌نامه ... ، صفحه‌ی ۲۰۸ تا ۲۱٦.

نوروزی با قطار راه‌آهن عازم جنوب کشور شدند و سپهبد زاهدی پس از بدرقه‌ی ایشان، از همان‌جا رهسپار شمال گردید. گویی شاه و زاهدی دیگر دو جهت مخالف را انتخاب کرده باشند. به روایت اردشیر زاهدی، در مراجعت از سفر، در اتومبیل، سپهبد، دلتنگی فراوان خود را از تحریکاتی که بر ضد وی می‌شده، به پسرش ابراز داشت و گفت که تصمیم به استعفا دارد[1].

چه در طول مسافرت به امریکا و اروپا و چه در سفر به جنوب، علاء، ابتهاج و عبدالله انتظام چندبار با پیام‌های تلگرافی سری، به شاه هشدار داده بودند که سپهبد زاهدی قصد کودتا دارد و زودتر به تهران مراجعت کند. شاه اعتنایی نمی‌کرد. در راه مراجعت به تهران از سفر جنوب، که اردشیر زاهدی هم همراه بود، شاه به شوخی دستور داد قطار را متوقف کردند، محسن قره‌گزلو رییس کل تشریفات را احضار کرد و به او گفت نصیری (رییس گارد) گزارش داده است در تهران کودتا شده و علاء هم بازداشت گردیده. علاء، شوهرخواهر محسن قره‌گزلو بود. اردشیر زاهدی این عمل را به شوخی گرفت ولی آیا این شوخی، پیامی هم برای پدرش نبود؟

دو مجلس دایر بودند. سپهبد زاهدی در هر دو اکثریت قابل ملاحظه‌ای داشت. شاه نمی‌توانست قانوناً وی را عزل کند و این عمل از لحاظ سیاسی، آن هم کمتر از دو سال بعد از ۲۸ مرداد، حتی قابل تصور هم نبود. در نتیجه، با این قبیل تحریکات، گفتگوهایی در مجلس علیه دولت و مقالات انتقادآمیز در جراید که نخست‌وزیر به آنها بی‌اعتنا بود و به خصوص با هزار شایعه که در شهر پراکنده می‌شد، می‌خواستند وی را وادار به استعفا کنند.

«زاهدی قدرتمند بود و بر تمام ارکان حکومت سلطه داشت. با اسکورت حرکت می‌کرد. به ستاد ارتش دستور

---

۱ - خاطرات اردشیر زاهدی، جلد اول، صفحه‌ی ۳۴۷.

می‌داد. افسران ارشد و امیران را بدون جلب نظر شاه به هر شغلی مناسب می‌دانست منصوب می‌کرد... . در آیین‌هایی که با حضور او و شاه برپا می‌شد، مردم پس از گفتن شعار جاوید شاه، شعار زنده باد زاهدی را سر می‌دادند و این‌ها برای شاه خوش‌آیند نبود... زاهدی می‌خواست شاه به حدود اختیارات تشریفاتی و مشورتی خود اکتفا کند. ولی شاه می‌خواست خود، محور قدرت باشد...

پس از بازگشت (شاه از سفر خارج)، مخالفت با زاهدی از سوی یک اقلیت پارلمانی در مجلس شورا آغاز گردید... نمایندگان اقلیت چند بار مانع تشکیل جلسه شدند و برای هم‌آهنگی در مخالفت با دولت، هفته‌ای یک بار با اقلیت مجلس سنا جلسه‌ی مشترک داشتند... همه‌ی این تحریکات و تبلیغات، نشانگر آن بود که شاه از ادامه‌ی زمامداری زاهدی خشنود نیست. اما زاهدی که در دو مجلس، اکثریت قاطع داشت و در دولت و ارتش، دوستان وفادار او بسیار بودند، بی‌اعتنا به مخالفت اقلیت دو مجلس، با قدرت به کار خود ادامه می‌داد...»[۱].

در روز شانزدهم فروردین ۱۳۳۵، امیراسدالله علم سرپرست املاک پهلوی، چهار بار میان کاخ سلطنتی و دفتر نخست‌وزیر در وزارت امور خارجه، رفت و آمد داشت تا از سوی شاه استعفای زاهدی را بخواهد و با او در شرایط و چگونگی آن توافق حاصل کند. سرانجام توافق شد که زاهدی با عنوان نخست‌وزیر و به عنوان معالجه به آلمان غربی برود و از آنجا استعفای خود را بفرستد. شاه به او پیشنهاد کرد که هر سمتی را در خارج می‌خواهد، با عنوان سفیر به او تفویض کند و نیز چون از نیازهای مالی

۱ - ابراهیم صفایی، زندگی‌نامه ...، صفحات ۲۰۷ و ۲۰۸.

نخست‌وزیر خود بی‌خبر نبود، به دستور وی علم پانصد هزار تومان «از محل عواید املاک» در اختیارش گذاشت.
سپهبد زاهدی مغرور، با خشونت هر دو پیشنهاد را رد کرد. در حضور محرم شاه، تلفنی از مصطفی تجدد رییس بانک بازرگانی و دوست وفادارش خواست که در مقابل گروگان گرفتن ملکی در تهران، مبلغ مورد نیاز وی را در اختیارش بگذارد. مصطفی تجدد فوراً ترتیب این کار را داد و علم، آسوده‌خاطر به کاخ سلطنتی بازگشت. از نظر او کار استعفای نخست‌وزیر یکسره شده بود. حال دیگر می‌بایست، شاه محترمانه در این مورد با نخست‌وزیرش صحبت کند.
ملکه ثریا در خاطراتش می‌نویسد:
«شاه... به من گفت زاهدی کمی دست و پا گیر شده است، باید از دست او خلاص شوم.
من حیرت زده شدم. او چگونه می توانست چنین تصمیمی بگیرد و مردی را که همه چیزش را مدیون او بود، دوست همه‌ی لحظات و نخست‌وزیر وفادارش را برکنار کند. شاه با تظاهر به این که حیرت مرا از این ناروایی متوجه نشده است، در سکوت خود فرو رفت.
در این احوال مستخدم آمد و ورود سپهبد زاهدی را اعلام داشت. محمدرضا(شاه) او را به گرمی پذیرفت. انگار که هیچ مساله‌ای در بین نیست. سپس ناگهان در وسط غذا گفت، تیمسار من از خدماتی که شما برای ایران انجام داده‌اید متشکرم. ولی فکر می‌کنم کار سنگین بر شما فشار می‌آورد. باید چندی به سوییس بروید و استراحت کنید. من توصیه می‌کنم که هر چه زودتر این کار را انجام دهید. رنگ از چهره‌ی زاهدی پریده بود. ولی شاه در حال تبسم، مانند دوستی دیرین که در حق دوست خود از هیچ چیز دریغ نداشته باشد به وی گفت ترتیبی خواهد داد

که برای او در ژنو مأموریتی فوق‌العاده با حقوق خوب و خانه‌ای زیبا در نظر گرفته شود. بعد افزود «کمی قهوه میل دارید؟». نخست‌وزیر به ساعت خود نگاه کرد و سالن ناهارخوری را ترک کرد... بعدها، از او در مونترو دیدار کردیم. در حقیقت شاه از محبوبیت زاهدی بیمناک شده بود... چنان‌چه روزی او را از سلطنت خلع و خود را شاه اعلام می‌کرد؟ همان گونه که ناصر در مصر با فاروق عمل کرد».

آخرین مرحله‌ی برنامه‌ای که علم با زاهدی در مورد آن تفاهم حاصل کرده بود، انجام نشد و خروج زاهدی از صحنه، در شرایطی دیگر صورت گرفت[۱].

۱ - Le Palauis des solitudes، صفحات ۱۹۹–۲۰۰.

فصل دهم

برکناری و تلخ‌کامی

قرار بر این بود که سپهبد زاهدی عازم اروپا شود و از آنجا استعفای خود را برای شاه بفرستد.
در عصر همان روز شانزدهم فروردین که امیراسدالله علم، میان کاخ سلطنتی و دفتر نخست‌وزیر سرگرم رفت و آمد بود تا ترتیب این تغییر و تبدیل را بدهد، و در این مورد تفاهم حاصل شده بود، روزنامه‌ی اطلاعات در صفحه‌ی اول خود با حروف درشت، خبر کناره‌گیری سپهبد زاهدی را اعلام داشت و افزوده بود که حسین علاء زمام امور را به دست خواهد گرفت[1]. گمان دوستان و نزدیکان نخست‌وزیر این بود و هنوز نیز هست، که این عمل به اشاره‌ی گروه فعال مخالفان سپهبد زاهدی صورت گرفت که وی را در برابر عمل انجام شده قرار دهند. شاید بیم آن را داشتند که سپهبد از ایران برود ولی استعفا ندهد و برنامه‌ای که ریخته

۱- اطلاعات، ۱٦ فروردین ۱۳۳٤.

بودند، انجام نشود.

باید گفت که در آخرین روزهای سال ۱۳۳۳، دولت زاهدی موفقیتی بزرگ به دست آورده و یکی از هدف‌های اصلی نخست‌وزیر تحقق یافته بود: بودجه‌ی سال ۱۳۳٤ در آذرماه ۱۳۳۳ به مجلس تقدیم شد و قبل از پایان سال به تصویب رسید. این بودجه دو برابر بودجه‌ی سال ۱۳۳۳ بود.
علاوه بر افزایش قابل ملاحظه‌ی حقوق ارتشیان و کارمندان دولت، ارقام مهمی برای بهبود وضع آبیاری، عمران و راه‌سازی، گسترش بهداشت، ساختمان مدارس، ایجاد موسسات مختلف و خانه‌سازی، در اعتبارات بودجه منظور شده بود.
پس از حل معضل نفت و وصول مطالبات ایران از اتحاد جماهیر شوروی سرانجام امکان عملی تحقق «گشایشی» که ورد زبان سپهبد زاهدی بود، پدیدار شد.

در آذرماه ۱۳۳۳، به سرپرستی مستقیم و مستمر نخست‌وزیر و بدون کوچک‌ترین برخورد، خلع‌سلاح ایل قشقایی به پایان رسید و سران آن محترمانه عازم اروپا شدند. در این میان ضربات شدیدی بر سازمان نظامی و تشکیلات سیاسی حزب توده وارد آمده و از این جهت نیز خطری از ایران دور شده بود.

بیم دربار و مخالفان سپهبد زاهدی آن بود که با این کامیابی‌ها، او از هر لحاظ نیرومندتر شود و مخصوصاً با گشایش مالی که در کارهای دولت پدیدار شده بود، محبوبیت وی در میان بسیاری از مردم کشور گسترش یابد و در نهایت امر، وی به صورت محور و مرکز اصلی قدرت و حکومت درآید.
در روز سوم اسفند ۱۳۳۳، که شاه و ملکه ثریا هنوز در خارج از کشور بودند، به مناسبت سی و چهارمین سالگرد کودتای سوم

اسفند ۱۲۹۹، سپهبد زاهدی به همراه وزیر جنگ، رییس ستاد ارتش و تعدادی قابل توجه از امیران و افسران ارتش و جملگی نمایندگان دو مجلس، به آرامگاه رضاشاه در شهر ری رفت و تاج گلی نثار نمود. هنگامی که عازم بازگشت به تهران بود، گویا باتمانقلیچ رییس ستاد یا کس دیگری از نظامیان، به وی توصیه کرد که به آرامگاه حضرت عبدالعظیم و امامزاده حمزه که در چند قدمی واقع بود، برود چرا که این عمل در ذهن مردم تأثیر مطلوب خواهد داشت.

زاهدی این توصیه را پذیرفت و رهسپار آن دو زیارتگاه شد. در حیاط آرامگاه حضرت عبدالعظیم، مورد استقبال خادمین و گروه بزرگی از زایرین قرار گرفت و در حالی که کفش بر پای داشت هر دو ضریح را طواف کرد. چند صد تن با فریاد صلوات و حتی کف زدن‌های بسیار از او تجلیل نمودند. انبوهی از مردم تا اتومبیلش او را بدرقه کردند. تشریفاتی که در ابتدا جنبه‌ی نظامی و رسمی داشت، سریعاً به نوعی تظاهر سیاسی به حمایت و تجلیل از رییس دولت تبدیل شد و در جراید انعکاس وسیع یافت. گویا نه حضور انبوه نظامیان در کنار نخست‌وزیر، خوش‌آیند دربار واقع شده بود و نه تجلیل مردم از او که قبلاً تدارک نشده و خودجوش بود. آشکارا بسیاری از اطرافیان محمدرضا شاه و به احتمال قریب به یقین خود او، نمی‌خواستند قوام‌السلطنه‌ی دیگری، آن هم در لباس سپهبد ارتش شاهنشاهی، در رأس امور کشور باشد. در این گروه، هیچ کس فراموش نکرده بود که یک ربع قرن پیش‌تر، سردارسپه در مقام نخست‌وزیری و به عنوان تعرض نسبت به کارشکنی‌هایی که از هر سو در اقداماتش می‌شد، به بومهن رفت و بر اثر اعتراض و فشار نظامیان و به خواست افکار عمومی به تهران بازگردانده شد و این سرآغاز آخرین مرحله‌ی رسیدنش به قدرت کامل و سلطنت بود.

در مورد زاهدی، همه می‌دانستند که او سودای سلطنت در سر ندارد و همیشه ثابت کرده که به شاه وفادار است. اما این که قصد حکومت بلامنازع داشته باشد، بسیاری را نگران کرده بود. به همین سبب کوشیدند که او و دوستانش را در برابر عمل انجام شده قرار دهند. مفهوم مذاکراتی که شاه و نخست‌وزیرش داشتند و ملکه ثریا حکایت کرده، جز این نبود. محمدرضا شاه می‌خواست سپهبد زاهدی کناره‌گیری کند و از ایران دور شود.

*****

آخرین روز زمام‌داری سپهبد زاهدی در محیطی پرهیاهو و همراه با تظاهرات غیرمنتظره گذشت:
نخست‌وزیر پس از یک ملاقات طولانی با سپهبد هدایت وزیر جنگ و سرلشکر باتمانقلیچ رییس ستاد ارتش، در ساعت ۹ بامداد آخرین جلسه‌ی هیات دولت خود را تشکیل داد و طی آن اعلام داشت که با «استجازه از پیشگاه مبارک اعلیحضرت همایونی» بعد از ظهر همان روز یعنی هفدهم فروردین، به اروپا خواهد رفت.

> «ما همه یک عده سرباز خدمتگزار به این میهن بوده و هستیم و امیدوارم هر کس در راه خدمت به این مملکت توفیق حاصل کند و نسبت به شاهنشاه صدیق و وفادار باشد»[1].

قرار قبلی چنان‌که دیدیم، بر آن بود که استعفای دولت بعد از خروج نخست‌وزیر از ایران اعلام شود. خبر مندرج در اطلاعات، از هر منبع که بود، این برنامه را بر هم زد. نتیجه آن که نخست‌وزیر به وزیرانش گفت کناره گرفته و مأموریت آنها نیز به پایان رسیده است و در آخرین جلسه‌ی هیات دولت شرکت می‌کنند. چند تصویب‌نامه که جنبه‌ی فوریت داشت، به تصویب رسید و

۱ – اطلاعات، ۱۸ فروردین ۱۳۳٤.

نخست‌وزیر آنها را امضا کرد.
وزیرانش سپس همه به وزارتخانه‌های خود رفتند و مراسم متعارف خداحافظی با معاونان و مدیران کل و کارمندان انجام شد.

ساعت ده صبح، سپهبد زاهدی در جلسه‌ی بزرگی که در تالار نخست‌وزیری تشکیل شده بود شرکت کرد. بسیاری از سناتورها و نمایندگان مجلس شورای ملی که از جریان روز مطلع شده و به آنجا آمده بودند، با حضور بعضی از روزنامه‌نگاران، به نخست‌وزیر مستعفی احساسات گرمی نشان دادند. سپهبد زاهدی از آنان تشکر کرد و بار دیگر گفت:

«با استجازه از پیشگاه اعلیحضرت همایونی فرصتی پیدا شده که به معالجه بپردازم و به این ترتیب گمان ندارم که مسافرتم بیش از دو ماه به طول انجامد»[1].

سناتور عدل‌الملک دادگر و سناتور شمس‌ملک آرا، سخنانی گرم در تجلیل از سپهبد زاهدی ایراد داشتند، وی جواب داد:

«من روز اول که آمدم مثل یک سرباز آمدم و حالا هم که می‌روم، یک سرباز می‌روم...».

در همین جلسه، ارسلان خلعتبری، وکیل معروف دادگستری که یکی از بنیان‌گزاران جبهه‌ی ملی بود گفت:

«آنچه برای مملکت ما بیش از هر چیز دارای ارزش و اهمیت بود، پس از استقرار امنیت، تثبیت وضع سیاسی مملکت است که ایران موقعیت خود را در جهان احراز نمود».

گروه‌های مختلفی از کارگران واحدهای صنعتی تهران که از خبر کناره‌گیری و مسافرت نخست‌وزیر آگاه شده بودند، به تدریج به نخست‌وزیری آمده و اجتماعی بزرگ در آن محل تشکیل دادند.

۱- همان منبع.

یک تابلوی نقاشی از سپهبد زاهدی با همان لباس روز اول نخست‌وزیری او، پیراهن نظامی و صورتی خندان، که کار هنرمند معروف اکبر صمیمی بود، به سپهبد هدیه شد که گفت:

«این بهترین تشویق و قدردانی است که از من می‌شود و این تابلو برای من یادگاری عزیز خواهد بود».

سپس گروهی دیگر از نمایندگان دو مجلس که سیدابوالحسن حایری‌زاده، معتصم‌السلطنه فرخ، علی وکیلی و شیخ‌الملک اورنگ در میان آنها بودند، در دفتر نخست‌وزیر حاضر شده، با او خداحافظی کردند و بار دیگر سخنان محبت‌آمیزی رد و بدل شد.

رفت و آمدها همچنان ادامه داشت و اختیار آنها از دست همه خارج شده بود که گفتند ملکه مادر سپهبد زاهدی را احضار کرده. ساعت یازده و ده دقیقه نخست‌وزیر مستعفی با اتومبیل به کاخ ملکه مادر که در همان نزدیکی بود رفت و بیست دقیقه بعد بازگشت. در این موقع اعلام شد که سپهبد زاهدی ساعت چهار و نیم بعد از ظهر برای تودیع و «کسب اجازه‌ی مرخصی» به دیدار شاه خواهد رفت و از آنجا یک‌سر عازم فرودگاه خواهد شد و ساعت پرواز هواپیما نیز شش و نیم بعد از ظهر است. بدین ترتیب دوستانش وقت و فرصت کافی داشتند که بدرقه‌ای غیرمنتظره در فرودگاه تدارک کنند.

ملاقات شاه و سپهبد زاهدی از ساعت چهار و نیم تا پنج بعد از ظهر به طول انجامید. در پایان آن به خبرنگاران و عکاسان داخلی و خارجی اجازه‌ی ورود به دفتر شاه و عکس‌برداری داده شد. روایتی از مفاد مذاکرات در دست نیست. اما اندکی پس از آن، نامه‌ی سپهبد زاهدی به شاه و پاسخی که دریافت داشته انتشار یافت:

«... با توجهات اعلیحضرت همایون شاهنشاهی توفیق

حاصل شد که امنیت در سرتاسر کشور برقرار، مشکل مهم نفت به صورت آبرومندی حل گردد و روابط دوستانه روی احترام متقابل و اعتماد با کشورهای بزرگ جهان استوار گردد و چرخ‌های اقتصادی کشور که به کلی از کار افتاده بود به مرور به صورت امیدبخشی به راه افتد. پیشرفت‌های مهم دیگری در امور کشور منجمله تعدیل بودجه حاصل گردید...».

«با اظهار قدردانی از خدمات درخشانی که در مدت نخست‌وزیری انجام داده‌اید، شما را از این خدمت معاف می‌نماییم و انتظار ما این است که دوره‌ی معالجه کوتاه بوده و باز در آتیه، وجود شما در این کشور مورد استفاده قرار گیرد».

بدین‌سان، به پایان دوران ریاست دولت سپهبد زاهدی که کناره‌گیری نبود، بلکه برکناری بود در حد امکان ظاهری آراسته داده شد.

*****

شب قبل از استعفایش، سپهبد زاهدی گفته بود:

«اگر من قصد کودتا و یا جاروب کردن زیر پای شاه را داشتم، در ۲۸ مرداد این کار را کرده بودم، اما نکردم. چون علاوه بر این که شخص محمدرضا شاه را مثل فرزند خودم دوست دارم، وجود شاه و رژیم پادشاهی را با توجه به وضع سوق‌الجیشی ایران برای بقای کشور لازم می‌دانم. در فاصله‌ی ۲۸ مرداد تا مراجعت اعلیحضرت به کشور، بعضی از رجال و شخصیت‌های کشور مثل تقی‌زاده، عدل‌الملک دادگر و نصرالملک هدایت توصیه

می‌کردند در بازگرداندن شاه عجله نکنم و ایشان مدتی در خارج بمانند، تا قدرت در دست دولت باشد و کارها سر و سامان بگیرد ولی من نپذیرفتم و گفتم این امانتی است که هر چه زودتر باید به صاحبش بازگردانم»[۱].

*****

دوستان و هواداران زاهدی طی چند ساعتی که میان پایان جلسه‌ی هیات دولت و ساعت حرکت به فرودگاه در اختیارشان بود، توانستند بدرقه‌ای با شکوه برایش فراهم کنند. اتومبیل وی مطابق معمول با اسکورت بزرگ موتورسوار عازم مهرآباد شد. در تمام مسیر حرکت او، از نخست‌وزیری تا فرودگاه مهرآباد، افراد دژبان و مأمورین شهربانی در دو سوی خیابان ایستاده و ابراز احترام می‌کردند. در فرودگاه، یک گروهان نیروی زمینی مستقر شده بود و مراسم احترامات نظامی به عمل آورد. جمعیت کثیری تمام محوطه‌ی فرودگاه و حتی باند پرواز را اشغال کرده بود. عده‌ی زیادی از وکلای دو مجلس، رجال سیاسی، روسای بازار، امرا و افسران ارتش و افراد مختلف به بدرقه آمده بودند و مراسم خداحافظی و غالباً روبوسی یک ساعت به طول انجامید.
از وزیران کابینه فقط عبدالله انتظام و دکتر علی امینی در فرودگاه حاضر نبودند. حسین علاء نیز که در همان موقع فرمان نخست‌وزیری خود را دریافت داشته بود در آنجا دیده نمی‌شد. از امیراسدالله علم و ابوالحسن ابتهاج نیز خبری نبود. هسته‌ی اصلی مخالفان سپهبد زاهدی حتی رعایت ظواهر را هم نکردند.

سپهبد زاهدی در ساعت مقرر با هواپیمای **S.A.S** به بیروت رفت و سه روز در آنجا ماند. از آنجا راهی آلمان شد و سرانجام در ژنو مستقر گردید.

---

۱ - خاطرات اردشیر زاهدی، جلد اول، صفحات ۳۵۲-۳۵۳.

دو روز بعد، حسین علاء نخست‌وزیر جدید، وزیران خود را به شاه و سپس به مجلسین معرفی کرد. تغییر عمده‌ای در وزیران سپهبد زاهدی داده نشده بود. فقط امیراسدالله علم به وزارت کشور منصوب شد.

پس از اخذ رأی اعتماد، علاء هم که بیمار و نیازمند به یک عمل جراحی فوری بود رهسپار پاریس گردید و کفالت نخست‌وزیری تا چند هفته با عبدالله انتظام بود.

*****

طرح برنامه‌ی چند سطریِ دولت علاء در دو مجلس، به مذاکراتی غیرمنتظره در باره‌ی هیات وزیران پیشین و شخص سپهبد زاهدی منتهی شد.

جمال امامی به عنوان نطق قبل از دستور، خدمات سپهبد زاهدی را به مملکت و مخصوصاً به شاه در برابر مجلس سنا بازگو کرد و به «کسانی» که موجبات استعفای او را فراهم آورده بودند، با لحن خشن متعارف خود تاخت.

رضا افشار در مجلس شورای ملی به تجلیل از نخست‌وزیر پیشین در برابر جانشین وی اکتفا نکرد و گفت:

> «مطابق قانون اساسی، مورد انکار کسی نیست که عزل و نصب وزرا با اعلیحضرت همایونی است. اما ما باید در وقایع و حوادثی که در این کشور صورت می‌گیرد و در زندگانی سیاسی ما و مملکت موثر است وارد باشیم. وکلا می‌خواهند بدانند علت رفتن سپهبد زاهدی چه بوده است؟»

عبدالرحمن فرامرزی اظهار داشت:

> «مجلس که هست، باید دولت را مجلس بیاورد و ببرد».

سید محمدعلی شوشتری، در مخالفت با دولت علاء سخن گفت:

> «روزنامه می‌نویسد که من با نخست‌وزیری علاء مخالفم.

آقایان من خودم خوب می‌دانم چه می‌کنم. سپهبد زاهدی چه در ایران باشد، چه نباشد، من و عده‌ی زیادی به او علاقه‌مندیم...».

سخنان حائری‌زاده یار پریروز مدرس و دیروز مصدق و یکی از مهم‌ترین بنیان‌گذاران جبهه‌ی ملی، از گفته‌های دیگران پر معنی‌تر بود:

«ما قسم خوردیم که حافظ قانون اساسی باشیم. باید از آن حمایت کنیم. من کسی که کار خوب کرده است، پشتیبانی می‌کنم. سپهبد زاهدی در آن موقع که لازم بود به میدان آمد و من آن روز را فراموش نمی‌کنم. البته وقتی به مجلس آمد من به او رأی اعتماد ندادم. چون معتقدم که باید رأی تمایل از مجلس می‌گرفت... آقای (دکتر علی) امینی مرا مخرب و منفی‌باف می‌دانند. در حالی که چنین نیست و من تا روزی که کسی از حدود خود تخطی نکرده است محترم می‌شمارم. سپهبد زاهدی سرباز بود و در وظیفه‌ی سربازی عمل کرد. ولی یک مرد دیپلمات نبود و به همین دلیل هم در باره‌ی بعضی از کارهایش گله می‌کردم».

*****

سپهبد زاهدی، پس از ورود به ژنو، خانه‌ای در آن شهر اجاره کرد و یک سال در آنجا رحل اقامت افکند. این خانه به ماهی یک‌هزار فرانک سوییس اجاره شده بود.

«در روزنامه‌های تهران، مخالفان زاهدی علیه او به تبلیغات پرداختند. تصویر «ویلا گابیول» (خانه‌ای که اجاره کرده بود) با کوه زیبای پشتش را چاپ کردند و نوشتند زاهدی آن ویلا و املاک و اطراف و کوهستان‌های پشت آن را خریده است»[1].

۱ - دکتر عزت‌الله همایونفر، از سپاهی‌گری تا ... صفحه‌ی ۴۲۵.

واقعیت امر چیز دیگر بود. در خارج از کشور و دور از دوستانش، سپهبد زاهدی دیگر مستقیماً قادر به اداره‌ی امور مالی خود نبود و همواره در این زمینه مشکلات فراوان داشت. چند سال پیش، مجله‌ی تحقیقات تاریخی وزارت امور خارجه‌ی جمهوری اسلامی، قسمت مهمی از اسناد و مدارکی را که حکایت از وضع مالی و گذران زندگی او می‌کرد و در اقامت‌گاه خانواده‌ی زاهدی در حصارک ضبط شده بود، رسماً انتشار داد[1] که بعداً در کتابی نیز مورد استفاده قرار گرفت[2]. تحقیقات شخصی من، صحت اسناد درج شده را، که با حواشی و تفسیرهای مرسوم در نظام حکومتی فعلی ایران همراه است، تأیید می‌کند.

در جایی نوشته:

«خدای بزرگ نخواهد و نکند که من به کسی محتاج شوم حتی به تو که یگانه پسر من هستی (نامه خطاب به اردشیر زاهدی است). دیگر خیلی به زندگانی خود علاقه‌مند نیستم. خصوصاً حالا که تقریباً علیل شده و غیر از پادرد و دست شکستن، اغلب برای کمیِ ویتامین مریض می‌شوم. سینه‌درد دارم. گوش‌درد دارم. اما بدان که مثل آهن و فولاد تحمل شداید می‌کنم»[3].

یک سال بعد از اقامت در ژنو به اردشیر زاهدی نوشت:

«یک خانه‌ی کوچک هم آن طرف مونترو و خارج از شهر دیدیم. ۶۰ هزار فرانک که ۱۵ هزار بدهیم بقیه ۲۵ ساله... اگر معامله بشود خیلی خوب است. چون ۳۰ هزار تومان می‌دهیم بقیه را مثل اجاره خانه، بعد هم مال تو می‌شود... مجدداً می‌نویسم حتماً زمین شرکت را بفروش و پول هم

---

۱ - منبع ذکر شده، جلد دوم، شماره ۷،۱۹۹۸، پاییز ۷۷، صفحات ۱۲۲ تا ۱۸۰.

۲ - جلال اندرمانی‌زاده، زاهدی‌ها در تکاپوی قدرت، منبع ذکر شده. در این کتب، نامه‌های سپهبدزاهدی با شماره‌گذاری و ذکر سال تحریر آنها، نقل شده است.

۳ - سند شماره‌ی ۱۳.

> بعد از قرض خودم و قرض ناصری، بقیه را به من برسان و خیلی هم زود. که اگر پول تمام بشـود جهنم است. به علاوه من فکر می‌کردم این پولی که آورده‌ام اقلاً یک سال بس است. ولی با خرید اتومبیل و شروع معامله (خانه در مونترو) دارد تمام می‌شود...»[۱].

در نامه‌ی دیگری ضمن اشاره به مسایل مالی نوشته: «تقاضای از شاهنشاه به هیچ‌وجه صلاح نیست»[۲].

سپهبد زاهدی پس از «انجام معامله»، در خانه‌ی خود مستقر شد و تا پایان عمرش در همان‌جا ماند. در آنجا شاه و ملکه ثریا دو بار به دیدارش آمدند. محمدرضا شـاه، طرز حکومت و استقلال رأی سـپهبد را تحمل نکرده بود. ترجیح می‌داد او دور از ایران باشد. ولی نه دینی را که به او داشت فراموش کرده بود و نه می‌خواست در انظار عمومی متهم به حق‌ناشناسی شود. ملکه ثریا نیز اصولاً به سـپهبد زاهدی احترام و محبت خاص داشت که پس از جدایی وی از محمدرضا پهلوی هم‌چنان ادامه یافت. هر دو میل داشـتند زاهدی را ببینند و می‌خواستند که این دیدارها در همه جا منعکس شود.

ویلای گل‌های سـرخ» Villa Les Roses ، آن «قصر افسانه‌ای» نیست که معاندان و دشمنان سـپهبد زاهدی نوشتند و هنوز هم می‌نویسند. اقامت‌گاه راحتی است با باغچه‌ای در اطراف آن. حتی در آن زمان، در تهران و بسـیاری از شـهرهای ایران، خانه‌های مجلل‌تر از آن بسیار وجود داشت، چه رسد به کشورهای اروپایی

---

۱ - سـند شـماره‌ی ۱۹، صفحات ۱٦٤ تا ۱٦٦ اسـناد خرید این خانه موسـوم به Villa les Roses در مرکز اسناد اردشیر زاهدی موجود است. آخرین اقساط آن بعد از انقلاب اسلامی تأدیه و محل از رهن بانک خارج شد.

۲ - سـند شماره‌ی ۲۳، صفحه‌ی ۱۷۰. در حاشـیه‌ی نامه نوشته شده «۱ دسامبر ۱۹٦۲ جواب عرض شد.»

و اطراف دریاچه‌ی لمان.

گــذران زندگی ســپهبد زاهدی در ســوییس، در ژنو و خاصه در مونترو، بدون تجمل و ساده بود. در اقامت‌گاهش همواره به روی دوستانش باز بود. بسیاری از آنان را برای صرف ناهار یا شام، نگاه می‌داشــت. بعضی دیگر نیز از این ســو آن سو به دیدارش می‌آمدند و چند شــبی در مونترو می‌ماندند. گاهی به اتفاق یکی از دوســتان دیرینش میلان‌چی، بازرگان معروف ایرانی که در آن موقع در سوییس اقامت داشت یا کسان دیگر به کازینوهای اویان Evian یا دیون Divonne در خاک فرانسه سر می‌زد. گاهی شام می‌خوردند و بازی کوچکی می‌کرد. اما همیشه قبل از ساعت ۲۳ به اقامت‌گاه خود باز می‌گشت[۱].

رعایت دشــواری‌های مالی و دقت در صرفه‌جویی، در عین حفظ شــئون زندگی و احتراماتش دل‌مشــغولی همیشــگی او بود. در نامه‌ای آرزو می‌کند که:

> «اگر یک قدری حالم بهتر شــود، در یک گوشه‌ی ایران با خیلی قناعــت بتوانم امرار معاش بکنــم. در هر حال من بــرای خودم نگرانی و ناراحتی نــدارم. نه بر مرده برای زنده باید گریست»[۲].

در جای دیگر نوشته:

> «فقط می‌خواهم در این دوران پیری قدری راحت‌تر زندگی کنم و بقیه‌ی عمر خود را اگر بشود با کمال شرافت‌مندی و در عین حال با نهایت صرفه‌جویی بگذرانم»[۳].

۱- از آقای دکتر احمد تهرانی ســفیر پیشین و همسر ایشــان خانم پروانه تهرانی، خواهرزاده مرحوم ســپهبد زاهدی، که اطلاعات جالبی در باره‌ی زندگی ایشان در مونترو در اختیارم گذاشتند. صمیمانه متشکرم. خانم تهرانی به هنگام تحصیل در ســوییس در اقامت‌گاه سپهبد و تحت سرپرستی دایی خود می‌زیست و هنوز اتاقش در آنجا «اتاق پروانه» نامیده می‌شود.

۲ - زاهدی‌ها... سند شماره‌ی ۲۲، صفحه‌ی ۱۶۸-۱۷۰.

۳ - سند شماره‌ی ۲٤، صفحات ۱۷۰-۱۷۱.

*****

در ماه‌های بعد از خروج سپهبد زاهدی از ایران، ابوالقاسم امینی که چند روزی بعد از ۲۸ مرداد زندانی و سپس به وساطت دوستان و خانواده‌اش، با موافقت شاه و به دستور نخست‌وزیر رهسپار اروپا شده و مقیم رم بود، در مصاحبه‌ای وی را متهم کرد که مبلغ پنج میلیون دلار به عنوان «پاداش» برای انجام «کودتای ۲۸ مرداد» از دولت امریکا دریافت داشته است.
این اتهام در جراید ایران منعکس شد. با نظارتی که در آن زمان دولت بر مطبوعات داشت، انتشار این مطلب نمی‌توانست بدون اشاره یا موافقت «مقامات بالا» باشد. در نهایت امر همه دست دربار را در این کار دیدند و حرکتی برای بدنام کردن نخست‌وزیر پیشین و تضعیف او که هنوز در میان بسیاری از مردم و ارتشیان محبوبیت خود را حفظ کرده بود و در اروپا نیز از گله و انتقاد در باره‌ی اوضاع ایران خودداری نمی‌کرد، تلقی شد. البته اتهام، نادرست و خنده‌آور بود و از جانب ابوالقاسم امینی که یک بار به هنگام وزارت کشور سپهبد زاهدی از طرف او، علی‌رغم نظر مخالف مصدق و شاه، به استانداری اصفهان منصوب شده و بار دیگر پس از ۲۸ مرداد از زندان رهایی یافته بود، نشانه‌ی کامل نامردی و حق‌ناشناسی به شمار رفته و می‌رود.

سپهبد زاهدی از سوییس نامه‌ای به شاه نوشت[۱] و تلخکامی خود را ابراز کرد.

> «افتخار دارد به عرض پیشگاه اعلیحضرت همایونی برساند، در تمام مدت خدمت خود تا به امروز، بدون این که قصد یا نظر شخصی داشته باشم، جز بلندی

۱ - پیش‌نویس نامه در مرکز اسناد اردشیر زاهدی موجود و قابل رویت است و تصویر آن در کتاب نورمحمد عسکری، شاه، مصدق...، صفحه‌ی ۲۱۵ عیناً به طبع رسیده.

نام ایران منظور و مقصودی نداشته‌ام. افتخار دارم که در سلطنت اعلیحضرت فقید، خدمات قابل توجهی انجام داده‌ام که آثار آن هنوز هم برجاست. در دوران سلطنت آن اعلیحضرت نیز گواه خدمات صادقانه‌ی من، خود اعلیحضرت همایونی بوده و از جزییات آن آگاهند... چه در عهد اعلیحضرت فقید و چه در زمان فرمانفرمایی اعلیحضرت همایونی هیچ‌گاه از منال دولت سوءاستفاده نکرده و پیوسته از عواید و حقوق خود استفاده نموده است... برای اینکه بر بیگانگان معلوم شود که قیام ۲۸ مرداد، قیامی ملی و میهن‌پرستانه برای صیانت تاج و تخت بوده است ولاغیر، استدعا دارم امر و مقرر فرمایید کمیسیونی از اشخاص ذی‌صلاحیت و در صورت مقتضی نمایندگانی از دولت‌های امریکا و انگلستان یا هر کس که مقتضی و مناسب باشد تشکیل گردد و در این باره رسیدگی و اظهار نظر کنند تا حقیقت مکشوف گردد. ولی برای اطمینان خاطر مبارک از جمله‌ای که به عرض می‌رسد، ناگزیر است. در تمام جریان سقوط دولت دکتر مصدق، آن چه شخصاً داشتم از اراضی و مستغلات زراعی و شهری و حتی مقداری از وسایل زراعی جدید و قدیم شخصی را فروختم و در کمال علاقه و صداقت در راه انجام وظیفه به کار بردم. هنگامی که به فرمان اعلیحضرت برای معالجه از ایران خارج شدم، وجوهی که امریکاییان ادعا دارند در ایران مصرف کرده، دیناری به نفع شخص خود استفاده ننموده‌ام. بنابر این بار دیگر تقاضا دارم که به استدعای فدوی در باره‌ی تشکیل کمیسیون خاص چنان که در فوقاً به عرض رسید توجه خاص فرمایید، تا سیه‌روی شود هر که در او غش باشد. ضمناً به عرض می‌رساند که حساب همه‌ی وجوهی را

که از دارایی و فروش اموال شخصی خود بدون کمک غیر در اروپا مصرف کرده‌ام... در کمیسیون مذکور ارائه دهد...».

در زمان نخست‌وزیری دکتر امینی، بار دیگر این مطالب از سر گرفته شد. اردشیر زاهدی از واشنگتن نامه‌ای برای او نوشت و خواستار شد که به عنوان وزیر دارایی کابینه‌ی زاهدی رسماً توضیح بدهد. دکتر امینی پاسخی نوشت مبنی بر این که اظهارات برادرش را در مطبوعات تکذیب خواهد کرد. اما نکرد، اردشیر زاهدی در تاریخ ۲۷ اوت ۱۹٦۱، نامه‌ی دیگری به او نوشت:

«...چیزی که باعث تأسف و تعجب بود همان طور که خود جنابعالی نوشته بودید که چنین چیزی صحت نداشته و نمی‌دانم دروغ به این بزرگی را ایشان (ابوالقاسم امینی) چطور به خود اجازه داده‌اند درست کنند، آن هم از قول شما و به خصوص در این موقع حساس که به فرمان شاهنشاه برای خدمت به مردم و کشور مأمور شده‌اید... این موضوع برای مقامات مسئول در اینجا بسیار باعث تعجب شده بود. حقیقت امر را بخواهید وقتی این موضوع را شنیدم واقعاً متعجب شده و نمی‌توانستم باور کنم که این خبر (مصاحبه‌ی ابوالقاسم امینی) صحیح باشد. چون اولاً که صد درصد دروغ بود و ثانیاً محبت‌هایی که پدرم بعد از ۲۸ مرداد به او کرد و با این که عده‌ای از دوستان اصرار داشتند ایشان شدیداً مجازات شود ولی پدر مهربانم نادیده گرفت و اعلیحضرت همایونی هم با قلب پاک و مهربانی که داشته و دارند او را عفو فرمودند و ملاقاتی که ایشان (بعد از آزادی از زندان و پیش از سفر به اروپا) در منزل عموی شما تیمسار حسین امینی در منزل پارک فخرالدوله با اینجانب در حضور سرلشکر

دادستان و یکی دو نفر دیگر کرد، صحبت‌هایی که کردند و نامه‌ای که نوشتند و دارم ولی مردانگی من اجازه نداد تا به حال متذکر شوم»[1].

نامه‌ی سپهبد زاهدی دل‌شکستگی او را می‌رساند و نامه‌ی اردشیر زاهدی خشم پسرش را که هر دو به جایی نرسید. با همه‌ی اسناد و مدارکی که از آن پس انتشار یافته، دیگر کسی به اتهام «رشوه‌خواری سپهبد زاهدی در حضور جمع» وقعی نمی‌گذارد، خاصه آن که حتی دریافت و تبدیل وجوه دریافتی به ریال در محاسبات خزانه‌داری کل کشور منعکس شده[2].
اما این اتهامات، که بی‌شباهت به آن‌چه بعد از برکناری قوام‌السلطنه به او وارد آوردند نیست، به گله‌ها و تلخ‌کامی‌های سپهبد زاهدی افزود.

*****

زاهدی نسبت به محمدرضا شاه مطلقاً وفادار بود و انتظار نداشت که وی را وادار به کناره‌گیری کنند و چنان که در نامه‌اش نوشته «به فرمان اعلیحضرت برای معالجه از ایران خارج» یعنی تبعید شود. برای بهبود فوری وضع زندگی مردم و مخصوصاً رفاه «طبقه‌ی سوم» اندیشه‌هایی داشت که می‌خواست سریعاً آنها را به مرحله‌ی عمل درآورد و نشان دهد که تجدید فعالیت صنعت نفت از لحاظ اقتصادی و اجتماعی کاری درست و سودمند و نظریه‌ی «اقتصاد بدون نفت» که دکتر مصدق عنوان می‌کرد، اشتباه بوده. با خرید تجهیزات سنگین و گران‌قیمت برای ارتش و ورود به پیمان بغداد، موافق نبود و ترجیح می‌داد نوعی سیاست موازنه را در روابط میان دنیای غرب از یک سو و اتحاد جماهیر شوروی از

۱- مرکز اسناد اردشیر زاهدی، همچنین نگاه کنید به خاطرات او، جلد اول، صفحات ۴۲۳ تا ۴۲۸ که بعضی از این اسناد و مکاتبات در آن درج شده.
۲ - خاطرات دکتر پرویز کاظمی، به کوشش فرهاد کاظمی، ۱۹۹۵، خاطرات ارل وارن رییس وقت اصل چهار...

سوی دیگر رعایت نماید. در نهایت امر او می‌خواست سیاست داخلی و خارجی کشور را ترسیم و هدایت و به عبارت دیگر حکومت کند و شاه سلطنت. در تحقق همه‌ی این هدف‌ها ناکام شد و در نتیجه دلگیر و تلخ‌کام.

«وقتی که پس از ماجراهای ۲۸ مرداد تصمیم گرفتم از اعلیحضرت استدعا کنم که بازگردند، بسیاری از همکاران و رفقای من گفتند حالا چه عجله‌ای است. قدری صبر کنید، بعداً فرصت بازگشت ایشان خواهد بود. اما من اصرار داشتم که ایشان هر چه زودتر باز گردند. وقتی هواپیمای ایشان در فرودگاه تهران بر زمین نشست، از پله‌ها بالا رفتم و داخل هواپیما شدم. اعلیحضرت جلو آمدند و خود را در آغوش من انداختند. روی ایشان را بوسیدم و گفتم: من به پدرتان قول داده بودم که مثل یک سرباز در خدمت شما باشم. حالا وظیفه‌ی خود را انجام داده‌ام. بفرمایید این مملکت‌تان. حالا که بحمدالله به سلامت برگشته‌اید، احساس می‌کنم که کار خود را انجام داده‌ام و خوشحالم. اعلیحضرت به گریه افتادند. من هم خیلی متأثر شدم، شاه خیلی بیش از آنچه که فکر می‌کردم مرا در آغوش خود فشرده بود. همچنان که من هم او را در آغوش خود فشرده بودم. درست مثل یک پدر و فرزند»[۱].

سپهبد زاهدی، پس از ترک ایران، در نامه‌ها و گفت و شنودهای

۱- نقل از مصاحبه‌ی دکتر عزت‌الله همایونفر با منوچهر مرزبان (۸ ژانویه ۱۹۸۹ در لندن) که تمام آن در از سپاهیگری تا ... درج شده، صفحات ٤٢٨ تا ٤٣٣. منوچهر مرزبان از اوایل سال ۱۹۵۹ تا آخر سال ۱۹٦۲ نفر دوم نمایندگی ایران در سازمان ملل متحد در ژنو و از نظر اداری و خصوصی بسیار به سپهبد زاهدی نزدیک بود و هفته‌ای چند بار به دیدارش می‌رفت و گفتگوها را یادداشت می‌کرد. این مصاحبه در زمان حیات منوچهر مرزبان انتشار یافته و بنابر این از هر جهت سندی جالب و موجّه به نظر می‌رسد.

مختلف، بی‌پروا دل‌شکستگی خود را بیان و از اوضاع کشور انتقاد می‌کرد.

«...می‌ترسم اشخاص بی‌شرف دور شاهنشاه را بگیرند و کارها را خراب کنند. من که از این دولت و این چند نفر که با هم هستند، چیزی نمی‌فهمم. آن هم رییس دولت مریض. خدا عاقبت را به خیر کند و خدا ایران را حفظ»[۱].

«اعلیحضرت همایونی هر قدر عاقل و فهمیده باشند، تجربه ندارند و یقین گول می‌خورند. باید نگذاشت»[۲].

«عایدات نفت که در دولت من قرار بود همه به مصرف تولید و عمران برسد، داخل بودجه کشور شد و قسمت عمده‌ی آن را هم ابتهاج تفریط کرد... نمی‌دانم عاقبت کار چه می‌شود. دولت می‌خواهد با گرفتن مالیات که قسمت عمده‌ی آن تحمیل به طبقه‌ی سوم می‌شود، جبران کند. عملی نیست»[۳].

از سیاست امریکا در ایران نگران بود:

«اگر مداخله‌ی وضع داخلی ایران نبود (امریکایی‌ها) تا حالا شاه را از ایران خارج کرده بودند. قدری ملاحظه در کار مانده ولی اساسی نیست. کیست که به اعلیحضرت علاقه داشته باشد؟ و قدرت هم داشته باشد... تمام، کارهایی است که خود اعلیحضرت از ترس امریکایی‌ها کرده و می‌کند. تمام مملکت خراب شود، اعلیحضرت از دستش هیچ برنمی‌آید... وضع خراب‌تر از آن است که فکر

---

۱ - ۱۳۳٤، سند شماره‌ی ۱٦، صفحه‌ی ۱٦۰.
۲ - سند شماره‌ی ۱۷، صفحه‌ی ۱٦۳.
۳ - سند شماره‌ی ۲۱، صفحه‌ی ۱٦۷.

می‌کنی»[1].
قضاوت‌های تند اخیر مربوط به دوران حکومت جعفر شریف‌امامی و دولت دکتر علی امینی است، که جانشین او شده بود. در بعضی موارد زاهدی به خاطرات خود و حوادث ۲۵ تا ۲۸ مرداد باز می‌گشت.
با اشاره به جریان ۲۵ مرداد ۱۳۳۲ و ابلاغ فرمان عزل مصدق گفت:

> «... من دستور می‌دادم او (نصیری) را محاکمه‌ی صحرایی و اعدام کنند. زیرا افسری که دستور داشت که برود کاری را انجام بدهد، نه تنها آن کار را انجام نمی‌دهد، بلکه خودش را هم به دشمن تسلیم می‌کند و در واقع در زندان دشمن قرار می‌گیرد باید محاکمه و اعدام شود». سپس لابد به یاد آورده که خودش بعد از توبیخ نصیری به «مصلحت» وی را ارتقاء درجه داده بود: «آن بدبخت هم که گناهی نکرده بود. برای او هم پایه‌ی دار آماده کرده بودند»[2].

در مرداد ۱۳۳۷، ژوئیه ۱۹۵۸، شاه برای انجام یک مسافرت رسمی و شرکت در کنفرانس سران کشورهای عضو پیمان بغداد به آنکارا رفته و اردشیر زاهدی نیز به عنوان آجودان کشوری جزو همراهان بود. خبر رسید که در بغداد کودتا شده (۱٤ ژوئیه ۱۹۵۸) و سرلشکر عبدالکریم قاسم حکومت را به دست گرفته، نوری سعید صدراعظم توانای آن کشور و هم‌چنین نایب‌السلطنه‌ی پیشین و عموی پادشاه و خود ملک فیصل دوم و بسیاری از نزدیکان آنها و مصادر امور را به وضع فجیعی به قتل رسانده‌اند. هم چنین جمال عبدالناصر که بر مصر حکومت مطلق داشت به تهدید لبنان

---

۱ - سند شماره‌ی ۲۹، صفحه‌ی ۱۷۸، ۱۷۹.
۲ - روایت منوچهر مرزبان، صفحات ٤۲۹-٤۳۰.

برخاسته بود.

شاه از این اوضاع سخت نگران شد. به احتمال قوی خود و سلطنتش را در خطر می‌دید. دستور داد با سپهبد زاهدی تماس بگیرند و سئوال شود که آیا آماده به قبول ریاست دولت و به دست گرفتن امور مملکت هست یا نه؟[۱] محمدرضا پهلوی حضور مردی قوی را در کنار خود ضروری احساس کرده بود. با وجود بیماری و همه‌ی تلخ‌کامی‌ها، سپهبد زاهدی جواب مثبت داد و پیشنهاد کرد که کشورهای هم‌پیمان عراق، از طریق مرز کردستان، قوای خود را وارد عراق کنند و به استناد پیمان بغداد که حفظ امنیت آن کشور را تضمین نموده بود، کودتا را خنثی نمایند و به این ترتیب امنیت لبنان و کشور هاشمی اردن نیز که در خطر تهدیدهای جمال عبدالناصر بود، تأمین شود.

زاهدی در پیام دیگری افزود که حاضر است شخصاً مسئولیت و رهبری این اقدام را به عهده بگیرد و اگر توفیق سریع حاصل نشد، او را «به عنوان افسری که خودسرانه عمل کرده است معزول و حتی محاکمه و اعدام کنند»[۲].

پیشنهاد سپهبد زاهدی، خالی از خطرات بسیار، از جمله عکس‌العمل شدید اتحاد جماهیر شوروی و مداخله‌ی نظامی مصر و سوریه با پشتیبانی مسکو، نبود. واشنگتن و لندن، اعضای وابسته‌ی پیمان بغداد نیز با آن مخالفت کردند. به هر حال او ریاست دولت را نپذیرفت و طبیعتاً پیشنهادش هم بایگانی شد.

در پی این جریان، سپهبد زاهدی نامه‌ای مفصل در نصیحت به شاه نوشت که «شاه باید سلطنت کند و بگذارد دولت‌ها حکومت

---

۱ - منصوره پیرنیا ، اردشیر زاهدی فرزند توفان... صفحه‌ی ۲۱۴، جزییات و مدارک مربوط به این پیشنهاد در جلد دوم خاطرات اردشیر زاهدی (تاریخ پیش‌بینی شده چاپ پایان ۲۰۰۸، آغاز ۲۰۰۹) درج شده است.

۲ - همان منبع.

کنند و جواب‌گوی ملت باشند». او در نامه خود از سیاست نوری سعید در عراق انتقاد کرده بود که:

«کسانی را بر سر کار گذاشت که ظاهراً مطیع مطلق بودند، اما وفادار به تاج و تخت نبودند. از میان آنان عبدالکریم قاسم پیدا شد که اساس پادشاهی را در عراق برانداخت».

او توصیه‌هایی نیز به محمدرضا شاه کرده بود از جمله آن که پاس حرمت خدمت‌گزاران قدیمی را نگاه دارد و به وضع مالی آنان توجه کند و روابط خود را با جامعه‌ی روحانیت بهبود بخشد و «به عنوان خمس و ذکات به آنها مدد معاش برساند»[۱].

شاه به این نامه پاسخی نداد و روابط آن دو دیگر جنبه‌ی تشریفاتی یافت. با این حال هرگز در وفاداری سپهبد نسبت به مقام سلطنت و شخص محمدرضا پهلوی خللی وارد نیامد:

«حتماً کشور ما باید شاه داشته باشد و هیچ پادشاهی از اعلیحضرت فعلی بهتر نیست. وظیفه‌ی تمام ایرانی‌ها، حفظ شاه و تاج و تخت است... هر چه اعلیحضرت امر می‌دهد گوش کن و هر کاری هم به شما فرمودند قبول بنما... آن‌چه می‌توانی به شاه خدمت کن. یقین دارم از تو صمیمی و صدیق‌تر کسی را ندارد. حقیقتاً تنها است... تو باید عوض من، در خدمت شاه، دامن مردی و همت به کمر بزنی... اگر اعلیحضرت ده نفر فدایی و خدمت‌گزار صدیق داشته باشد بهتر از ده لشکر است. آن هم لشکری که اطمینان کامل در آن نباشد»[۲].

و جز اینها.

*****

در جریان سال ۱۳۳۵ که اردشیر زاهدی همواره همراه شاه و

---

۱ - پیش‌نویس نامه در مرکز اسناد اردشیر زاهدی موجود و قابل رویت است. همان منابع.

۲ - سند شماره‌ی ۱۷، صفحات ۱۶۲-۱۶۳.

ملکه ثریا بود و تقریباً مانند عضوی از خانواده‌ی آنان محسوب می‌شد، روابطی گرم و عاشقانه میان او و شاهدخت شهناز فرزند محمدرضا پهلوی و همسر اولش والاحضرت فوزیه پدیدار شد. در این زمینه اردشیر از پدرش کسب نظر کرد. سپهبد زاهدی که شاهدخت را که آن موقع هنوز شانزده سال هم نداشت، نمی‌شناخت به وی پاسخ داد:

«اگر هوس دامادی شاه را در سر داری، توصیه می‌کنم فراموش کن. زیرا که این نوع ازدواج‌ها خوشبختی و شادکامی در پی ندارد. اما اگر از دختر خانمی خوشت آمده و خاطرخواه شده‌ای و او هم به تو علاقمند شده است، بقیه مربوط می‌شود به تصمیم تو و آن دختر خانم».

قبل از آن که موضوع رسماً با شاه مطرح شود، ملکه پهلوی و شاهدخت شمس به این ازدواج روی موافق نشان داده بودند. دو دوست نزدیک خانواده‌ی زاهدی و شخص سپهبد، امام جمعه تهران و سپهبد یزدان‌پناه هم آن را تأیید می‌کردند. اما هنوز مطلب رسمی نشده، در خانواده‌ی پهلوی دو دستگی و تحریکاتی پدید آمد. سرانجام سپهبد زاهدی نامه‌ای به شاه نوشته از دخترش برای اردشیر خواستگاری کرد و شاه نیز ابراز موافقت نمود و مراسم نامزدی، رسماً در ۲۲ آبان ماه ۱۳۳۵ در کاخ اختصاصی برگذار شد.

شانزده ماه پس از ترک ایران، فضل‌الله زاهدی برای شرکت در مراسم نامزدی پسرش با دختر پادشاه، به تهران بازگشت. گویا شاهدخت شهناز می‌خواست که مادرش، والاحضرت فوزیه در این مراسم شرکت کند. اما دربار ایران موافقت نکرد. اما همسر اول سپهبد زاهدی، خانم خدیجه پیرنیا دختر مؤتمن‌الملک در مجلس نامزدی با ظاهر و لباس مشابه با شاهدخت‌ها (نیم‌تاجی بر سر داشت که ملکه مادر و شاهدخت‌ها آن‌را مختص و حق انحصاری

خود می‌دانستند و نه کس دیگر) که در تصاویر دیده می‌شود، حاضر بود. سپهبد زاهدی پس از ماه‌ها مجدداً لباس نظامی به تن داشت. چند ماه بعد مراسم ازدواج شاهدخت و اردشیر نیز برگزار شد که رابطه‌ی زناشویی آنان هفت سال به طول انجامید.

برای شرکت در مراسم نامزدی و ازدواج و مخصوصاً تهیه‌ی هدیه‌ای که می‌بایست به شاهدخت تقدیم شود، سپهبد زاهدی مطابق معمول در تنگنا بود و با آغاز هیاهوی اصلاحات ارضی، فروش املاک همدان مشکل و بلکه غیرممکن.
سپهبد زاهدی از دوستان خود کمک خواست. هر یک مبلغی به حسابش در بانک بازرگانی ریختند. یکی از آنان حجت‌الاسلام بنی‌صدر (پدر رییس جمهور بعدی) بود که با شتاب خانه‌ی کوچکی را در تهران فروخت و یک صد و سی و پنج هزار تومان وجه حاصل را به سپهبد وام داد. سرانجام همه چیز با رعایت شئون و احترام و همراه با دو دستگی‌های متعارف در خاندان سلطنتی، انجام پذیرفت و سپهبد به سوییس بازگشت و متعاقب آن با فروش چند قطعه زمین در داخل تهران، بدهی‌های خود را مسترد داشت[1].

در ماه‌های بعد، مساله‌ی دیگری نیز مطرح شد و آن جدایی شاه و ملکه ثریا بود. سپهبد زاهدی که به سوییس بازگشته بود، با پیغام و نامه‌نگاری و مذاکرات تلفنی کوشید که از این جدایی جلوگیری کند، ولی به جایی نرسید.
پس از ازدواج اردشیر زاهدی و شاهدخت شهناز، محمدرضا شاه اصرار خود را به این که سپهبد سمتی را در اروپا بپذیرد، از

---

۱ - این جریان‌ها که به زندگی خصوصی سپهبد زاهدی مربوط است به تفصیل در کتاب‌های مختلف آمده از جمله نگاه کنید به: منصوره پیرنیا، اردشیر زاهدی...، صفحات ۲۰۲ تا ۲۱۲. دکتر عزت‌الله همایونفر، ارسپاهی‌گری تا ... صفحات ۴۲۶-۴۲۷

سر گرفت. زاهدی باز امتناع کرد و سرانجام به اصرار عروسش که بسیار به او علاقمند شده بود، پیشنهاد را پذیرفت و فرمان سفارت سیار و سرپرستی دفتر اروپایی ایران در سازمان ملل که مقر آن در ژنو بود در نیمه‌ی سال ۱۳۳۷ به نام او صادر شد. سپهبد زاهدی در امور این دفتر دخالت مستقیم نمی‌کرد و هر چه بر شدت بیماری او و عوارض آن افزوده می‌شد، بیش‌تر از این کار دوری می‌جست. اما از لحاظ مالی و وسایل استراحت و زندگی، گشایشی در امورش بود و به هر تقدیر نمی‌خواست به عروسش «نه» گفته باشد.

پس از این مسافرت، زاهدی دو بار دیگر به ایران بازگشت. هر دو برای حل مشکلات و راه‌اندازی کارخانه‌ی قند همدان (شرکت هگمتان) که به آن دلبستگی بسیار داشت. سفر دوم، با حوادث خرداد ۱۳۴۲ مصادف شد.

در این موقع او و پس از یک سکته‌ی مغزی، یک طرف بدنش تقریباً فلج شده بود با این حال تلاش می‌کرد راه برود و دستش را تکان بدهد.

به روایت هما زاهدی:

«سفر پدرم به ایران، درست مصادف شد با ۱۵ خرداد و شلوغی‌های آن. یک روز زنگ در خانه را زدند. رفتم در را باز کردم. طیب حاج‌رضایی بود. (طیب حاج‌رضایی از متظاهرین روزهای نهم اسفند و ۲۸ مرداد بود و سپس در سلک هواداران آیت‌الله خمینی درآمد و رهبری بی‌نظمی‌های ۱۵ خرداد را به عهده داشت که به دنبال آن بازداشت، محاکمه و اعدام شد) رفتم در خانه را باز کردم. طیب گفت با تیمسار کار دارم. ما آمده‌ایم از ایشان محافظت کنیم. این در همان روزی بود که از همه جای تهران صدای تیراندازی به گوش می‌رسید. آمدم به پدرم

گفتم طیب نامی آمده می‌گوید با شما کاری دارد و پیشنهاد حفاظت جان شما را می‌کند. پدرم بسیار ناراحت شد. به من گفت برو تشکر کن بگو نمی‌خواهیم، لازم نیست. بعد هم اضافه کرد حالا کار من به جایی رسیده که این، باید بیاید از من مواظبت کند. پزشک معالجش بعداً به ما گفت که بعد از بازگشت از ایران، دیگر نمی‌خواست زنده بماند. دیگر هیچ تلاشی برای زنده ماندن نکرد...»

هما زاهدی افزوده:

«از احساس این که به ایران آمده است، اوضاع مملکت که آن قدر شلوغ است، اما نمی‌تواند کمکی به بهبود وضع بکند و وجودش هیچ موثر نیست، به کلی در هم شکست»[۱].

در هفته‌های بعد از مراجعت به مونترو حالش رو به وخامت نهاد:

«دیگر درست نمی‌توانستند چیزی بخوانند یا حرف بزنند. به مسائل سیاسی هیچ علاقه‌ای نداشتند پیش ایشان هیچ‌گاه از اوضاع ایران صحبتی نمی‌شد»[۲].

اردشیر زاهدی در آن هنگام سفیر ایران در لندن بود. وی را با شتاب از آنجا به مونترو خواستند.

سپهبد زاهدی در سحرگاه یک‌شنبه دوازدهم شهریور ماه ۱۳۴۲ سوم سپتامبر ۱۹٦۳ در حالی که پسرش اردشیر در کنارش بود، چشم از جهان فرو بست.

دوران ریاست دولتش، نوزده ماه بود و به هنگام درگذشت هفتاد سال داشت.

اردشیر زاهدی، جنازه‌ی وی را به عراق برد و به دور مقابر علی ابن‌ابیطالب در نجف و حسین ابن‌علی در کربلا طواف داد. مراجع

---

۱ - مصاحبه با هما زاهدی دکتر عزت‌الله همایونفر، از سپاهی‌گری تا ... صفحات ٤۳٦ - ٤۳۷.

۲ - مصاحبه‌ی منوچهر مرزبان، منبع ذکر شده، صفحه‌ی ٤۳۲.

تقلید وقت در این تشریفات حضور داشتند.

ورود جنازه‌اش به تهران، سپس تشییع جنازه‌ی رسمی و نیز مجالس ختم مردانه در مسجد عالی سپهسالار و زنانه در اقامتگاه حصارک او، با تشریفات بسیار و احترامات کامل انجام شد و سرانجام وی را در آرامگاه خانوادگی در امامزاده عبدالله به خاک سپردند.

کلام آخر

در میان سیاستمداران و رهبران سیاسی دوران سلطنت پهلوی دوم چهار تن مقام و وضع خاص و استثنائی داشتند و دارند و می‌توان گفت که واقعاً حکومت کردند و ریاست قوه مجریه با آنان بود.

یکی **ذکاءالملک فروغی**، از بزرگترین دانشمندان، متفکران و نویسندگان دوران که پس از سال‌ها کناره‌گیری اجباری، در شهریور ۱۳۲۰ موفق شد محمدرضا پهلوی را بر تخت سلطنت بنشاند و با عقد قرارداد سه جانبه کشور ما را از اشغال رسمی به وسیله قوای سه دولت بزرگ نجات داد و در صف متحدین علیه آلمان نازی و هم پیمانانش درآورد.

دیگر، **قوام‌السلطنه** که اکنون تاریخ وی را به عنوان ناجی واقعی آذربایجان می‌شناسد. بدون آنکه منکر سهم دیگران و به خصوص مردم آن خطه در این زمینه باشیم و مورخین و محققین خارجی

او را تنها سیاستمداری می‌دانند که در عرصه سیاست بین‌المللی توانست بر استالین پیروز شود.

سوم- دکتر محمد مصدق بانی ملی شدن نفت و نهضت ملی که در ابتدای آن همه ایرانیان (جزو وابستگان به حزب توده که اقلیت بسیار کوچکی بودند، گرچه منظم و با انضباط) از آن پشتیبانی کردند که متاسفانه سرانجام با بن‌بست اقتصادی و بین‌المللی مواجه شد. موافقان و ستایندگان مرحوم دکتر مصدق و مخالفان و منتقدان او بسیارند و هنوز به مجادله خود ادامه می‌دهند. اما تردید نمی‌توان داشت که دوران خروش و نهضت ملی ایران علیه سیاست استعماری امپراتوری بریتانیا از شورانگیزترین و ماندگارترین ادوار تاریخ ایران است.

و سرانجام **سپهبد فضل‌الله زاهدی** که در آغاز یار و همگام و وزیر مصدق بود و سپس از او دوری جست و در پایان کار جانشین وی شد.

این واقعه نیز هنوز مورد بحث و گفتگو است و نقطه عطفی در تاریخ معاصر ایران محسوب می‌شود.

چنانکه خوانندگان محترم ملاحظه فرموده‌اند، من کوشیده‌ام با بی‌طرفی کامل و به استناد مدارک غیرقابل انکار، که بیشتر آنها از جانب دوستداران و هواداران مرحوم دکتر مصدق نوشته و یا ارائه شده به پرسش‌هایی که در این مورد وجود دارد پاسخ بدهم. از جمله:

- نقش سیاست‌های بین‌المللی در صدور فرمان برکناری مرحوم مصدق چه بود (۲۵ مرداد) آیا شاه حق برکناری نخست‌وزیر را داشت یا خیر؟
- آیا می‌توان اتفاقات روز ۲۸ مرداد را کودتای نظامی خواند؟
- نقش روحانیت و به خصوص آیت الله عظمی بروجردی در این

ماجرا چه بود و ...؟
از این‌ها که بگذریم، باید یادآور شوم که هدف این صفحات بیان زندگی سیاسی مرحوم سپهبد فضل‌الله زاهدی بوده است و نه شرح زندگی خصوصی ایشان، جز در موارد نادری که زندگی خصوصی در روش سیاسی وی موثر بوده، از جمله ازدواجش با دختر مرحوم موتمن الملک پیرنیا و تأثیر این مرد بزرگ در زندگی او و یا روابط او با تنها پسرش آقای اردشیر زاهدی.
در زندگی سپهبد زاهدی چند نکته قابل توجه است، چنانکه خوانندگان این کتاب قطعاً توجه فرموده‌اند:
- او مردی بود بی‌باک، در عنفوان جوانی که هنوز به کسوت نظام نیز در نیامده بود، با تنی چند به مقابله با اشرار و دزدان منطقه رفت، تیر خورد و سخت زخمی شد که آثار آن را تا پایان عمر تحمل کرد.
در نابسامانی‌های گیلان و رو در رویی با شورشیان آن، شخصاً به اتفاق یکی از سربازانش خطر کرده و به یک آتشبار «دشمن» حمله برد. حال آنکه فرمانده ستون اعزامی بود و می‌توانست به این کار دست نزند و جان خود را به خطر نیاندازد.
مثال دیگر توقیف شیخ خزعل حاکم تجزیه‌طلب خوزستان است که شاید نخستین مورد عملیات «کوماندوئی» در تاریخ ارتش ایران باشد. باز زندگی خود را به خطر انداخت و شخصاً پیشقدم شد.
- در اقدامات خود از خونریزی بی‌زار بود. نظامی بود و اهل رزم اما مدّبر و سیاستمدار. در خوزستان، در ترکمن صحرا، در گیلان در غائله فارس همه جا از خشونت بی‌مورد اجتناب کرد، مواظب انضباط و رفتار زیردستان و سربازانش بود. به قول مرحوم حاج مخبرالسلطنه هدایت همه جا «قهر و لطف» را با هم می‌آمیخت و این رمز و راز توفیق او بود.
قضاوت در باره ماجرای ۲۸ مرداد و پیآمدهای آن هر چه باشد باید گفت که طرز عمل سپهبد زاهدی مانع خونریزی و خشونت

در این ماجرا شد. هفتاد و چند تنی که در حمله به اقامتگاه مرحوم دکتر مصدق کشته شدند، تقریباً همه از مخالفان او بودند و قربانی تیراندازی گارد محافظ آن شدند و بیشتر آنان اصولاً مسلح نبودند. بعداً سپهبد زاهدی به شرحی که خوانده‌اید هم با محاکمه دکتر مصدق مخالف بود و آن را «یک اسکاندال» خواند و هم کوشید از اعدام مرحوم حسین فاطمی جلوگیری کند که توفیق نیافت و چاره‌ای هم جز تسلیم نداشت.

- در درستکاری و پاکدامنی او حتی دشمنان و مخالفان و منتقدانش تردید روا نداشته‌اند. اسناد و مدارکی که در سال‌های پس از انقلاب در ایران انتشار یافته و قطعاً در آن قصد تجلیل و تکریم سپهبد زاهدی در میان نبوده است، همه دالّ بر این مدعی هستند. مردی گشاده دست و به غایت مؤدب و میهمان نواز و مواظب دوستانش بود. اما همواره با دشواری‌های مالی و محدودیت‌هایی در این زمینه دست به گریبان. در سال‌ها و ماه‌های واپسین عمرش آرزو داشت که به ایران برگردد و در گوشه‌ای از وطن خود زندگی را با سادگی و صرفه‌جویی به پایان برساند.

- قویاً معتقد بود که دولت باید حکومت کند و شاه سلطنت و همین امر باعث اختلاف وی با محمدرضا شاه و سرانجام برکناری وی شد.

از جمله در سیاست خارجی، سعی کرد که با همه کشورهای همسایه حُسن رابطه برقرار کند. با وجود آنکه شدیداً ضدکمونیست بود و با توده‌ای‌ها مبارزه کرد، موفق شد روابط ایران و شوروی را عادی نماید و با مسکو حُسن تفاهم ایجاد کند.

مخالفت شخصی با سیاست استعماری بریتانیای آن روز را که خود قربانی آن شده بود هرگز در روابط جاری میان دو دولت دخالت نداد. اما با ورود ایران به پیمان‌های دفاعی منطقه‌ای مخالف بود و همین گمان نیز یکی دیگر از علل رو در روئی وی با رئیس مملکت شد.

در سیاست اقتصادی طرفدار اصل تعادل کامل خرج و دخل و یا به اصطلاح تعادل بودجه مملکتی، تقدّم طرح‌های کوچک عمرانی که سریعاً در رفاه عمومی موثر باشد، بر طرح‌های بزرگ با آثار طویل المدت اما نمایشی بود.
این نکته اخیر نیز وی را با محمدرضا شاه و رئیس وقت سازمان برنامه مرحوم ابوالحسن ابتهاج و سرانجام بعضی از محافل امریکایی رو در رو کرد. کدام یک حق داشتند؟ احتمالاً روش درست که می‌توانست مانع بسیاری اشتباهات شود، تلفیقی میان این دو دیدگاه بود. ولی تاریخ را نمی‌توان دوباره نوشت.

من شخصاً نه ذکاءالملک فروغی را دیده بودم، نه قوام‌السلطنه را، نه دکتر مصدق را و نه سپهبد زاهدی را. از میان رجال سیاسی آن دوره که در این صفحات از آنان نام برده شده توفیق یافتم که سال‌ها بعد با محمد ساعد و سید حسن تقی‌زاده و حکیم الملک، به مناسبت‌های مختلف، برخوردهای کوتاهی داشته باشم. همه آنان را مردان وطن‌پرست می‌دانم که در شرائطی بسیار دشوار، با کشوری ناتوان و دستخوش نابسامانی‌های زمان، خادم ایران بودند. باید از بسیاری دیگر هم نام برد که فرصت آن در این جا نیست.
اما چهارتن اول را، هر یک از دیدگاهی، برجسته‌تر از دیگران می‌دانم. تقدیر آن شد که در طی زندگی شخصی، دانشگاهی، سیاسی و اجتماعی خود با نزدیکان، دوستان و اعضای خانواده همه این بزرگان تماس داشته باشم و در باره آنان به گفتگو بنشینم و به تحقیق بپردازم که حاصل آن را در کتاب سه رویداد و سه دولتمرد و کتاب‌های دیگر خود آورده‌ام که اینک قسمتی از «سه رویداد...» به صورت متنی مستقل و جداگانه انتشار می‌یابد.
هیچ یک از این رجال، مانند هر انسان دیگری، بری و عاری از عیب و نقص و نقطه ضعف نبوده و نمی‌توانست باشد. اما باید

در مـــورد آنان به دور از تعصّب و پیش‌داوری و غرض گفتگو کرد و معتقدم (یا لااقل امیدوارم) که ســـرانجام قضاوت تاریخ عادلانه خواهد بود. چنانکه در مورد فروغی، قوام، مصدق و زاهدی آغاز این انصاف و عدالت در قضاوت را مشاهده می‌کنیم.

هـ. ن

تصاویر

فصل الله زاهدی در سفر به فرنگ

جوان‌ترین امیر ارتش

سرتیپ زاهدی فرمانده لشگر فارس در میان سران عشایر و خوانین ایلات جنوب

سرتیپ فضل‌الله زاهدی در حضور رضاشاه و محمدرضا شاه پهلوی، ولیعهد در مانور بزرگ قبل از شهریور ۱۳۲۰

حسین پیرنیا (مؤتمن الملک)

احمد قوام - قوام السلطنه

ذکاءالملک فروغی

محمد ساعد (مجموعه‌ی آقای دکتر امیراصلان افشار داماد ایشان که تصویر به وی و همسرش اهدا شده

دکتر محمد مصدق

کابینه دکتر مصدق
از راست: سپهبد نقدی، محمدعلی وارسته، مهذب‌الدوله کاظمی، دکتر مصدق، دکتر لقمان‌الدوله ادهم، علی هیأت، ضیاءالملک فرمند، امیرهمایون بوشهری، سرلشگر زاهدی، دکتر کریم سنجابی

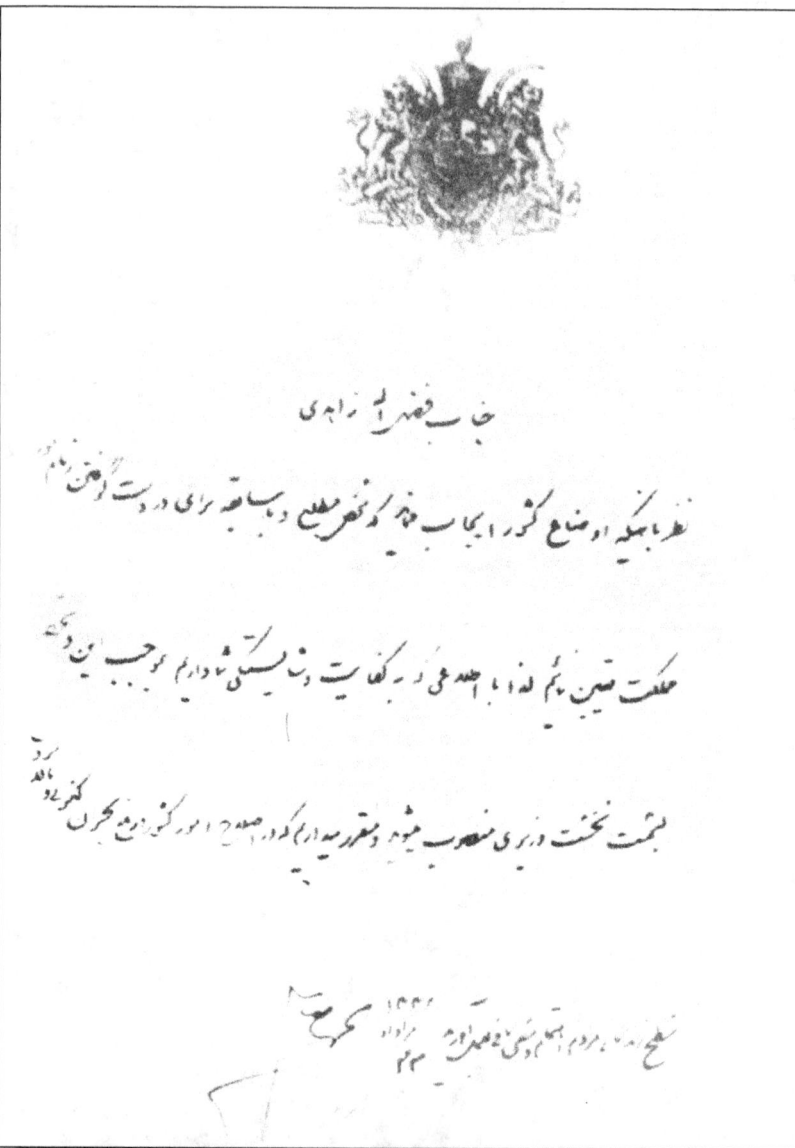

جناب فضل‌الله زاهدی

نظر باینکه اوضاع کشور ایجاب مینماید که شخص مطلع و باسابقه برای در دست گرفتن زمام امور

مملکت تعیین نمائیم لذا با اطلاعی که به کفایت و شایستگی شما داریم بموجب این دستخط

بسمت نخست وزیری منصوب میشوید و مقرر میداریم که در اصلاح امور کشور و رفع بحران کشور ...

۲۲ مرداد ۱۳۳۲

دستخط انتصاب «جناب فضل‌الله زاهدی» به نخست‌وزیری
(مجموعه‌ی اردشیر زاهدی)

تظاهرات ۲۸ مرداد

سرلشکر فضل‌الله زاهدی در نخستین روز رسیدن به قدرت
(مجموعه‌ی آقای اردشیر زاهدی)

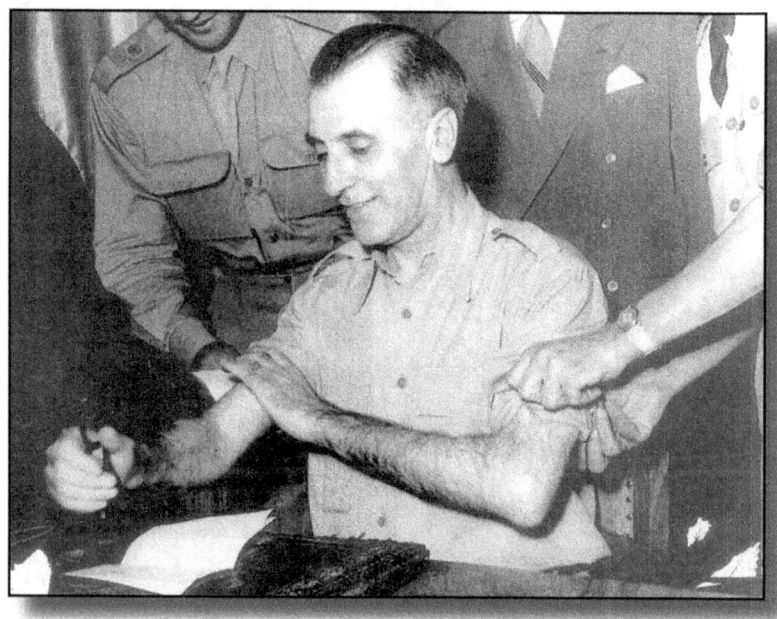

سرلشکر فضل‌الله زاهدی در نخستین روز رسیدن به قدرت
(مجموعه‌ی آقای اردشیر زاهدی)

شاه و سپهبد زاهدی

خداحافظی شاه با سپهبد زاهدی بعد از برکناری

شاه، سپهبد زاهدی و علی اصغر حکمت در villa les Roses
(مجموعه‌ی اردشیر زاهدی)

شاهدخت شهناز

سپهبد زاهدی و عروسش شاهدخت شهناز
(مجموعه‌ی اردشیر زاهدی)

دو تصویر از مراسم عقد ازدواج اردشیر زاهدی و شاهدخت شهناز
(مجموعه‌ی اردشیر زاهدی)

شاه، ثریا و سپهبد زاهدی در Villa les Roses
(مجموعه اردشیر زاهدی)

خداحافظی سپهبد زاهدی بعد از استعفا- محمدساعدی در کنارش دیده می‌شود.
(مجموعه اردشیر زاهدی)

مظفر بقایی - سرلشکر فضل‌الله زاهدی

سپهبد زاهدی، نیکسون و بانو

تظاهرات ۲۸ مرداد

تجدید دیدار میان شاهدخت شهناز و مادرش ملکه فوزیه

ورود ملکه فوزیه به لندن، استقبال دختر و داماد، سفیر ایران و مقامات رسمی انگلیس

عکس یادگاری از ملکه فوزیه به اردشیر زاهدی

سپاس محمدرضا شاه پهلوی از سپهبد فضل‌الله زاهدی

بوسه سپاس بر روی پدر، اردشیر و فضل‌الله زاهدی در مقابل ویلا گل سرخ